厦门大学211工程三期建设成果

厦门大学人文学院青年学术文库

报刊传媒与清末立宪思潮

李卫华 ● 著

中国社会科学出版社

图书在版编目（CIP）数据

报刊传媒与清末立宪思潮/李卫华著.—北京：中国社会科学
出版社，2013.6
ISBN 978 - 7 - 5161 - 3089 - 6

Ⅰ.①报…　Ⅱ.①李…　Ⅲ.①报刊—新闻事业史—中国—近代
②宪法—法制史—研究—中国—清后期　Ⅳ.①G219.295②D921.02

中国版本图书馆 CIP 数据核字（2013）第 192233 号

出 版 人	赵剑英
责任编辑	张　林
特约编辑	金　沛
责任校对	高建春
责任印制	戴　宽

出　　版	中国社会科学出版社
社　　址	北京鼓楼西大街甲 158 号（邮编 100720）
网　　址	http://www.csspw.com.cn
	中文域名:中国社科网　　010 - 64070619
发 行 部	010 - 84083685
门 市 部	010 - 84029450
经　　销	新华书店及其他书店

印　　刷	北京君升印刷有限公司
装　　订	廊坊市广阳区广增装订厂
版　　次	2013 年 6 月第 1 版
印　　次	2013 年 6 月第 1 次印刷

开　　本	710×1000　1/16
印　　张	18.75
插　　页	2
字　　数	308 千字
定　　价	56.00 元

凡购买中国社会科学出版社图书,如有质量问题请与本社联系调换
电话:010 - 64009791
版权所有　侵权必究

序

摆在我案前的这部《报刊传媒与清末立宪思潮》书稿，原是李卫华博士的学位论文，经三年修改而成。记得 2003 年卫华考入厦门大学历史系，随我攻读中国近现代史硕士和博士学位，在学习研究的过程中很早就对近代报刊产生了浓厚的兴趣，其硕士学位论文就以清末留日学生所办《河南》刊物为研究对象，探讨报刊传媒对晚清社会的影响，取得了很好的研究成果。在攻读博士学位期间，她的学术视野进一步扩大，将近代报刊媒介与清末立宪思潮联系起来进行考察，作出了一篇洋洋洒洒近 30 万字的博士学位论文。现得知其大作即将付梓，非常高兴！亦就此谈些感想权当为序。

近十余年以来，中国近代史的研究领域不断拓展，学术视野日益开阔，其中近代报刊及其对晚清以来的社会影响逐渐成为学界关注的热点。报刊媒介既是清末社会转型过程中新出现的产物，其本身，包括报刊的功能、运作、传播方式、途径及其社会影响等就是历史研究的重要对象，而与此同时它又是点滴记载清末社会变迁的第一手文献资料，报刊的消息、时评、社论、专栏时文等等；除了能及时反映社会政治、经济、思想文化、风气习俗等的变化之外，往往还能补充历史研究中其他史料文献的不足。因此，仅就研究对象本身的重要性及其所承载、蕴含的史料价值而言，都会受到有心者的关注。卫华的《报刊传媒与清末立宪思潮》一书便是对这一问题进行关注的新成果。

当然，作为历史研究，关注报刊功能的影响，其研究中心当以历史学为本位，而并非立足于报刊本身或大众传播学的立场。因此，该书探讨的重心在于将近代报刊媒介与晚清社会思潮相结合，从报刊媒介发展与清末立宪思潮互动的角度，考察报刊媒介对清末社会巨大而深远的影响。

近代报刊和立宪思想都是晚清时期西学东渐的产物，作者敏感地观察到二者发展过程的同步性，其中也蕴含了二者之间的重要关联性，也正是这个原因，该书对报刊媒介与清末立宪思潮的研究便有了立论的基础和学术意义。

从宏观的角度来看，该书贯穿了两条主线：一条主线是近代报刊媒介的产生与发展；另一条主线是清末立宪思想的萌芽、发展及衍变。这两条主线的发展基本同步且又交织在一起，合为一个大的发展脉络，从而揭示出在不同的历史阶段报刊媒介与立宪思想、立宪思潮之间的关系及其对晚清社会的影响。在这一脉络中，该书从纵向的角度为读者呈现了关于清末立宪思想、立宪思潮以报刊媒介为载体的传播机制问题，又从横向的角度将各种报刊加以细化，并以其与立宪思想、思潮影响的大小和关系远近为标准进行分类，从而多维度地揭示了近代报刊与清末立宪思潮的关联与互动。此外，作者意识到政治环境对报刊传播媒介和社会思想发展的制约，因此辟有专门的章节讨论二者发展的自由空间。作者的这一思考对政治环境与舆论环境的互动关系有现实的借鉴意义。

从相对微观的角度而言，清末立宪问题在近代史学界并不是一个新问题，自民国以来就不断有学者展开对清末立宪问题的探讨，而且无论是从政治运动的角度，还是从立宪人士的角度，都不乏有高质量的研究成果面世。而20世纪80年代以来学界热衷于对近代社会思潮的研究，许多学者也多方涉猎清末立宪思潮的研究领域。但就目前来看，从报刊媒介的角度切入，探讨清末立宪思潮的传播机制，以及报刊舆论如何影响社会民众的传播方式、传播途径等方面的研究则还不多见，因此，作者在这方面的探索就相当值得肯定。

此外，以往有关近代思想史的研究，学界较难摆脱从思想到思想或从人物到人物的研究模式。但该书作者在研究中一方面坚持历史学本位研究的立场，另一方面又注意引入大众传播学的研究方法，从报刊传播文本出发，对报刊中那些显得杂乱而又富含史料信息的媒介资料进行细心的爬梳整理，深入分析了立宪思潮的传播渠道、受众群体以及受众的信息反馈等；以跨学科整合的研究视野剖析立宪思想、思潮的产生与发展以及立宪人士将其政治主张通过报刊媒介对清末社会和基层民众产生的影响。与此同时，除了报刊媒介所提供的信息之外，作者还大量查阅了其他的原始文献与之相佐证，以翔实而多元的丰富史料作为该书立论的基础，如此便在某种程度上弥补了以往思想史研究易流于空疏的不足。值得指出的是，作者对当时报刊受众群体的分类考察，以及从经济实力、文化水准等方面对受众的细致分析，比较令人信服地为读者呈现出其时立宪思想可以影响的民众数量和阶层。同时，对清末各报刊代派所在全国各地设立分布情况的分析，也大体勾画出了立宪思想传播所能覆盖的区域。作者在书中对时人言论、日记、书信等相关资料的条分缕析，可以看出立宪思想对社会中的受众个体的实际影响以及立宪思潮对清末社会影响的广度和深度。

从作者的立意来看，对近代报刊和立宪思想发展脉络的揭示似乎还不是该书的最终目的，因为，历史研究不应仅仅满足于对历史事件的叙述，还应该有对历史事件的解释能力和对历史的发现能力。作者在大众传播媒介与社会思潮关联互动所形成的对现存秩序挑战的问题上，表达了自己的观点：即"清末崛起的报刊传媒为立宪动员提供了有效的载体，立宪思想也为报刊传媒生成的舆论注入了立宪民主的内涵。报刊传媒与近代立宪民主这两者本身，都是肢解专制制度的刑具，两者的结合及相互作用，加速了专制制度的结束"。我认为，此一观点的提出，对理解清末社会转型和清王朝的迅速垮台提供了又一个值得思考的角度。

当然，本书尚有欠缺的地方，有些本该讨论的问题未纳入研究视野。比如清末立宪思潮的发展对于清王朝的政治改革是一个极好的机会，但清统治者为何没能把握历史的机遇使立宪政治走上正轨？清末立宪思潮与革命思潮的最终殊途同归，报刊媒介所起的作用究竟如何？如何在历史学、传播学、舆论学之外，运用相关的政治学、社会心理学等更为深入地研究立宪思潮对朝野政治及社会的实际影响等等，都还有继续发掘和拓展的空间，也需要在后续的研究中予以关注。

"为学患无疑，疑则有进。"问题意识是治学的动力之一，而上述杂感则仅供作者和读者参考。是为序。

黄顺力
2012 年夏记于海滨寓所偶得斋

目　录

绪论 ……………………………………………………………… （1）

第一节　问题的提出 ……………………………………………… （1）

第二节　相关研究成果评述 ……………………………………… （3）

　　一　清末报刊之研究现状 …………………………………… （3）

　　二　立宪思潮研究的学术史回顾 …………………………… （5）

第三节　几个问题说明 …………………………………………… （9）

　　一　关于研究方法 …………………………………………… （9）

　　二　关于研究资料 …………………………………………… （9）

　　三　几个概念说明 ………………………………………… （10）

第一章　清末政府对报界及思想的控制 ……………………… （12）

第一节　清末报律的制定及作用 ……………………………… （13）

　　一　对报律的呼吁及报律出台 …………………………… （13）

　　二　报律的颁布并逐步完备 ……………………………… （17）

　　三　报律对报刊传媒的作用 ……………………………… （23）

第二节　行政控制及以舆论制舆论 …………………………… （27）

　　一　行政手段 ……………………………………………… （27）

　　二　以舆论制舆论 ………………………………………… （36）

第二章　报刊传媒对立宪思想的宣传 ………………………… （39）

第一节　清末报刊发展概况 …………………………………… （39）

一　传统报纸的存在与新式报刊的创办 …………………………（40）

二　国人办报的开始及清末报业的迅速发展 …………………（43）

三　清末报刊发展原因及特点 …………………………………（48）

第二节　报刊媒介与萌发时期的立宪思想 ……………………（54）

一　《万国公报》对西方民主思想的介绍和立宪意识的萌芽……（54）

二　早期维新思想家的政治主张与王韬的《循环日报》………（58）

三　立宪思想传播的影响和在历史上的地位 …………………（61）

第三节　维新前后报刊的宣传与立宪思想的发展 ……………（63）

一　宣传维新的报刊 ……………………………………………（63）

二　君民共主思想的宣传 ………………………………………（67）

三　立宪民主思想传播的范围与影响的阶层 …………………（79）

四　戊戌时期报刊立宪思想宣传的特点 ………………………（81）

五　维新报刊宣传立宪思想的意义 ……………………………（84）

第三章　报刊传媒对立宪思潮的催生及立宪思潮的高涨…………（86）

第一节　报刊的迅速发展与立宪思潮的形成 …………………（86）

一　《清议报》与立宪思想的发展 ……………………………（88）

二　《新民丛报》的创刊与立宪思想的发展 …………………（106）

三　《新民丛报》等报刊的鼓吹与立宪思潮的形成 …………（124）

第二节　报刊的持续鼓吹与立宪思潮的高涨 …………………（127）

一　立宪思潮形成后报刊的发展情况 …………………………（127）

二　报界对立宪的呼吁与政府预备立宪 ………………………（132）

三　预备立宪时代的立宪宣传 …………………………………（136）

四　立宪与革命的辩驳 …………………………………………（149）

五　革命后的立宪努力 …………………………………………（154）

第四章　各类报刊在立宪思潮中的作用 …………………………（156）

第一节　政论报刊的核心引领地位 ……………………………（157）

一　立宪思潮的发起者与引导者 ………………………………（158）

二　君主立宪的理论供给 ………………………………………（160）

三　为立宪思潮积聚力量 ………………………………………（164）

第二节　非政论立宪报刊与立宪宣传 ·················· （168）

　　一　立宪思潮的推动者 ························· （169）

　　二　立宪舆论的营造者 ························· （176）

　　三　与康、梁等立宪人士之联系 ·················· （178）

第三节　官报与立宪 ····························· （181）

　　一　清末官报发展状况 ························· （182）

　　二　官报创设动机与刊载内容分析 ················ （182）

　　三　官报对立宪思潮发展的意义 ·················· （187）

第四节　白话报及其他报刊的辅助之力 ················ （191）

　　一　白话类报刊 ······························ （191）

　　二　革命报刊 ······························· （197）

　　三　小说、小报 ····························· （198）

第五章　报刊的传播与立宪的播布 ·················· （201）

第一节　传播的路径与覆盖范围 ···················· （201）

　　一　报刊传播依赖的基础设施：铁路与航运 ·········· （201）

　　二　报刊埠外的发行渠道与立宪思想的传播路径 ······· （204）

　　三　报刊埠内外发行销售 ······················ （219）

　　四　报刊媒介和立宪思潮传播的地域、覆盖的范围 ······· （233）

第二节　受众分析及立宪思想的传播效果 ·············· （236）

　　一　影响受众阅读报刊的因素 ···················· （236）

　　二　国民的阅报习惯和阅报风气 ·················· （241）

　　三　从传播学角度看立宪思想传播的社会效果 ········· （245）

第六章　报刊传媒激扬的立宪思潮与社会变迁 ·········· （256）

第一节　立宪下的公共舆论与专制制度的结束 ·········· （256）

　　一　报刊传媒话语的改变 ······················ （256）

　　二　政府成为被讨论的对象 ···················· （258）

　　三　传递民众的不满情绪 ······················ （260）

第二节　从动员民众的阶层及效果看清亡后民主发展 ······· （261）

　　一　官绅士大夫阶层 ························· （262）

二 学堂学生与留日学生 …………………………………… （264）

三 农民、工人 ………………………………………………… （265）

结语 ……………………………………………………………… （269）

参考文献 ………………………………………………………… （273）

后记 ……………………………………………………………… （282）

图表目录

表1—1—1　报律内容变化一览表 ………………………………（20）

表1—2—1　1908年政府所封之报 …………………………………（31）

表2—1—1　清末商办报刊增长比例变动情况表 …………………（53）

表2—3—1　戊戌时期维新报刊 ……………………………………（65）

表2—3—2　《时务报》代派处数目情况 …………………………（79）

表3—1—1　《清议报》"本馆论说"栏作者文章统计 ……………（88）

表3—1—2　《清议报》"本馆论说"栏内容分析表 ………………（89）

表3—1—3　《清议报》中关于政党的文章 ………………………（100）

图3—1—1　《新民丛报》1902年译书广告分类所占比重 ………（118）

表3—1—4　"上海广智书局出版图书广告"分析 …………………（119）

表3—1—5　《新民丛报》"问答"栏读者提问分析表 ……………（122）

表3—2—1　1903—1911年国内各地新办报刊简表 ………………（128）

表3—2—2　1904—1911年影响较大之立宪派报刊及编辑人 ……（128）

图4—1　　不同报刊与立宪关系示意图 …………………………（156）

表4—1—1　《清议报》政治学谭（案）等栏目对西方民主
　　　　　　思想的介绍 …………………………………………（163）

表4—2—1　《时报》"论说"栏内容分析 …………………………（169）

图4—2—1　《有口无心之立宪》 …………………………………（172）

图4—2—2　《忽又一年》 …………………………………………（174）

图4—2—3　《关于国会九年预备》 ………………………………（174）

图4—2—4　《暗无天日》 …………………………………………（175）

图4—2—5　《好外交无面目》……………………………………（176）

表4—3—1　官报各类内容所占篇幅百分比………………………（183）

表4—3—2　《政治官报》内容统计表………………………………（185）

表4—3—3　《内阁官报》内容一览表………………………………（186）

表4—4—1　《安徽俗话报》"论说"栏内容统计…………………（193）

表5—1—1　1901—1911年邮政局所统计…………………………（205）

表5—1—2　1907年各邮政局共收寄信件入出数目清单…………（207）

表5—1—3　1905年3月、5月份利用邮政的天津报刊……………（209）

表5—1—4　1910年各地民信局数量………………………………（216）

表5—1—5　1901—1911年民局包封信件数目……………………（217）

表5—1—6　清末客邮统计表…………………………………………（218）

表5—1—7　《新民丛报》代派所性质………………………………（220）

图5—1—1　各报国内代派所分布情况示意图……………………（234）

表6—2—1　学生斗争手段表…………………………………………（265）

绪 论

第一节 问题的提出

　　清末是中国历史上变化最剧烈的时期，也是不容忽视的重要历史阶段。正是在这一时期，报刊传媒迅速崛起，中西文化既剧烈碰撞又趋向融合，民主思想被引介、消化并努力嫁接于中国社会；"民主"、"自由"、"平等"这些古书上少有的字眼频频出现于书籍报章与知识分子之口，官员行事开始要考虑是否有违"文明国体"，君主立宪、民主共和、社会主义、无政府主义等近代民主政体的诉求已不是单个人的思想表达，而是汇成了浩大的社会思潮；各种社会思潮蓬勃而起，大规模的社会运动频发，社会阶层加速分化，政府权威遭到严峻的挑战与威胁；政治改革在统治者的半情愿中展开，宪政、法制、地方自治等则已经开始付诸实施；政党活动频繁，民众的参政意识和觉悟已不能与往昔同日而语等等，这些现象无一不在说明清末是一个变动不居的社会，中国社会由传统向近代的转型已经启动。然而，我们该如何去解读这个激越的时代，清末社会变迁的动力来自哪里，从什么角度才能看清楚乱象之下社会变迁的脉络，这是需要引起我们思考的问题。

　　要揭示清末这一特定时期的历史内涵和社会变迁，需要选择能有效反映社会变迁的切入点。而报刊传媒则是一个可资借取的角度，因为近代报刊的迅速发展时期与清末社会剧烈变迁的阶段正相契合。甲午战后，社会危机唤醒了国人的危机意识，有识之士迫切地寻找解决危局的出路。要解决危机、变革社会，知识分子需要将自己的声音发布到社会，唤起民众。而实现这一目的的最好途径便是掌握最有效的舆论工具——报刊。自1895 年至清帝退位，17 年的时间国内创办的中文报馆就达 1800 多家，尤其是 1905—1911 年这 6 年间，内地新办中文报刊竟达 1300 家以上①。清末不仅报馆林立，而且报刊传播的范围由沿海逐渐波及内地，覆盖的受众也由上层知识分子与士绅官商而及于识字的普通民众。讲报所的存在，使报纸的影响力进一步扩大到不识字的部分下层民众。可以看出，报刊作为区别于传统书籍的新式媒介已经成为清末社会的显要内容，那么，它的迅速崛起与发展对清末社会的变迁有什么影响，又该怎样揭示二者的关系呢？

清末社会的另一个特点是社会思潮勃发，各种社会思潮既冲突抵牾又相互促进。在各种社会思潮中，对清末社会影响较大的当数立宪思潮和革命思潮。若以在清末社会中的支持群体大小来考量其影响力的话，影响最大者又当推立宪思潮。传统观点将清王朝的覆灭归功于辛亥革命的武装起义，但是不是封建专制政体的结束只是"革命"之功？许多研究及历史现实都说明，事实并非如此。那么，立宪思潮与晚清社会的急剧变革及君主专制制度的结束有什么联系？如果这联系存在，该如何揭示这种联系？立宪思潮对清末社会产生了何种影响，又是以什么样的方式影响了清末社会，这些都是研究立宪思潮必须予以重视的问题。

报刊与立宪，都是清末社会中出现的新的变革因素，二者同清末社会发展关系极其密切：报刊传媒对立宪思想播布及社会思想演变成社会思潮有不可取代的作用；立宪思潮正是借报刊传媒的平台得以勃发，而与此同时，它又推动了报刊传媒的发展。而且，报刊传媒又借社会思潮对社会成员产生影响，催发社会的变革。因此，要揭示立宪思潮推动社会变迁，报刊传媒则是一个较好的切入点。

以报刊传媒为研究对象，考察其与立宪思潮的互动之于清末社会变迁影响的研究，具有重要的研究价值和现实意义。然而，从笔者目前掌握的资料来看，学界尚没有这方面的成果问世。因此，本书将通过揭示报刊传媒与立宪思潮的关系，从报刊传媒的视角、以立宪思潮为切入点，研究报

---

① 据方汉奇、谷长岭、叶凤美等著《清史·报刊表》手稿统计。

刊传媒影响下的立宪思潮对清末社会变迁的作用与影响。

第二节　相关研究成果评述

一　清末报刊之研究现状

以清末报刊传媒为对象的研究是近年来学术界研究的一个热点，有关研究成果不胜枚举。以研究主体来看，对报刊传媒的研究，主要是新闻与传播学界和史学界。新闻史家对近代报刊的发展关注较早，贡献了一批重要的研究成果，这些成果厘清了近代报刊的发展脉络，辑录了近代报刊的基础信息，成为以后学者研究清末报刊传媒必不可缺的重要资料。由于清末距离民国与当代的时间并不久远，史学界往昔对清末报刊传媒的历史感的体味并不强烈，对其历史作用与价值的认识也相当缺乏，因此对清末报刊的关注较晚。随着历史研究领域的拓展和跨学科研究方法的出现，报刊的历史意义逐渐被发掘，近年来报刊传媒开始进入史学界的视野并介入中国近现代史的研究，而且已经成为近代史学研究的一个亮点，研究成果也相继问世。

1. 报刊史研究

新闻学界对清末报刊传媒关注较早，研究成果较多，影响也比较大。比较重要的研究成果有：方汉奇先生所著的《中国新闻事业通史》、《中国近代报刊史》和《中国新闻传播史》，戈公振的《中国报学史》，赖光临的《中国新闻传播史》以及小野秀雄的《中外报业史》等。① 这些成果都从新闻史的角度，对报刊产生发展的过程作了研究。清末作为报业或新闻业发展的一个阶段，上述论著中也或略或详地考察了这一阶段不同性质报刊的创办与发展概况，介绍了各个报刊的性质及影响，对清末报刊的发展情况作了脉络性的研究。对相关报刊信息的介绍，也有重要的资料价值。研究与晚清报刊媒介相关的课题，以上著作是需要借鉴的重要研究成果。

---

① 方汉奇主编：《中国新闻传播史》，中国人民大学出版社2002年版；方汉奇：《中国新闻事业通史》，中国人民大学出版社1992年版；方汉奇：《中国近代报刊史》，山西人民出版社1981年版；戈公振：《中国报学史》，中国新闻出版社1985年版；赖光临：《中国新闻传播史》台北三民书局1978年版；［日］小野秀雄：《中外报业史》，正中书局1984年版。

2. 报刊个案研究

清末报刊的个案研究几乎占报刊传媒研究的半壁江山。这些个案研究中，主要对清末某一报刊进行专门研究，分析其主要内容、历史意义与影响。这方面的研究成果颇多，由最初只关注革命报刊和影响较大的报刊，进而视野拓展到其他一些有影响力的报刊。这些研究通过对报刊个案信息的梳理，使人们对这些报刊的创办、发行、宣传宗旨与内容及历史意义等有全面的了解，为后人的研究提供了一定的资料信息。这些成果既是清末报刊研究的深化和拓展，也为深入考察报刊群体样态奠定了一定基础。需要指出的是，康有为、梁启超等维新人士创办的《时务报》、《清议报》、《新民丛报》、《国风报》等，史学界已有部分成果问世，尤其是出现了报刊个案与立宪思想的研究。不过这些研究存在的共同问题是，它们关注对各报立宪思想的分析，但没有对立宪宣传的效果及其深层的历史意义进行剖析或是剖析不够，对报刊个案之立宪宣传与整个报界宣传的关系也关注较少，且很少从纵向维度分析各时期不同报刊立宪思想的差异，也未关注到立宪思想的前后演进。对个体报刊立宪思想宣传的研究，无法动态呈现立宪思想发展的完整脉络。

3. 报刊与社会互动

对清末报刊的研究，不少是以报刊传媒为切入点研究某一专题或晚清社会。这类研究成果，有研究报刊个体的舆论宣传对某一历史事件或社会某一方面的影响者，也有以报刊群体为考察对象，研究报刊传媒对社会变迁的影响者。如黄顺力先生的《大众传媒与晚清革命论略》① 一文，将大众传媒对晚清革命的催化作用予以分析，并认为报刊传媒的出现，对近代思想文化的变迁，尤其在促成辛亥革命的爆发方面产生了剧烈而深远的影响。桑兵的《清末民初传播业的民间化与社会变迁》认为，大众传播媒介的发达，是近代社会变迁的重要动力和指标。而大众传播业的民间化，对清末社会产生了重大影响，不仅促成政体形式由帝制向共和剧变，而且引起整个中国社会结构的连锁反应。该文对报刊业的民间化问题作了重点探讨。唐海江在博士论文基础上出版的专著《清末政论报刊与民众动

---

① 黄顺力：《大众传媒与晚清革命论略》，《厦门大学学报》2007 年第 6 期；黄顺力、李卫华：《清末留日学生后期革命报刊的思想宣传及影响》，《厦门大学学报》2008 年第 6 期。

员》，则是以报刊传媒为主要内容考察晚清社会变迁研究的力作。其可取之处在于，该文重点以清末报刊传媒中的政论报刊为研究对象，运用政治文化动员理论，解读动荡变局中报刊的社会动员功能。以作者的政治学和新闻学专业背景，可知作者着力之处在于新闻传播和政治文化之间的关系，从这个方面来看与本书关系不大，但是，如果从报刊传媒与社会的互动来看，该书有较大的借鉴意义。

新闻与传播学视野下的报刊史研究是站在新闻与传播学本位，就报刊业的产生、发展及各个历史时期的不同特点进行研究。而史学界的研究，则是站在历史的本位，将报刊作为类同其他文献史料的历史文本进行学术研究，是史学研究领域拓展的一个重要体现。

虽然史学界对报刊传媒关注的领域在不断扩大，但其研究视野分布很不平衡。不平衡之一：研究焦点多集中在有限的部分报刊，而对其他也相当有影响的报刊关注仍然不够，如对《时报》、《新闻报》和清末官报等的关注明显欠缺，其研究成果根本无法与《大公报》、《民报》、《新民丛报》、《申报》、《东方杂志》、《清议报》等报刊的研究成果相提并论，而前者在清末却有相当的影响。《时报》和《新闻报》是当时上海三个发行量最大和最受欢迎的报纸中的两份，当时只有这两份报纸与《申报》可堪称全国性的报刊，发行量和发行范围都非其他报刊所能比。而官报则是清末报刊中的一个特殊而重要的群体，其对清末社会的影响理应纳入研究的视野，目前对它们的研究与其重要性颇不成正比。不平衡之二：对个案研究较多，群体考察较少。清末社会舆论和社会思潮固然与某些报刊的鼓吹不无关系，但是个体报刊的影响力毕竟有限，未必能在某刊与某一历史事件之间建立必然的因果联系。各个体报刊组成的报刊群力量则强大得多，它覆盖和影响到不少有一定识字能力的社会阶层和城镇居民。清末报刊传媒之于清末社会变迁的影响应该从报刊群体上予以考察。

二　立宪思潮研究的学术史回顾

（一）隐身于政治史、思想史中的立宪思想研究

清末立宪思想的主要倡导者和体现者如梁启超、康有为等，同时具有多重身份。他们既是推动社会政治变革的政治家，也是学贯东西的思想家。"立宪"本身，既是政治运动又是社会思想。因此，在社会思潮没有

作为一个专有研究领域出现之前，有关立宪的研究，一部分自然归入思想史，另一部分则隐身于政治史。这些思想史著作，如王尔敏的《晚清政治思想史论》、李泽厚的《中国思想史论》、郭湛波的《近三十年中国思想史》、杨幼炯的《中国政治思想史》和桑咸之、林翘翘编著的《中国近代政治思想史》等①，对早期维新思想家和戊戌时期维新思想家及其思想，以及康有为、梁启超之影响和立宪与革命的论战等问题都有研究，并对其主要内涵、进步作用及局限性进行剖析。这些研究者有较深的学术和思想功力，对涉及立宪问题的探讨和对相关人物的评析大都能经得起历史的长久检验。但由于其考察的是中国思想史或政治思想史的发展脉络，并非对立宪思想作专门的研究，因此，这些研究成果在考察立宪思想发展的概貌，尤其是立宪思潮发展情况方面着墨不多。不过，这些著作中对相关问题的深刻见解仍值得借鉴。与以上以思想史命名的著作不同，侯外庐的《中国思想史纲》②论述了不同时期的社会思潮，诸如鸦片战争时期的社会思潮、戊戌变法时期社会思潮、辛亥革命前的资产阶级民主主义思潮、五四时期的民主科学思潮和激进民主主义者的思想。立宪思潮在书中民主主义思潮部分也有涉及，但没有作为专题论述，凸显了对革命派政治主张的推崇。

（二）思潮热下的立宪思潮研究

1. 社会思潮研究中的立宪思潮

近代以来各种思潮风起云涌，是中国思想界发展的一个重要特征，反映了该时期普遍的民众心理和思想文化的发展方向，但以往对思潮的关注不够。虽然一些学者提出过应当研究近代社会思潮，但学界的研究仍以思想家个案为主，思潮研究的成果比较少。不过，自20世纪80年代以来，思潮研究逐渐被重视。较早以"思潮"命名的中国近代思想史专著，是1989年出版的吴剑杰的《中国近代思潮及其演进》，以后又有了吴雁南、苏中立主编的《清末社会思潮》，吴雁南的《中国近代社会思潮》，戚其

<hr/>

① 王尔敏：《晚清政治思想史论》，广西师范大学出版社2005年版；李泽厚：《中国思想史论》，安徽文艺出版社1999年版；郭湛波：《近三十年中国思想史》，大北书局1933年版；杨幼炯：《中国政治思想史》，商务印书馆1937年版；桑咸之、林翘翘编著：《中国近代政治思想史》，中国人民大学出版社1986年版。

② 侯外庐主编：《中国思想史纲》，上海书店出版社2008年版。

章的《中国近代社会思潮史》，胡维革的《中国近代社会思潮研究》，黎
仁凯的《近代中国社会思潮》，高瑞泉主编的《中国近代社会思潮》，郭
汉民的《中国近代思想与思潮》和丁守和的《中国近代思潮论》① 等一
批研究成果。这些著作多以思潮为线索，分类撰述其发展演变过程，对了
解中国近代社会思潮的发展脉络多有助益。立宪思潮作为清末社会思潮的
重要一部分，在这些著作中大多有涉及和论述。不过因为这些以"思潮"
冠名的著作，要考察的是中国近代社会思潮的全貌，对立宪思潮的研究只
是其中的一个内容。大部分著作对革命思潮的论述饱蘸笔墨，而对立宪思
潮则惜墨如金。甚至有的著作，对立宪思潮的存在没有丝毫认识，将维
新思想向后稍微延续便戛然而止。本应彰显的立宪思潮往往被忽略或从
简，其背后的原因在于，中国学术界长期以来被层累的革命价值取向熏
染，研究目光多聚于革命思潮，以至于对处于革命对立面的立宪思潮没
有予以足够的关注。根据笔者目前对立宪思潮研究成果掌握的情况来
看，于立宪思潮着力较多且影响较大者，当属郭汉民对立宪思潮的研
究。他在《晚清社会思潮研究》② 一书中，以大量的篇幅分篇论述了君
主立宪思想的兴起、发展、高涨的过程，并对君主立宪思想与辛亥革命
的关系作了一定研究，首次将君主立宪作为社会思潮纳入历史学界的研
究视野。

　　2. 立宪思潮的专题研究

　　随着社会思潮研究的深入，对各种社会思潮的研究也渐趋深化。除了
思潮专著中对立宪思潮的论述外，专门研究立宪思潮的成果亦不断问世。
有不少对清末立宪思潮兴起、发展的原因、过程以及特点进行探究的研究
成果，如下修全的《清末国会请愿运动平息以后立宪思潮的继续高涨》

---

① 吴剑杰：《中国近代思潮及其演进》，武汉大学出版社 1989 年版；吴雁南、苏中立主编：
《清末社会思潮》，福建人民出版社 1990 年版；吴雁南：《中国近代社会思潮》，湖北教育出版社
1998 年版；戚其章：《中国近代社会思潮史》，山东教育出版社 1994 年版；胡维革：《中国近代
社会思潮研究》，东北师范大学出版社 1994 年版；黎仁凯：《近代中国社会思潮》，河南人民出
版社 1996 年版；高瑞泉主编：《中国近代社会思潮》，华东师范大学出版社 1996 年版；郭汉民：
《中国近代思想与思潮》，岳麓书社 2004 年版；丁守和：《中国近代思潮论》，广东人民出版社
2003 年版。

② 郭汉民：《晚清社会思潮研究》，中国社会科学出版社 2003 年版。

和《清末立宪思潮的发展轨迹》等文章①，都着重从立宪思潮的整体上来考察，需要注意的是，卞修全对阶段性的立宪思潮进行研究，尤其是对请愿运动后的立宪思潮加以关注，与有些学者重视革命思潮的影响或关注立宪运动而不谈立宪思潮的研究不同，卞修全认为，此时的立宪思潮不仅没有消失于无形反而是继续高涨。另外，也有研究社会思潮与重大的历史事件之间联系的成果，如黄顺力先生的《甲午战争与近代社会思潮的转型》② 一文，考察了甲午战争这一重大的历史事件对社会思潮转型的作用，促成了洋务思潮向以政治改革为主流的维新变法思潮的转变；史春风的《商务印书馆与近代立宪思潮》③ 一文则是从文化传播机构的角度，探讨传播机构对立宪思潮的影响。以上这些成果是立宪思潮研究领域的扩展，也是立宪思潮研究深化的体现，尽管上述成果与本书研究的侧重点有较大的距离，但在立宪思潮相关问题的研究上，仍给笔者一定的启发。

传播媒介与立宪宣传的研究，近年来随着史学界对报刊研究领域的进入，有不少研究成果以学位论文的形式相继问世，以《清议报》、《新民丛报》和《东方杂志》以及《盛京日报》和《大公报》等为对象考察其立宪思想的文章多，是这一时期研究报刊与立宪思想关系的重要成果。另外，何炳然的《清末〈政论〉〈国风报〉的立宪宣传——兼谈梁启超这个时期的思想变化》④ 一文，则对《政论》和《国风报》的创办及宣传方针内容有简要的介绍。这些报刊个案与立宪思想的研究，在对报刊的资料梳理和该报对立宪思想的宣传的特点内容方面都作了研究，但这些报刊的实际社会效果及其与社会的互动则很少涉及，尤其是它们的立宪宣传在整个立宪思潮中的地位与作用及与其他立宪报刊立宪宣传的关系等，都没有相应的关照，彰显出研究中的不足。

从以往学界对立宪思潮的研究可以发现，尽管社会思潮研究成果不

① 卞修全：《清末立宪思潮的发展轨迹》，《天津师范大学学报》1999 年第 2 期；刘小林：《论清末立宪思潮》，《学术论坛》1999 年第 5 期；卞修全：《清末国会请愿运动平息以后立宪思潮的继续高涨》，《天津社会科学》2001 年第 6 期。

② 黄顺力：《甲午战争与近代社会思潮的转型》，载《中国近代思想文化史探论》，岳麓书社 2004 年版。

③ 史春风：《商务印书馆与近代立宪思潮》，《北京电子科技学院学报》2003 年第 2 期。

④ 何炳然：《清末〈政论〉〈国风报〉的立宪宣传——兼谈梁启超这个时期的思想变化》，《新闻与传播研究》1992 年第 3 期。

少，也有对立宪思潮的一些考察，但是研究的盲点依然存在。历史研究从来不满足于对事件发展过程的描述，更需要的是"解释"。对于立宪思潮滋生与发展的原因、立宪思潮传播和影响大众的路径以及以何种方式对当时社会产生何种实际的影响，尚没有具体的历史考察。另外，由于长期以来受意识形态和革命史观的影响，不少研究对立宪思潮的评价欠缺公允，在学术研究应坚守中立并以求真为准绳的今天，应该以历史材料为根据，表现历史的真实。

对报刊传媒和立宪思潮研究的已有成果，为本书的研究提供了一定的有利基础，但是，对报刊传媒与社会思潮互动之于社会变迁的论题，还存在相当大的研究空间。

第三节　几个问题说明

一　关于研究方法

本书在研究中引入了新闻传播学研究方法，借取传播学理论，对立宪思想的传播者、传播文本、传播渠道及受众等各传播要素加以分析，来考察立宪思想的传播机制，努力全方位地呈现立宪思潮的面貌及报刊传媒播扬起的立宪思潮以什么途径、在多大程度上引起社会怎样的变迁。

计量分析法也是本书的一个重要研究方法。通过对传播内容、传播主体等相关问题的量化分析，使本来抽象的思想史研究尽可能具体化，以增强论证的说服力。不过，思想史研究中样本的选择不一定尽善尽美，只能做到力所能及的最佳。由于思想内容的抽象性，从任何一个角度选择任何样本，都不可能对传播内容处理得绝对精准。此外，由于报刊种类繁多，文章不计其数，数据无法建立在对所有传播内容统计分析的基础上。尽管量化分析的结果并不十分精确，但它可以提供一个大体的样态、规律或趋势。

二　关于研究资料

本书研究所依赖的主要是文本资料。报刊本身既为研究对象，也是近代史研究所可利用的基本史料。这些报刊，并不仅仅限于立宪报刊，其他性质的报刊也在考察之列，也将视野放宽到史学界利用较少或尚未利用的报刊，如《时报》、《政论》等重要的报刊。

历史研究重要的是思想中立，既要依据资料说话而不受已有研究成果的影响人云亦云，也应突破意识形态的束缚而表现历史的真实。顾颉刚先生提出过"层累地造成中国古史"，然而中国近现代史亦然！为了尽可能减少"层累"的成分，本书在研究中尽量利用清末或民初的原始资料或民国时期的研究成果。所利用之各种资料、史料、文献丛刊、史料集、史料笔记、资料丛刊、丛书等均见文献所列。所涉人物如王韬、梁启超等的报刊文章，为了阅读方便，有时也采用了收录这些文章的文集，如王韬的《弢园文录外编》和梁启超的《饮冰室合集》等。其他类似情况不一一列举。

三　几个概念说明

1."清末"的时间界定

史学界经常使用的"清末"这一概念，并没有特定的时间界标。从史学界惯常对"清末"一词的使用来看，指清末最后十年者有之，与"晚清"概念等同来指清朝最后70年者亦有之，用"清末"来讨论近代其他时间跨度问题者也大有人在。本书所提到的"清末"，主要指从君主立宪思想有了一定社会影响的甲午战争后开始，至1911年清朝覆亡。不过，书中讨论问题时的时间跨度超出了这个阶段。因为立宪概念外延不同，其时间阶段就有所伸缩。严格意义上的"君主立宪"概念的提出是在1901年，不过"君主立宪"概念被提出之前，立宪思想中的某些要素已经萌芽并有了一定的发展，只是不以"君主立宪"为名称存在而已，因此，关注立宪思想的前期发展就需要将时间向前延伸。另外，本书以报刊传媒的角度来探讨立宪思潮，对报刊传媒发展的介绍也往往超出最后十年的范围。而且，近代国人开始创办报刊者，同时也是立宪思想萌芽时期的立宪思想的代表者，因此这一阶段更不能忽略，所以部分内容讨论的时间追溯到了早期维新思想家活动的19世纪70年代。

2."立宪"与"革命"

近代史研究中这两个概念经常会被对称，其实这是一种习惯但不太规范的用法。"立宪"指政体形式，"革命"指实现某种政治目标的手段，可见这两个概念的内容指向是不同的。"立宪"有两层意思，一指制定宪法，二指立宪政体。立宪政体又大体分两种，即君主立宪政体和民主立宪政体。革命派所要建立的共和制度，即为民主立宪政体，制定宪法为民主政体的重要内容，因此，两派的分歧在于政体形式。与"立宪"相对应的称谓应该是"共和"，而不是"革命"。但从清末以来，一直沿用着对主张实行君主立宪制度者称为"立宪派"，而主张实行民主共和政体者为"革命派"。从这一习惯性称呼中似乎可以窥见二者政治要求中侧重的内容，即立宪派以"立宪"相标榜，革命派以"革命"相标榜。动员民众的旗帜一方为政治制度，一方为政治手段。虽然两者侧重不同，但革命派民主立宪的政治目标与君主立宪二者有着交集，即同为资产阶级民主政治，二者的核心都是宪政。二者的历史方向大体一致，在推动清政府政治变革方面，二者的宣传又互为助力。

第 一 章

清末政府对报界及思想的控制

　　实现对社会的控制，是任何政权都必须履行的对内职能。即通过
"对人们的行动实行制约和限制，使之与社会规范保持一致"①，达到对其
国家治理的目的。清末，随着报刊媒介的蓬勃发展，以报刊为载体的近代
思想迅速向国内输入。传播媒介异常强大的传播能量，播扬着社会思想迅
速聚合而成社会思潮并持续激荡，对晚清政权统治的稳定构成了严重的挑
战和威胁。因此，加强对思想传播载体——报刊传媒的控制，就显得非常
必要。清政府欲通过新闻控制，对报刊传媒所传播的内容加以限制和防
范，以免对社会产生不良的影响，从而实现对社会的控制。这种控制
"既可以是宏观上的一些规定、限制，也可以是对某条具体新闻的制
裁"②。清政府对思想及传媒的控制方法，从最初针对某个具体事项的行
政干涉，开始向宏观上的法律规范约束转变，因此将报律制定提上了日
程。除法律手段控制之外，在清末社会新旧交替时期，行政力量依然是思
想和传媒发展必须要面对的外部阻碍力量。不过，随着清末政治体制的变
革，专制向民主的过渡，行政力量干预报馆发展的行为尽管仍然不可避
免，但在社会各界与官方都在宣讲民主、讲求权利和自由的趋势下，官方
的行政干涉受到一定的约束。除法律和行政干涉两种手段之外，清政府还
通过创办官报的方式，以舆论制舆论，企图使官报宣传的思想成为社会主
要的意识形态和舆论主流，从而消解社会中不利于清政府的舆论。然而，

---

　　① ［美］戴维·波普诺：《社会学》（上），刘云德，王戈译，辽宁人民出版社 1987 年版，
第 481 页。

　　② 黄旦：《新闻传播学》，浙江大学出版社 1997 年版，第 85 页。

由于官报自身特点及其他种种原因的存在，这一目的实难实现，官报反而成为民间报纸讽刺的对象。

第一节 清末报律的制定及作用

甲午战争前国内的报刊，绝大部分为外国人创办。由于清政府不敢得罪洋人，而且，外国人创办的报刊危及清政府的政论相对较少，语言也不甚激烈，再加上当时报刊种类和发行量及传播区域都很有限，其社会影响自然也不太大，报刊尚未形成威胁清政府统治的重要政治力量。因此，清政府对当时的办报活动关注不多，报刊基本上是"听其自生自灭，国家未尝过问"①的状态。甲午战争后，报刊不再是零星个体，发展十分迅速，尤其是国人自办之报刊很快成为一个不容各方忽视的庞大群体和政治力量。对于报刊传媒发展的这种现状和态势，报界和社会控制方，都意识到对报刊传媒进行管理和规范的必要。

一 对报律的呼吁及报律出台

随着近代报刊的不断增多，报界自身由于缺乏必要的规范和法律保障而显现弊端。基于这种情况，早在戊戌之前，已经有部分有识之士开始呼吁制定报律。郑观应建言政府制定规章，其内容要求包括：中国报纸应由中国人来办。政制、商务、官吏过失等，均应列入报章，"不准地方官恃势恫喝，闭塞言路，偶摘细故，无故封禁"②；执笔者必须秉公记事，不得无端捏造，颠倒是非，否则受法律制裁，"治以禁锢之罪，重则在禁作苦工"③。很明显，郑观应这一主张是从保护国人报纸、限制外人报刊的角度出发的，当然，也有规范报业的愿望。戊戌后，他还翻译日本报律、英国报律，呈请皇帝参阅。但由于当时报业发展程度有限，其自身又人微言轻，他的要求并没有引起皇帝和报界其他同仁的支持，其思想缺乏实现的现实基础。

---

① 《论阅报之有益》，《湘报》1898 年 3 月 22 日。
② 夏东元编：《郑观应集》上册，上海人民出版社 1982 年版，第 351 页。
③ 同上。

甲午战争以后，随着报界的发展及戊戌变法的展开，制定报律的要求再次被提出，且已上达天听，报律制定几乎成为现实。由于报刊传媒的迅速发展，尤其是政论报刊的出现，引起了清政府对报刊作用和影响的重视。在中体西用占主导思想的时代，清政府对民间言禁仍然没有放松，播扬思想、制造舆论的报刊宣传，自然不宜逸出清政府的意识形态之外。清政府本此目的，制定了官报章程三条，对官报言论作出初步限制，规定："不准议论时政，不准臧否人物，专译外国之事。"① 希望将官报的功能局限于传播西方知识，开通风气，牖启民智的非政论范围。上述三条针对的是政府官报，并没有对民间报馆作出专门规定，因此，当时的著名报刊如《时务报》、《湘报》、《国闻报》等不受议论时政的约束，继续呼吁变法维新。

与政府站在约束报馆和思想传播的立场不同，创办报馆的主体则希望扩大报馆的功能，迫切要求将报人、记者等的言论自由置于法律的保障之下。尤其是，甲午战后掀起办报高潮之国人，是一批有一定社会地位、有相当高的文化水准且有一定政治抱负的知识分子，他们迫切希望传播维新变法政治观点的报刊出版合法化，其时政言论能得到法律的保护。因此，他们也积极呼吁制定报律。维新期间，康有为在上光绪帝的《议定中国报律折》中，对制定报律的必要性作了论述，折文中说：

> 查孙家鼐原拟章程第一条，"宜令主笔者慎加选择，如有颠倒是非，混淆黑白，挟嫌妄议，一经查出，主笔者不得辞其咎"等语。臣自当慎选主笔，严加督饬，其论说务以昌明大义，忠君爱国，尊主庇民，博采中外，开广闻见为主。至于各西报，皆由原文译出，虽或间有激切之语，似亦不可任意删改，庶敌人之阴谋，可以借鉴。且无失上谕据实直言、破除忌讳之盛意。
>
> 惟是当开新守旧并立相轧之时，是非黑白未有定论。臣以疏逖卑微，忧时迫切，昌言变法，久为守旧者所娼嫉，谤议纷纭。荷蒙皇上天恩，曲加保全，自顾何人，无以为报，何敢顾恤人言，改其初度，以负我皇上。然他日或有深文罗织，诬以颠倒混淆之罪，臣岂能当此

---

① 《光绪朝东华录》（四），光绪二十四年元月，总第 4143 页。

重咎。臣一身不足惜，徒使敌人阴谋之言，不能达于皇上，似非我皇上明目达聪，洞悉敌情之本意也。

臣查西国律例中，皆有报律一门，可否由臣将其书译出，凡报单中所载，如何为合例，如何为不合例，酌采外国通行之法，参以中国情形，定为中国报律。缮写进呈御览，审定后，即遵依办理。并由总理衙门照会各国公使领事，凡洋人在租界内开设报馆者，皆当遵守此律令。各奸商亦不得借洋人之名，任意雌黄议论，于报务及外交，似不无小补。①

从上述折文可以看出，康有为认为，对报馆诸如"颠倒是非，混淆黑白，挟嫌妄议"等具体事项应予以约束，于"开新守旧"之时，未必人人都能参照维新的标准。是非黑白尚无定论，那么，维新派所从事的政治改革的舆论宣传，新派人物自然欢欣鼓舞，但也容易"为守旧者所娟嫉，谤议纷纭"。而要避免"他日或有深文罗织，诬以颠倒混淆之罪"，只有寻求法律的庇护，将报人之言论自由及报纸刊载内容的合法性以法律形式确定下来。从以上折文来看，康有为要求制定报律的意图在于，既要规范报界行为，又要将报馆行为合法化，以突破言禁的限制，使言论自由能有法律的保障。同时，对他们以报刊传播维新理念的行为，谋求法律的保护，以避免守旧势力的诋毁和阻挠。

此折上达光绪帝后，当日便得到批准，国人的报律意识转变为现实的报律就在一步之遥。遗憾的是，由于戊戌变法中途夭折，报律的制定也就因此搁浅。

1901年，清政府开始推行新政，允许民间办报，并部分开放了言禁，允许朝政信息公开。与此同时，修律活动正式开展，张百熙随即提出制定报律。他要求报馆："一不得轻议宫廷；二不得立论怪诞；三不得有意攻讦；四不得受贿赂。"② 可以看出，上述四点的目的在于防范不利于清政府的言论，而对于近代报律应具备的保护功能，却只字未提。不过，尽管上述四"不得"条款都是限制性内容，但如果同维新时期光绪帝批准的

---

① 康有为：《康有为政论集》，汤志钧编，中华书局1981年版，第334页。
② 王延熙、王树敏：《皇朝道咸同光奏议》，上海久敬斋石印1902年版，第18页。

官报三条要求"不准议论时政"相比，报纸议论时政的范围有所扩大，由原来"不准议论时政"的禁绝，到现在禁令仅限定在不得"轻议宫廷"，对民间报馆让渡出不少议论时政的空间。

报律的缺席，使清政府在报馆言论自由不受约束的情况下，备受批评。而报刊的进一步发展，也迫切需要相应的法律对其行为作一规范。因此，徐世昌上《请饬纂订报律折》，吁请制定报律：

> 奏为京外日报日多，亟应纂订报律，以示限制恭折。仰祈圣鉴事，窃维启发知识，改良社会，收效之速，莫如报馆。东西各国报纸繁多，然其呈报主笔也有制，其纳取证金也有法，其违犯处分也有等。是皆有报律以定其范围。故言论自由之说，系在法律内之自由，非谓逞其口说，肆为簧鼓也。今中国风气渐开，京外报馆，时有增益，是民智日进之梯阶，即舆论得伸之先路。苟能遵守法律，自应逐渐推行。惟中国向无报律，主笔者则以无报律而习于诋排，地方官则以无报律而不知处置。在主张新学者，既不愿以旧律相绳，而报馆等每藉口于言论自由，亦未必服从羁绊。是放纵之，则违国法，严禁之则遏新机，致令开通民智之要端，将成淆乱听闻之惯习。揆厥由来，实由报律未定，无所适从，其咎亦不尽在报馆也。但报律为法律之一端，委曲繁重，精密异常，东西各国皆系立法之事。现在钦派大臣修订法律，所有议法之权，自当归并办理，以期划一，相应请旨饬下修律大臣纂订报律。恭候钦定。务期内审情事，外采良规，核定颁行，允资遵守。俾职司检阅者有所折中，而各报馆亦咸知守法，实启牖新知多所裨益，所有拟请，纂订报律缘由，是否有当，谨恭折具陈。①

上述折文，徐世昌阐述了报律制定的紧迫性及报律的重要作用。徐世昌非常肯定报馆在启发新知和改良社会的作用。他认为报律规范是各国报界良性发展的前提。他看到了报馆言论自由因没有约束而出现任意诋毁的弊端，同时，如果没有报律的保障，报馆受严厉打压则会遏制报纸开启的

---

① 徐世昌：《退耕堂政书》，成文出版社1968年版，第185—186页。

新机。出于对报馆的保护和避免报馆行为违法，因此呼吁制定报律。徐世昌认识到报律制定的复杂性，因此请旨饬下修律大臣纂订报律，以国外报律为参照，结合中国实际，制定以后，由清廷核定颁行实施。徐世昌主张在确保报馆正面作用的同时，将报馆行为纳入法律框架之下，这个较为详细论述报律必要性和紧迫性的折文，促使清政府将报律的制定提上了日程。

1903 年"《苏报》案"发生，清政府在办理此案过程中颇费周折且颜面扫地，也深切体会到报馆的力量和对之加以限制的必要，同时也认识到无法再以旧的手段去控制，[①] 必须寻求新的管控途径，官方呼吁和推动报律的步伐开始加快。据《申报》载，1903 年 10 月中旬，某御史奏请明定报律，颁给各报馆一律遵守，规定无论华洋商人在中国各府厅州县开设报馆，均须先至商务部禀请存案。[②] 在官方和民间的共同推动下，报律的制定拉开了帷幕。

二 报律的颁布并逐步完备

之前清政府对报界的控制和管理，并没有专门的法律依据。对民间出版物、办报人以及报界言论溢出政府允许的范围之外行为的惩处，其依据为《大清律例》的刑律。既惩治事端的制造者，也惩治从犯，对涉事者查处不力的官员也在惩治范围。其惩治罪责类属刑罚而非民事，定罪较重，毫无近代新闻法旨在保护新闻自由的理念。

在民间和官方的共同呼吁下，报律制定已经提上了日程，清政府遂令商部负责起草报律。商部指派司员吴紫溪等人参考日本新闻纸条例拟定[③]，修律大臣沈家本、伍廷芳参与议定[④]，巡警部酌为修改，最后共成报律 46 条。报律草案告竣后，却迟迟没有颁布。这是因为报律是一个系统的工程，其制定和颁布施行牵涉社会、政治、法律等方方面面。所以报律准备具折入奏时，为政府诸大臣和外务部所阻。原因是报律条款非俟改立宪万不能行，欲加纂改，又恐多滞碍……俟宣布立宪政体后，再行发表

---

① 春杨：《清末报律与言论、出版自由》，《法学》2000 年第 3 期。
② 《有御史某某奏请清廷定报律》，《申报》1903 年 10 月 20 日。
③ 《报律将次告成》，《申报》1905 年 10 月 12 日。
④ 《二十世纪之支那》第 1 号"时事"，1905 年 6 月 3 日，第 96 页。

实行。① 外务部不同意此时颁布报律是因为报律未对租界外埠各报馆明定办法，担心施行起来徒生麻烦，主张从缓。1906 年 6 月，考察宪政回来的大臣载泽等，对君主立宪国言论自由由法律所定，"出自政府之畀与，非人民所可随意自由"② 十分推崇，决意仿行。之后，他向清廷呈上由梁启超为他代笔的奏报，提出"定集会、言论、出版之律"的建议，得到清政府认可。此时清政府已将预备立宪提上日程，公布报律的时机已经到来，于是，自此以后的几年，专门管理报刊发展的法律相继得以颁布。

清政府正式颁布的报律，开始于 1906 年的《大清印刷物专律》。从这一部有关报刊出版的专门法律颁布，到清政府灭亡的 1911 年，先后颁布了五部重要的新闻法规，即 1906 年 7 月的《大清印刷物专律》、1906 年 10 月的《报章应守规则》、1907 年 9 月的《报馆暂行条规》、1908 年 3 月参照日本新闻纸法制定的《大清报律》和 1911 年 1 月颁布的《钦定报律》。每部法规都在前者的基础上有所修缮，清末报律逐步趋于完善。

1906 年颁布实施的《大清印刷物专律》，共六章四十一条，规定印刷物的出版发行须先到印刷局注册以获取资格，印刷人须到巡警衙门注册其个人详细信息。印刷物呈送巡警衙门和印刷局备查；毁谤的适用类别；惩罚范围和惩罚办法。这部报律初定了以后各报律的框架，以后各报律都在此基础上加以增删和修改。该报律出台后，为报界所诟病，认为对报界压制太严，各报对此猛烈抨击，且该律对违禁事项过于模糊，于报律执行不利，于是不得不对报律再行修订。

1906 年 10 月清廷颁发了《报章应守规则》，共 9 条，要求报界遵守。该规则采取呈报批准制，规定了禁载内容："一不得诋毁宫廷；一不得妄议朝政；一不得妨害治安；一不得败坏风俗；一凡关外交内政之件，如经该管衙门传谕报馆秘密者，该报馆不得揭载；一凡关涉词讼之案，于未定案以前，该报馆不得妄下断语，并不得有庇护犯人之语；一不得摘发人之隐私，诽谤人之名誉。"规定了记载错误失实必须更正。③ 本报章规范仅有内容九条，而报律应有的很多基本内容并没有涉及，诸如呈报和批准

---

① 《报律未颁布之原因》，《时报》，"政界纪闻"，丙午年七月初一日。

② 载泽：《考察政治日记》，岳麓书社 1986 年版，第 581 页。

③ 《本馆接警部颁发报律九条专电》，《申报》1906 年 10 月 13 日。

手续、管理部门、处罚措施等，暴露出该规则的严重缺陷。不过，其禁载内容则是对《大清印刷物专律》的补充，也是后三个报律的核心内容。《报章应守规则》颁布后，立即遭到报界的反对，批评其主要内容与立宪国言论自由之意大相刺谬，"但有禁遏之言而无裁判之意"，只能利于地方官擅行刑罚而不利报馆权益。在报界的强烈反对下，不得不再修报律。

1907 年 10 月颁布的《报馆暂行条规》10 条，补充和新加的条款有：报馆开设须向该管巡警署呈报批准，以前开设之报馆均应一律补报；各类报刊必须载明发行人、编辑、印刷人姓名及其住址；增加了对惩罚方式的规定，凡违犯本条规者，该管官署得酌量情节轻重分别科有关办报人监禁或罚金；对报刊科以停报、停止发行的处罚。从内容看，《报馆暂行条规》比规则九条要丰富，是对《报章应守规则》的补充和完善。

1908 年 3 月 14 日，清政府批准公布了《大清报律》。其内容有 45 条。主要内容有，实行保押费制度，根据每月发行次数不同收取不同数额的保押费。实行事前检查。禁载内容增加一个条款，"凡谕旨章奏未经阁钞官报公布者，报纸不得揭载"，另外增加"发行人或编辑人，不得收受贿赂；亦不得挟嫌诬蔑伤人名誉"的条款。对报馆的惩罚措施，各条款更加具体，惩罚的力度，相对印刷物专律，已大大减轻。另外，规定了实施惩罚的主体为官府。《大清报律》在体例、结构和内容等各个方面都比较完备，具备了近代新闻法应有的各要素。不过，《大清报律》颁布后，遭到各派各报馆的强烈反对和声讨，反对的重点在保押费、事前检查、禁载内容的广泛、刑律治罪、官府惩办权①等。报界强烈要求政府重新修订，声明对《大清报律》不予承认，要求废除。并抨击政府钳制舆论，没有实行立宪的诚意。在此强大的压力下，清政府不得不再次修订报律。

经过资政院议员唇枪舌剑的激烈辩论，通过了修订过的《大清报律》，并向清政府请旨颁布。1911 年 1 月 29 日，清政府正式颁布了请旨裁决的报律，即《钦定报律》。此律共 38 条，附则 4 条，比前律少 4 项条

---

① 王学珍：《清末报律的制定》，《中山大学学报论丛》1994 年第 1 期。

款 1 条附则。呈请备案的内容增加了发行时期。对办报人资格表述更符合法律规范。仍采取保证金制度，保证金数额降低或减免，对于白话报全部免费，京师、省会、商埠等之外地方发行者，保押费减少三分之一；由事前检查改为实行事后检查制；规定了更正记载错误的详细办法；禁载内容已将前律备受报馆反对的第十三条不准揭载未经阁钞官报公布之谕旨章奏条款予以废除，其余禁载规定与前律大致相同，即不得登载冒渎乘舆之语、淆乱政体之语、防害治安之语、败坏风俗之语及部分外交、司法事件。另外，增加了禁止诋毁损害他人名誉的条款。处罚形式主要采取罚金制，以民事处罚为主，刑罚逐渐退席；处理报界违法的部门，定为该管官署或审判衙门，司法审判权逐渐向独立的司法机关过渡。

相比《大清报律》，《钦定报律》对报馆的开办检查及处罚宽松了一些。不过，由于其禁载范围界线的不明，使得政府与报界皆可依照自己的理解来解释，没有统一的标准和依据，政府操作可此可彼，既有方便亦有难处；而报界则仍然我行我素。报律约束政府官员和报界的效力大为降低。[①]

如果将清末报律的内容前后作一个对比，可以此分析政府对报刊传媒言论自由和思想传播允许限度的变化踪迹，如（表 1—1—1）。

表 1—1—1　　　　　　　　　报律内容变化一览表

类别/ 对比/ 法规	大清印刷物专律（1906）	报章应守规则（1906）	报馆暂行条规（1907）	大清报律（1908）	钦定报律（1911）
出版管理	批准制。违者罚 150 元以下或监禁 5 个月以内，或二者并科			注册登记制违者罚 10—100 元	注册登记制违者罚 3—30 元，补注册后方可发行
办报人资格				未处监禁以上之刑者	褫夺公权或现停止公权者

---

① 王学珍：《清末报律的制定》，《中山大学学报论丛》1994 年第 1 期。

续表

类别/对比/法规	大清印刷物专律（1906）	报章应守规则（1906）	报馆暂行条规（1907）	大清报律（1908）	钦定报律（1911）
保证金				每月发行四次以上者500元，三次以下者250元	每月发行四次以上者300元，三次以下者150元。大城市和商埠之外的报纸保证金减免三分之一至三分之二。免交类中增加白话报
呈本	未呈送印件者罚50元以下或监禁一月以下；或并科			报纸发行前呈送官署以备查核。未呈送者罚3—30元	报纸发行当日呈送官署存查。未呈送者罚3—30元
禁载		不得妄议朝政	不得淆乱国体	不得淆乱政体	同左
败坏风俗				暂停发行7日以下	罚20—200元
泄露外交、军事机密		不得报道外交、内政机密	不得报道外交、军事机密	不得报道外交军事机密，违者监禁2日—6个月，或罚20—200元	不得报道外交军事及其他政务机密，违者罚20—200元
适用刑律	毁谤他人罚1 000元以下或监禁2年以下，或并科；讪谤皇族或政府、煽动违背典章国制，罚5 000元以下，或监禁10年以下，或并科；涉及讪谤案的印刷人、出资人和经理人此后不得从事出版业			诋毁宫廷、淆乱政体、扰害公安者监禁6月—2年，并科罚金20—200元，报纸禁止发行。情节较重者仍照刑律治罪	诋毁宫廷、淆乱政体者监禁2月—2年，并科罚金20—200元。经司法审判后可禁止发行

类别/对比/法规	大清印刷物专律（1906）	报章应守规则（1906）	报馆暂行条规（1907）	大清报律（1908）	钦定报律（1911）
名誉权		不得指摘人隐私、诽谤他人名誉		不得受人贿赂、挟嫌诬蔑、损人名誉。违者罚20—200元	不得损人名誉，但专为公益不涉隐私者除外。违者兼有受贿行为时按受贿额罚10倍，不足200元时按200元罚。
著作权				论说、记事、附刊作品享有版权（无罚则）	论说译著享有版权，侵权者罚3—30元。
审判报道				审判衙门禁止旁听的诉讼不得报道，违者罚10—100元	法令禁止旁听的诉讼及会议不得报道，违者罚20—200元
屡犯	屡犯者按所犯次数倍科			违律者不用自首减轻、再犯加重、数罪俱发从重之例	同左

资料来源：李斯颐：《清末报律再探——兼评几种观点》，《新闻与传播研究》1995年第1期。有改动。

从表1—1—1可以看出，清末报律结构与框架渐趋完备，对报律中应有的内容不断补充完善。其处罚则渐趋减轻，由原来的以刑罚为主转向以民事惩罚为主。从罚金来看，登记注册金的罚款，由原来的500元以下到10—100元再到《钦定报律》的3—30元。对诋毁宫廷、扰乱公安的刑罚，也由原来的最高10年减轻到最高两年，罚金由最高1 000元减少到200元。刑罚的减轻和罚金的减少，体现了报律思想由惩治型向管理型的过渡，这种转变无疑为清末报业的发展创造了宽松的环境。另外，个人名誉权由缺席到得到保障。任何社会的言论自由都不是绝对的，都是一定限度内的自由，以不损害他人的权利为前提，所以，清末报律中对诋毁条款的规定，不应情绪性地将其看作干涉新闻自由，压制言论，而是体现了一定的近代民主性。另外，报律突出了对新闻自由的保护，在权利和义务何者为本的问题上，它强调权利本位。①

三　报律对报刊传媒的作用

（一）报律的限制之意

抛开政府制定报律的主观目的，单就其本身而论，报律同所有民主国家的法律一样，作为一种社会规范，都是对社会成员和组织的限制和约束，清末报律也不例外。其限制作用主要表现在以下方面：

1. 对主办者（发行人、编辑人、印刷人）资格的规定

《大清报律》中规定"未处监禁以上之刑者"都具有法律资格，修订后的《钦定报律》则更准确地表述为"褫夺公权或现停止公权者"之外的所有人，都具有新闻从业资格。法律资格的规定是中性的，既不能说明报律的进步，也不能以此认为清政府有意阻碍报业。

2. 保证金制度

清政府最初规定的报律中对此并无规定，只是后来的《大清报律》和《钦定报律》增补了此类条款，其作用有二，一方面的确有对民间报馆约束的意图，另一方面也是对报界管理的一种手段。清末报律的制定参照国外君主国尤其是日本的新闻纸法律而成，作为立宪民主国的日本新闻纸法律里面不仅有这一条款，而且其保证金额远远高出清末报律。对于保证金的缴纳，李斯颐先生认为，"清末采取保证金制的目的不在限制报纸数量，因为当时是把报纸看作和阅报讲报所、新式学堂等一样的开启民智的手段，作为地方政绩加以提倡和考察的。它的目的主要在于限制不具备物力的报纸，对报业发展规模在总体上的束缚并不明显。"② 从清末报业的蓬勃发展来看，他这一看法是符合历史事实的。

3. 违禁事项

《大清印刷物专律》规定对"讪谤皇族或政府、煽动违背典章国

---

① 李斯颐：《清末报律再探——兼评几种观点》，《新闻与传播研究》1995 年第 1 期。

② 同上书，第 37 页。

制"者进行处罚,《报章应守规则》禁载内容为"不得妄议朝政"和"不得报道内政外交秘密"。之后的各报律对淆乱政体、诋毁宫廷、妨害公安、损害名誉、报道军事外交及政务秘密等都有禁载规定。个人名誉不受侵害,是法律应当予以保障的公民权利。报纸作为公权力,也应当受法律的节制。"预审事件,未经公判之前报纸不得揭载"的条款,与西方法律精神相同,因为如果不加以禁止,报馆所造成的社会舆论,容易影响案件的判决,从而影响司法的公正。而军事、外交及政务秘密,任何一个国家都不允许外泄,在所谓言论自由的西方国家的新闻法里面,也有明文规定。法律作为统治阶级意志的表现,任何一部法律的制定,都不会容忍颠覆统治者自身的条款写进法律。不过,"不得淆乱政体"条款,内容表述不太清晰。如果是指报界不准对政体加以评判或是不准将宣布预备立宪的清政府视为专制政府或宣传中国宜实行立宪外的其他政体的话,则有钳制舆论的嫌疑,但是,清末各报论说中对清末政体发表意见的文章不胜枚举,也并未遭受违反该条款规定的惩罚。

4. 刑罚和罚金

各报律都有关于违禁问题的规定,对报律范围之外的言论,规定了惩罚方法。最初的报律是定刑较重的监禁刑罚为主,随着预备立宪的推行,报律条款不断修订,报律对违禁处罚渐趋减轻,不仅将适用刑律的内容范围减小,而且刑罚和罚金也大大减少。

5. 检查制度

新闻检查制度是各国新闻法中的必有内容。该制度分两种情况,一种事前检查,一种事后检查。在西方民主国家中,英美两国采取事后检查制度,欧洲大陆法系的国家多采取事前检查制度。所以,实行事前检查、事后检查并不能说明政府是对新闻管制更严格或是更宽松,那么,由此判断清政府对舆论过分控制,则缺乏有力依据。不过,这两种制度,普遍认为事后检查对报界的阻碍较小。清末报律中,两种制度出现过反复,但最后的《钦定报律》中,事后检查制尘埃落定。

以往对清末报界环境的叙述,很多人都表述为清政府为加强对舆论的控制而制定报律。其实这样说是有失公允的。原因一,将报律本为必要的法律规范当作政府钳制言论的证据,这是没有说服力的。原因二,晚清政府比较腐败的形象植根人心，每欲论述一些问题时，不管这些论题与清政府腐败是否有关系，便拉它来，将自己不能说明的问题用清政府腐败来搪塞过去。晚清政府虽然腐败，但最后颁布的《钦定报律》体现的近代民主意义，客观地说，是不应该抹杀的。

（二）报律的正面作用

从清末报律条文来看，报律对以下权利予以了法律上的确认和保障：

1. 报刊创办权

《钦定宪法大纲》中规定"臣民法律范围内，所有言论、著作、出版及集会、结社等事，均准其自由"，大清臣民的基本自由权利有了法律上的保障。清廷颁布的各个律例中，也没有对办报人政治资格的限定，因此，不论何种政治派别均有办报的资格，都可以创办报刊。《大清报律》中第二条规定："凡发行人、编辑人及印刷者，须具备下列要件：一、年满 20 岁以上之本国人；二、无精神病者；三、未经处监禁以上之刑者。"《钦定报律》又将上述第三个要件修改为没有被"褫夺公权或现在停止公权者"，即只要达到一定的年龄且精神状况正常的公民都具备办报资格。具备创办资格的国民，只要登记注册并缴纳一定的保证金，便可以创办报刊，报律规定的条款并不苛刻。

2. 信息传播权

信息传播权关系到报刊媒介能否自由无阻地将信息刊发传递，使之达于受众。因此，对信息传播权的规定，也是判断政府新闻自由与否的一个重要标尺。清末各报律中对信息传播没有专门规定，但有明文的条款对信息传播提供便利，这不仅是对本权的确认，也是对信息传播权利落实的法律保障。我们知道，清末记者传递采得的消息，是通过电报或信件传至报馆，报纸的发行，在外埠经邮局寄递、本埠通过定点代销或送报上门达于读者。这两个环节中，邮政和电信非常重要。国家控制的邮政和电信对邮资和电讯费用的减免，对报刊的发展将会起到很大的助力。早在报律颁布之前，曾有一些地方对报界实行邮电减费，但这并非制度性的减免，不具有普遍性。之后，清政府回应北京八家日报联名请求邮电减费的呼声，遂由邮传部分咨各部大臣妥议办法，[①] 制定统一规

---

① 《督办电政候补道杨呈邮传部查核报界请减电费文》，《北洋官报》1907 年 12 月 21 日。

章通行全国，① 同时将减免邮电费用内容在《大清报律》中列为专条（第三十七条），即规定"凡照本律呈报之报纸，由该管衙门知照者，所有邮费电费，准其照章减收"，使邮费电讯费减收成为定规，1908 年，原按全价收费的报馆密码电报也减半收费，② 1909 年又在此基础上减价 20%。③ 清政府在信息传递方面减少阻力的努力是应该肯定的。这些规定和措施是信息传播权的证明，也为报刊媒介和思想的传播提供了良好的发展环境。

新闻言论自由是报纸存续的根本，舆论监督是民主政治的重要体现，也是报纸发挥其社会监督功能的重要前提。正是报律对报刊法律地位的确定、言论自由权利的赋予、信息传播条件的提供，使得清末报刊传媒迅速发展，以报刊为媒介的立宪思潮的发展才有了依托。因此，可以认为，没有清末报律提供的法律保障，报业的发展便会出现更多的梗阻，立宪思潮的发展也就缺少赖以存在的载体。因此，清末报刊的发展和立宪思潮的高涨，报律对二者的正面保护之意，不应将其忽视。

报律本身就是报刊发展和立宪思潮高涨时期的产物，报刊传媒的发展催动报律的制定，立宪思潮的发展则使报律的制定，沿着接近近代民主报律的方向努力。而且，在报律制定过程中，报刊传媒本身联合起来而形成的强大舆论对报律的制定者产生不小的压力，为避免遭到报界联合抵制而难以实行，报律的制定未必尽遂部分政府官员限制报馆的心思。尤其重要的是，报律的制定，是建立在对"启发知识，改良社会，收效之速，莫如报馆"的普遍认知基础上的，报馆被视作"启迪心机，策励社会，俨握文明进行之枢纽"④。在这样的社会氛围下，对报馆的过分约束，便是对引进新知的阻碍，是对宪政进程横生阻力。在预备立宪的政治环境中，任谁也不想背负阻碍宪政的罪名，因此，报律内容逐渐向保护新闻自由的方向发展也就不足为奇。

---

① 《电报总局传递新闻电报减收半价章程十条》，《政治官报》1907 年 12 月 26 日。
② 《邮传部咨民政部农工商部暨各将军督抚等核订报馆寄报减费章程文》，《南洋官报》1908 年 9 月 5 日。
③ 《重订收发电报办法及减价章程》，《大公报》1909 年 4 月 17—22 日。
④ 刘哲民编：《近现代出版新闻法规汇编》，学林出版社 1992 年版，第 35 页。

第二节　行政控制及以舆论制舆论

清末时期，中国政治环境处于新旧交替时期。政治体制开始由专制向君主立宪体过渡，中国出现了一个不同于以往的社会环境。传统社会中行政力量大于一切的积习仍可窥见，并依然有不小的影响，与此同时，近代民主社会中的法治观念和法制意识也在滋长，法律对行政力量的约束已是事实，再加上国民新知识的增加、民主意识的发展、官吏思想的转变以及清政府中央权威的削弱，行政干预在推行过程中，有时会受到地方官和民众双重节制，其影响虽不能被完全消除但已经大大减小。中央政府希望将社会舆论控制在自己可掌控的状态中，除用报律规范之外，尚利用行政命令与官方创办报馆以舆论制舆论的手段，双管齐下。这些手段奏效与否及其实际效果，值得深入研究。

一　行政手段

（一）行政力量对报界发展的干预

1. 谕令

谕令是封建社会君主管理社会与国家的一种重要手段，其性质介于行政和法律之间，具有很强的强制性，其涉及的内容多是全局性的，或为关乎国家与社会的要事。执行谕令的机关如果行动不力，达不到谕令要求的目的，有可能要受一定的处罚。因此，在中国传统社会中，谕令对各级行政官和普通民众有一定的威慑力。清末时期，清朝统治者每年要发布很多谕令，以行使其国家管理职能，其中对报界发布的谕令亦相当常见。既有鼓励和保障报纸发展的谕令，也有限制和约束者，这里主要探讨的是后者。

1898 年，严复"被参报馆合股，及与外人勾串各节"，清政府要求严查此事，光绪帝在直隶总督王文韶奏报此事后，于 5 月 3 日谕饬严复等人："严复并学堂学生等，嗣后不得再有只字附登报馆，以取自戾。"① 不过，这道命令严复"嗣后不得再有只字附登报馆"的谕旨并没有起到禁

---

① 国家档案局明清档案馆编：《戊戌变法档案史料》，中华书局 1958 年版，第 448 页。

止严复在报刊发表文字的作用。众所周知，严复重要的译著都是在此之后刊发于报端的。同清末的许多政令一样，到达地方上的谕旨也如强弩之末，其影响已大打折扣。清政府于光绪二十六年正月十五日发布查禁《清议报》等报刊的谕旨，谕令"该督抚逐处严查，如有购阅前项报章者，一体严拿惩办。"① 要求对康、梁等"逆犯"所办之"悖逆"报刊《清议报》等进行查禁，之后的《新民丛报》也有遭禁的命运。但与谕令查禁形成鲜明对比的是，各报却因禁反销。其他报刊也置禁令于不顾，连篇累牍刊登《清议报》、《新民丛报》、《饮冰室合集》的广告，公开为它们做宣传。可见谕令并没有使地方官和民间与清廷保持统一行动，使得所禁报刊等得以在各地广泛传播。

《时报》于宣统元年八月十七日在《报纸与政府》一文中披露，戊戌后捉拿主笔封闭报馆的谕令，结果通商各埠之报纸，未常稍停，内地多处反有添出者。文中说，1898 年 10 月政变后，清廷以报章"煽惑人心，主笔亦多不安本分者，兹特严行禁止。其主笔与报界有关系者，务获严惩"②。"然其效果，报章无一家停止，主笔无一人被获者，因报纸都在通商口岸之内，徒令并非外人资本之报馆，悬挂洋牌而已。各报纸依然进行如前，惟语言之间稍为谨慎，不过仇视外人之句语，已不复见。""通商各埠之报纸，未常稍停，内地多处反有添出者。"③ 上文提到，即便戊戌政变后严谕要求"严行禁止"报馆情况，也仅仅起到使记载"稍微谨慎"而已。可以看出谕令尽管是清政府重要的管制措施，但其效果大小强弱，需视情况而定。

2. 官员干涉

因公禁止　由于各级官员是国家机器的一部分，执行和行使着国家管理的对内职能，因此，从统治者的立场出发对报界加以控制和约束，是清末报案中常见的一种情况。

湖广总督张之洞于光绪二十六年二月初七《札江汉关道查禁悖逆报章》的饬令，久为研究者所知，该札文命令禁止南洋之《天南新报》和

① 《德宗景皇帝实录》，第 458 卷，中华书局 1987 年版，第 10 页。
② 《报纸与政府》，《时报》，"译闻"，宣统元年八月十七日。
③ 同上。

日本之《清议报》传入，对购阅传递者，予以惩罚，从流通和销售渠道予以查禁。然而张总督禁令虽严，其他报纸仍大张旗鼓为该报做宣传，其宣传本身就是对禁令的一种蔑视。至于《清议报》仍能广泛流传内地，则说明禁令的效果并不是很理想。同张之洞要求读者禁阅被禁书刊一样，四川锡帅（锡良）也"通饬各府州县禁民购阅新书新报，违者严究"①。两江总督魏光焘下令"严禁诸生阅看新报新书，以免思想发达，致肇祸端"，如有购阅，则"以会党匪人例重治其罪"②。浙江大学堂总理劳乃宣密报署理浙江巡抚翁曾桂时说，"谓各学堂中学生惑于平权自由诸邪说，致谋不轨，往往结党，自立私会，民间不肖少年踵而行之，上中下城，所在皆是。"③ 于是下令查禁报刊。然而，具有讽刺意味的是，江西大学堂闭门搜查出不少学生所购《饮冰室文集》、《苏报》、《新民丛报》等，与督抚忙前忙后的查禁形成鲜明对比。

1905 年袁世凯饬令禁阅《大公报》，则是行政力量干预报界自由的一个典型例子。因天津《大公报》宣传抵制美约事，袁世凯甚为不满，下令不得对该事横生议论。而《大公报》则以符合公论为宗旨，官宪不应阻止言论自由，故予以拒绝。袁世凯遂决意于本月十六日饬巡警总局、天津府、县等处札示官民严禁购阅，札饬铁道局、天津府正堂凌、天津县正堂唐，以《大公报》"有碍邦交，妨碍和平"而要求"合行禁阅"。并以当月十七日为限，要求津埠士商军民人等一体遵照，违必究罚。④ 袁世凯阻断了该报的流通发行渠道，《大公报》不封而封，即于是日停止出版。对《大公报》所受的压制，该报在《申报》上刊登总经理英敛之、主笔刘孟扬所撰之特别告白，说明停刊之原因，并谴责曰："芟夷我国民者，非由外人，实为我最有权力之长官也"。⑤ 当时，报律尚未制定和颁布，但一向主张立宪并积极推行宪政的袁世凯知道，在专制政体下可任意封闭报馆的行为，在讲求宪政的社会舆论下，似乎过于野蛮。虽然事实上，一方面袁世凯的禁阅令起到了令《大公报》被迫停刊的作用，达到了他的一

① 《禁阅新书新报》，《时报》第 80 号，"政界纪闻"，甲辰年七月二十。
② 《讲督仇视新学》，《国民日报》1903 年 8 月 16 日。
③ 《杭州来函照录》，《苏报》1903 年 5 月 27 日。
④ 《袁督禁阅〈大公报〉》，《申报》1905 年 8 月 25 日。
⑤ 徐载平、徐瑞芳：《清末四十年申报史料》，新华出版社 1988 年版，第 284 页。

部分目的，行政力量的干预的确摧残了报馆的发展；不过，从另一个方面看，其干涉行为毕竟有所顾忌。以袁世凯权倾朝野的地位而不敢对《大公报》直接查禁，而是从销售的渠道施加压力以达到其停刊目的，可以看出，清末行政力量对报刊的干涉有时并非如后人想象中的那样随心所欲。

挟私报复　除了站在统治者的立场，为维护统治秩序而干涉报界的行政行为之外，还有官场人士因被报界揭露批评而肆意报复才查禁和压制报馆者。

如北京的《京华报》、《公论实报》，广州的《岭南日报》等，都因为触犯了某些个别的官员，就被扣上"语多谬妄"之类的罪名而遭查封。既没有任何法律根据，也未经任何法律程序。① 《湖北日报》则因为在报中登载讽刺地方官张彪的插画得罪官场，编辑和作画被拘，报馆封禁。据清末曾在四川地方做官的秦枬在他所写的《蜀辛》一书中记载，四川某道于1911 年2 月忌辰，周道在花会场大摆筵席，报纸对此颇有微词。于是，周道遂将报道该事之报纸封禁。② 不过，对来自行政力量的压制，报馆可以利用手中掌握的舆论工具，通过报刊对挟私报复者进行反击，如《时报》对官场封闭《湖北日报》的违反报律的行为予以揭露批评。而四川周道封闭报馆之行为则遭到报馆的反击，报馆查取该道大餐馆食单，刊登报端，公之于众。随后，当地谘议局亦纠查周道。这种挟私报复行为，官员本身往往于理无据，反因干涉而付出代价。

（二）行政力量干涉的效果

1. 报刊被禁封

同清末报刊迅速崛起并蓬勃发展的情况形成对比的是，许多报馆被查封，或遭到罚款，报人被投入监狱。

据方汉奇先生统计，戊戌政变后一直到1900 年，还有20 多种海外出版的改良派报刊和宣传小册子被"严行查禁"③。1898 年至1911 年的13 年内，根据不完全的材料统计，至少有53 家报纸遭到摧残。其中被查封30 家，被勒令暂时停刊的14 家，其余的分别遭到传讯、罚款、禁止发

---

① 方汉奇：《中国近代报刊史》，山西人民出版社1981 年版，第597 页。
② 秦枬：《蜀辛》，载《巴蜀丛书》（第1 辑），巴蜀书社1988 年版，第485 页。
③ 方汉奇：《中国近代报刊史》，山西人民出版社1981 年版，第595 页。

行、禁止进口、禁止邮递等处分。办报人遭到迫害的不下 20 人，其中被杀的 2 人，被捕入狱的 15 人，还有不少人遭到拘留、警告、递解回籍等处分。[①] 这些数字说明了清政府对报界摧残的事实，同样的事例和证据也常见诸报端。宣统元年八月十七日，《时报》在《今年中消灭之报纸》披露宣统元年即 1908 年被"消灭"的报纸（见表 1—2—1）。

表 1—2—1　　　　　　　　　　1908 年政府所封之报

舆论报	上海	归并时事
大同报	北京	归并中央
民呼报	上海	勒闭
国报	北京	封禁
中央大同报	北京	封禁
吉林日报	吉林	封禁

这些报纸或封禁，或关闭，或归并，纷纷遭到停刊的命运，《时报》对此评论道："不及几月中，报界之被摧残者，已落花流水如此矣。此亦预备立宪第二年应有事耶。呜呼！"[②] 以上数字和例子表明，在清末时期，有不少报刊被封禁、处罚。不过令人遗憾的是，从这里看不出封禁和处罚的具体原因，我们当然不能想当然地认为这些事例都是清政府行政压制的结果，因为有不少的事实证明，相当一部分报纸是因为触犯报律而受到惩处。这里没有必要也不可能将政府的过错推卸一旁，因为同样有不少的证据证明行政力量是报馆被查封的直接原因。

除了对报馆处以罚金和封禁外，迫害报人也是行政力量干涉报界的一个严重污点，其最骇人者是对报人生命权的剥夺。1903 年的"沈荩案"中，北京记者沈荩因报道了有关中俄密约的内容，遭清廷忌恨而被捕，不到半月，在未经任何审讯手续的情况下被判斩立决。适逢慈禧寿庆不宜公开杀人，改判"立毙杖下"，行刑时"特造一大木板，而行杖之法又素不诸习，故不至二百条下，血肉飞裂，犹未至死，后不得已始用绳紧系其

---

① 方汉奇：《中国近代报刊史》，山西人民出版社 1981 年版，第 596—597 页。
② 冷：《今年中消灭之报纸》，《时报》宣统元年八月十七日。

颈，勒之而死。"① 另一报人卞小吾则因创办《重庆日报》攻击慈禧和揭发地方官员的劣迹而被捕遇害。死后"棺殓检视头、目、腹各部刀伤计有七十有三"②。前此两起报人被捕杀致死的案件，是清末官方对报界迫害最令人发指的两个事件，历来被报界所谴责和抨击。之后，迫于报律的制定和舆论的压力，清政府对报界的行政压制，便不敢再轻易以剥夺报人的生命为手段。

除惩罚报人和报馆，从思想传播的源头上控制以外，官方也从流通和受众的方面实行控制。如袁世凯禁止邮局邮递《大公报》，不准对其代派，禁止出售和阅读，结果使《大公报》不得不暂时停刊，行政力量对报界的压制，由此可见一斑。

另外，晚清中国经济文化发展不平衡，沿海各埠得风气之先，较内地开放，报界之环境，亦表现出差异。相对于沿海思想自由、报业发达，而内地如江西，"言论界不敢稍作激昂之语，否则一触官吏之淫威，无或幸免"。江西"省垣自治日报主笔姜君，于报界经验甚富，为官界侧目之人。自王令濬道莅任南昌县，对于该报颇有欲得甘心之态，并调查姜君前办南昌日报□□案卷，以为推翻该报地步。故该报近日颇多危怵之论，对于官场，则如仗马寒蝉，不敢妄加黑白矣。"③ 可见，该报主笔尽管于报界经验丰富，但在官场淫威面前，依然惧若寒蝉。虽然报律亦有保护作用，但在法制意识和民主观念、宪政意识不强的内地，对报馆干涉时有存在，而且行政力量试图控制报馆舆论，是任何社会都存在和需要面对的问题。

2. 行政力量被部分消解

清末中国尚未脱离专制社会，来自专制政府的行政力量的干涉当在意料之中。由于报律的存在，而且国内民智渐开，政治思想已有较大进步，向立宪政治过渡已是无法阻挡的趋势，因此，新的社会环境中存在一些消解行政干涉影响的因素：

（1）报律的约束及文明国体的行事标准。政府官员由于各种原因封

---

① 《大公报》，"时事要闻"，1903年8月4日。

② 卞仲璠：《重庆日报创办人卞小吾烈士》，载《辛亥革命回忆录》第三辑，中华书局1962年版，第336—339页；

③ 《赣省官吏仇视报馆之手段》，《时报》宣统三年五月十七日。

禁报馆，必须通过报律的执行机关——各级巡警厅或民政部，通过向它们施加压力的方法以实现压制之目的。巡警厅和民政部处理报案，必须兼顾相关法律。法律环节为行政干预的效力打上一定的折扣，经过法律的过滤，其不利影响有所减小。

例如，《大江报》、《西顾报》、《楚报》等几个报纸被控违反报律，依法宣判，经过了各种法律程序。[1] 另外，1906 年，彭翼仲所办的《中华报》因报道卫兵抢劫骇闻一节，触怒军机大臣瞿鸿禨，瞿乃请徐尚书出面处理此事，"因关照徐尚书不肯干休，徐无法，因借藤堂事[2]商之袁宫保，袁许重办，徐即谕朱桂辛厅丞将报馆封闭。朱厅以殊失文明国体，再四商量。遂以妄议朝政容留匪人等字为狱"[3]，并将该馆封闭。以瞿鸿禨军机大臣足可一手遮天的身份，在专制政体下查禁报馆与下人入狱，并不是一件困难之事。虽然结果是彭翼仲的《中华报》被封禁，本人也被捕入狱，但是，从瞿鸿禨动员若干朝中重臣为其周旋可以看出，即使掌握行政大权的瞿军机、徐尚书和握有重权的袁宫保袁世凯，也必须依靠法定的机关、借用报律"不准妄议朝政"的罪名，才得以实现其对报人定罪、封禁报馆的目的。这说明报律的实行和立宪思想的传播，已经对干预报界的势力形成一定的约束力，使行政权力不得随意干涉和封闭报馆，必须寻找合理的借口或给出合理说法才能下手。

官吏随意封禁报馆的行为，有时也会给自己带来麻烦。如前面提到的四川某道于妓院摆筵席被报馆报道，且言辞不恭，该道遂将报馆封闭。然而报馆也予以了反击，"报馆乃查取大餐馆食单表出之"，将该道的不良行为公之于众。在立宪思想逐渐深入，尤其是谘议局力量较大的四川，负有纠查政府之失的谘议局马上对此事跟进，对该道追究责任，结果使该道"获院行司澈查"[4]。

---

① 方汉奇：《中国近代报刊史》，山西人民出版社 1981 年版，第 597 页。
② 台湾人陈福（一名任文毅，称为藤堂调梅）来京，入《京话日报》社，常往来官绅家，作政治及改革谈。当路者误认为孙逸仙，遽派巡捕 20 余名，包围新闻社，捕之到案。及查知任文毅确是日本国籍，始放免之。由是该报悉力攻击之，故至于是也。见方汉奇《中国近代报学史》，山西人民出版社 1981 年版，第 302 页。
③ 《汇报》光绪三十二年，第 78 号。
④ 秦枬：《蜀辛》，载《巴蜀丛书》（第 1 辑），巴蜀书社 1988 年版，第 485 页。

（2）行政力量难及洋人和租界。清末中国报业发达，其中一个重要的原因是对外人在华享有治外法权的利用。对于外来的约束和干涉，报界自身有种种应对措施。如利用中国处在半殖民地社会下，外国人在华有治外法权的便利，或将报馆建于租界，或托为洋人报纸，雇用外籍人士充当名义上的发行人，从而逃脱中国法律的制裁和行政力量的肆行干涉。如《国闻报》就设在天津租界紫竹林海大道，并以日人西村博为名义上之馆主；《大公报》则在天津法租界内，并以传教士天主教徒柴天宠为靠山，而上海的报馆也大都设在租界内。利用洋人的旗号避免官方干涉为报界公认的有效策略，李伯元在《文明小史》中对此也有描述："这个开报馆的，曾经在上海多年，晓得这开报馆一事很非容易，一向是为中国官场所忌的。况且内地更非上海租界可比，一定有许多掣肘的地方，想来想去，没得法子，只得又拼了一个洋人的股本，同做东家，一月另给他若干钱，以为出面之费。"① 对付官方压力的有效途径就是将报馆建在租界内，没有租界的内地，则常常利用洋人的名义以避免风险。

（3）报界的抵制。对于清政府对报界的钳制，报界经常利用本身掌握舆论的优势予以反击。当遭受处罚时，当事报馆也根据不同情形，积极采取抵制措施，如果是轻微罚款，一般也遵照执行，但也发表抗议声明；对暂禁发刊、永禁停刊、查封等较重处罚的，虽被迫接受，但仍多方设法冲破禁令，或谋求报界同仁帮助，发动舆论反击；或另创报馆，再辟阵地，如于右任创办之三民报，即为办了封封后再办，两年内创办了《民呼日报》、《民吁日报》和《民立报》三个日报。其他报馆则会声援被压迫同业，如上述警察厅因疑台湾人藤堂调梅为孙中山而将彭翼仲逮捕，"报界一齐攻击警厅，谓非法逮捕报人，摧残舆论"。② 使其直接的干涉不能得逞。在报界全面抵制下，行政干涉和报律的效力大为削弱，报业得以乘机发展成为"舆论之母"。

报界人士，思想一般较为开明，是新思想的较早接受者和传播者，因此，这些握有西方民主思想资源的报人，在与政府过招时，颇能找出其要

---

① 李伯元：《文明小史》，上海古籍出版社 1997 年版，第 258—259 页。

② 长白山人：《北京报纸小史》，载中国人民大学新闻系编《中国近代报刊史参考资料》下册，1979 年，第 772 页。

害攻击之。要求政府"吾人当遵守法律，行政官亦宜遵守法律"①，这往往置行政官于舆论上之被动地位，使他们不敢轻易对报界施加压力。

对外来力量的干涉，当时报界颇有刚正和自律的操守可谈。一方面不为外来威胁所惧，另一方面则将其徇私之状公之于众，使其无处遁形。《时报》主笔陈景韩 1908 年发文一段声明："记者虽然无识，然苟告以是非利害，则尚能知。如本报所记之事，有与事实不符，则依例投书本报，本报自乐为之更正。或有所处之地，与大局攸关，恐有反对之人，故放谣诼之言，以乱是非，亦可以其实情先行通告本馆，本馆亦能为之留意，此乃社会对于报纸之正道，亦记者对于社会之天职也。若乃不自明言，或托相熟之人，或请有权位之人转辗请托，则在彼为情虚，在记者听之为失直。自后苟遇此等情事，虽有原可更正，原可不必登录之件，记者必将反其意以相偿，勿谓记者言之不预也。敬告。"② 文中所记之事，乃有人被报馆所揭，于是请官场中人暗中周旋，托人说情，反被报界公之于众。由此可以看出，报馆对官场中人的面子未必买账。

报馆创设时，使用化名注册登记编辑人、印刷人、发行人，也是经常使用的抵制手段。一旦报馆有事，使官方查无此人，从而逃脱应该承担的责任或不应当承担的莫须有罪名。

（4）部分官员的抵制或消极处理。清末时期，随着立宪思想的发展，民主与文明成为知识分子和思想维新之官员的口头禅或自身标榜的词语，因此，在遇到不合民主法制而成为文明的反面之事时，官场中人，尤其是官制改革后成立的新式部门，其官员对那些以政治专制压制民主、破坏言论自由或践踏法律之事，往往能以西方政体下政府行为标准为参照，而抵制外来力量的影响。如在报律制定过程中，外务部受到日本政府压力，令民政部禁止各报报道日本吞并韩国一事，但民政部认为各报所载均属事实，各报借韩国灭亡以警惕政府、国民，不犯公法，不违报律，实无禁止之理由，并表示，决不能为此无理之取缔，即使钦奉谕旨亦难遵办③。

有时即使对报馆下达了查禁的命令，查禁过程往往也充满变数，执

---

① 天池：《论天津〈北方报〉被封事》，《时报》，"社论"，宣统二年四月十二日。

② 冷：《敬告投书本报者》，《时报》，"批评一"，戊申九月初十。

③ 《肃邸固非徇无理之要求者》，《申报》1910 年 9 月 20 日。

行官员睁一眼闭一眼，对报人时有保护之意。如卢谔生创设《军国民旬报》于广州，因语多激烈，署名卢骚之徒，"广州将军示意巡警道王秉必务获其人，王平时风雅自命，不愿人加以构陷清流之名，先令僚属故为漏言于报界公会，使卢闻之，卢乃得以从容避地去。"① 因为报纸被看作"启迪心机，策励社会，俨握文明进行之枢纽"，② 因此，多数情况下，执行者往往不愿为难报馆，这成为清末报业发展的一个有利因素。

二　以舆论制舆论

（一）创办官报与收买报馆

清末时期，清政府对报纸开通民智、传输新知和开通风气的作用逐渐有充分的认识，对民间报业发展亦多采取鼓励政策。随着民间报业蓬勃而起并在社会上显示出强大的影响力，政府官方也开始注意经营报业，要求"开设官报，简员经理，厘定章程，藉以达民情，开风气，并准各报指陈利弊，昌言无隐"③，希望借官报宣传政府政策，对来自民间舆论的攻击指责进行解释和辩解，进而诱导舆论。姚公鹤在《上海闲话》中，对官方染指报馆为自己辩护的情况略有记载："至最近辛亥数年之间，政府以预备立宪饫人民，而内幕之腐败愈甚。其尤著者，在官僚亦知舆论之不可终遏。乃设法沟通报馆，以为私人辩护"。④

除了政府自行创办官报之外，还对社会上有影响力的反对报纸进行收买，以使舆论朝着有利于自己的方面发展。一些官僚通过私人、公款或秘密途径盘进报纸，为官方做宣传。在这方面，端方的表现最为突出，他于1905年在担任湖南巡抚时，就曾经以官款创办过《长沙日报》，交抚院文案处主持，作为官方的言论机关。1906年升任两江总督后，拨出巨额官款，通过苏松太道蔡乃煌对一些上海报纸进行收买。汪康年创办的著名的

① 冯自由：《广东报纸与辛亥革命运动》，载中国人民大学新闻系编《中国近代报刊史参考资料》下册，1979年，第607页。

② 刘哲民编：《近现代出版新闻法规汇编》，学林出版社1992年版，第35页。

③ 《整顿报纸刍言》，《申报》，载中国人民大学新闻系编《中国近代报刊史参考资料》上册，1979年，第240页。

④ 姚公鹤：《上海闲话》：上海古籍出版社1989年版，第134页。

《中外日报》就因此成为变相的官报，《时事报》、《舆论报》以及在上海的英国《泰晤士报》等都受到端方资本的渗透，另外，他还"用库银八万两收买申报"①，不过没有成功。

不管是政府自行创办官报还是收买报界，干涉方式已比较隐蔽和温和，相对明目张胆的行政干涉，也可以看出清政府对报界的控制手段有了一点进步。不过该手段收效如何，则当加以研究。

（二）实际效果

官报由于体例简单，内容缺乏新意，形式单一，其销路大多不畅，报纸销售往往依靠官方向下层层摊派。官报受众基本上都是官府衙门人员，很难突破官方的范围而影响民间。即使官员，如果没有行政命令的压力，也不愿购阅官报。甚至一些地方对派来的官报拒收和请求减收，湖北官报就遭到地方官的抵制，有"求免派者"，有"求减派者"②，官报因为内容陈腐并给地方官造成财政负担而不受欢迎，民众对内容腐败的官报亦没有阅读的兴趣。对官报利用公权力资源挤对民间报业，由此会给民间报纸带来一定的负面影响，《时报》撰文《官报与民报》曰：

> 湖北某县，接湖北官报后，即寄还之，以为本县不愿阅，毋庸强与也。官报局总办某道，则不以为然，以为他县均不寄还，而彼独寄还，是违例也。则又送之。县官又接报，以为阅报自由，上官勿能强迫也，则又寄还之。官报局总办，于是大怒，曰：是蔑视官报也。立刻上白督臣。督臣亦谓，此风苟长，官报前途何堪设想？于是记某县官过二次，并追缴报费云。
>
> 呜呼！今之官吏，其助长官报也，而与民报何如？③

上文表达了署名"冷"的作者陈景韩，对官方以行政力量和财政力量支持官报而压制民报做法的不满。上文揭示县官两次退还官报，甚至

---

①　章士钊：《申报与史量才书后》，载《文史资料选辑》第23辑，中国文史出版社1987年版，第244页。

②　笑：《说湖北之官报》，《时报》，"批评二"，戊申年十二月初七。

③　冷：《官报与民报》，《时报》戊申年十一月二十七。

不惜冒记过的风险而拒绝官报局派发的官报，可以看出官报如何不受欢迎。

　　总之，官报因其内容多系官方文书及法令律例，不新奇多样，不能够吸引民众，因此，除了起到政令宣达畅通、使清政府的政策谕令得以下达的作用外，以舆论制舆论的目的实难达到。

第 二 章

报刊传媒对立宪思想的宣传

近代报刊同立宪思想一样，都是西学东渐的产物，二者自近代传入中国以来，其发展大体保持着同步态势。近代报刊作为区别于书籍传播的新式大众媒介，是清末立宪思想传播的重要载体，二者相辅相成，互为助力。

第一节　清末报刊发展概况

民国时期，有人撰《报馆赋》，描述了清末民初时报业繁荣之盛况：

> 时事急，新闻出；文人集，报馆列。合计万千余纸，不间时日。卖者东奔而西折，直走茶堂。几个铜钱，买得何妨；一片附纸，两片画幅。斗异矜奇，争先捷足；各立名号，随心所欲。忙忙焉，碌碌焉，林立纷开，究不知是何格局。访事友人，婉若游龙；发报茶房，翩若惊鸿。招牌大字，高挂西东；门前车马，人声烘烘。官场生意，送信飞飞。一日之内，一馆之间而来往不齐。或称居士，或号词人，慕名扬誉，彼此访寻，延聘主笔，为某先生。明星荧荧，校对案也；黑云扰扰，排字房也；沟水涨腻，弃墨水也；烟斜雾横，燃自火也；雷霆乍惊，机器动也。悠忽千纸，直不知其何其速也。开销浩大，用度为艰，帐房老手而经理焉。有愿入股者，其利万千。旧报之收藏，章程之经营，论说之精英，几月几年，取诸其人，倚叠如山。一旦不能有，盘来其间，破书成卷，字纸半缺，弃掷迤逦，寻常视之，亦不甚惜。嗟乎！一报之出，千万人之睹也。事既征实，文亦贵乎华。奈

何铺张杂布帛，掇拾尽泥沙？彼工匠头排列，多于南亩之农夫；圈点玲珑，巧于机上之工女；铅字纷纷，多于在庾之粟粒；花边翻新，广于周身之帛缕；报纸叠积，高于九土之城郭；喊卖高声，烦于市人之言语。凡骗子流氓，不敢言而敢怒。惩劝之心，日益坚固。一事出，白纸一上，面如灰土。呜呼！开报馆者，警世也，非报也。登报者，报也，非虚言也。嗟夫！使报章一秉乎公，则足以服人。人苟有一技之长，则递一条告示，数日而成名，谁得而埋没也？世人不暇自言而报馆言之，报馆言之而不鉴之，亦使报馆复言报馆也。①

上述区区几百文字，描摹了一幅清末报业兴盛的景象。不过中国近代报业之繁荣，也只是晚清最后十多年间的事情。近代报纸起步较晚，经历了一个逐步发展的过程。

一　传统报纸的存在与新式报刊的创办

邸报　中国之报纸，前溯可追至周代。周代曾设职官，专派游历各国，探采风俗而体察其民情，观真相而窥其政略，将其调查所得，归而告之太史，于是有国策春秋，刘墨簃认为它虽无报之名，却已具报之实。②不过，从报纸职能来衡量，国策春秋算不上报刊。到了汉唐以后，出现了以报命名的邸报。邸报主要传递的信息是皇帝的诏令、奏章，属于京师通讯性质，主要为各藩王服务。以后从各朝的邸报再至清朝的京报，内容虽稍增京师社会新闻，但其类不出官方或半官方性质，与后世之新闻纸性质不能等同。其所载事项既为宫廷消息、皇帝敕令、公告或京内外官员的奏议和报告③，其阅读对象亦"祇宦场中人，间或有巨商硕贾借此以通声气"，④除了借邸报以获知朝廷政事与人事差余的官场中人阅读之外，以

---

①　陈无我：《老上海三十年见闻录》（民国史料笔记），上海大东书局1928年版，上海古籍出版社1997年重版，第347—348页。

②　刘墨簃：《报纸史之我闻》，载黄天鹏编《新闻学刊全集》，光新书局1930年影印版，第276页，《民国丛书》（2：48）上海书店1990年版。

③　黄河：《辛亥革命前后的北京报刊》，载中国人民大学新闻系编《中国近代报刊史参考资料》下册，1979年，第625—626页。

④　[英] 李提摩太：《论报馆》，载中国人民大学新闻系编《中国近代报刊史参考资料》上册，1979年，第137页。

仕进为出路的士大夫，对邸报的政治新闻亦自关切，他们也是邸报的重要阅读者。官绅和士大夫知识分子为邸报或京报的消费主体，之外，也有附庸风雅不识字的财主。清末北京曾流行一首嘲讽这些人的《竹枝词》："惟恐人疑不识丁，日来送报壮门庭；月间只费钱三百，时请亲朋念我听。"① 尽管它只能提供给官场、士人或商人有限的国内，尤其是京师信息，不如泰西报馆尽知各国之事，但邸报在往昔，作为报纸具体而微者，邸报"实为极受需求之新闻传播媒介"②。另外，在封建专制社会时期它在某种程度上仍起到了政治信息公开的作用，从这个意义上讲，"谓为政治新闻纸亦无不可。"③

由于"邸报只在封建统治机构内部发行，它的读者以分封各地的皇族和各级政府官吏为主，封建士大夫、知识分子和地方上的豪绅巨贾往往也可以设法看到它的抄件，一般的庶民百姓是看不到职报的"。④ 邸报只起到了沟通官场信息的作用，影响范围也仅在统治者上层，它与社会关系不太紧密，与百姓社会生活毫无关系。邸报传播的信息仅限于统治者控制范围以内的政治事件，信息从上向下流动，没有信息反馈和互动，与社会思潮没有任何接触或碰撞。传统社会的邸报和京报对社会发展的作用，实在难以彰显。

外人在华所办报刊　19 世纪以来，随着西力东侵、西学东渐，西方传教士出于传教的需要，开始创办报纸宣传基督教福音。1815 年，英国伦敦的基督教传教士马礼逊在马六甲出版中文月刊《察世俗每月统计传》，是为历史上第一份中文近代报刊。1828 年澳门出版了中英文对照的《依泾杂说》，出版不久即被清政府查禁，影响不大。不过其意义在于，这是中国境内出版的第一份中文近代报刊。⑤ 内地出版的第一份中文近代报刊，是 1833 年传教士在广州创办的《东西洋每月统计传》，既有政治

---

① 谷长岭、俞家庆编：《中国新闻事业史》，中央广播电视大学出版社 1987 年版，第 15 页。

② 赖光临：《中国近代报人与报业》（下册），台湾商务印书馆 1980 年版，第 450 页。

③ 长白山人：《北京报纸小史》，载中国人民大学新闻系编《中国近代报刊史参考资料》下册，1979 年，第 758 页。

④ 方汉奇：《中国近代报刊史》，山西人民出版社 1981 年版，第 2 页。

⑤ 谷长岭、俞家庆编：《中国新闻事业史》，中央广播电视大学出版社 1987 年版，第 19 页。

新闻、社会新闻，也刊登《京报》内容和商情。鸦片战争前西方人在东南亚和华南创办的中文报刊和外文报刊，鼓吹宗教内容为多，也刊登西方科学知识和世界各国情况的文章，以华人为阅读对象。除了中文报刊，这时期，外国商人还在东南亚及广州、澳门办了多家外文报刊。这些报刊大多为周报，以外国人为发行对象，同时也将中国的政治、经济、文化、军事、史地、矿藏、风俗等情况作一些介绍。除了教会势力外，一些西方人也在华创办不少报刊，其中不乏影响较大者。从五口通商后至1891年，"中国通都大邑报章总计七十六种，教会所办的占了十分之六。"① 不过，这个数字恐怕比较保守，据谷长岭记载，从19世纪40年代到90年代，外国人在各地先后创办了近170种中、外文报刊，约占同时期报刊总数的95％，可以看出，甲午之前外人基本上垄断了中国的新闻事业。外人在华所办报刊较有名者有：1853年创于香港的《遐迩贯珍》、1857年创于上海的《六合丛谈》、1858年在宁波创刊的《中外新报》、1865年广州的《中外新闻七日录》、1868年上海的《教会新报》（后改名《万国公报》）、1872年在北京创刊的《中西闻见录》和上海的《申报》等。

外国人在华创办的报刊，前期以传教性内容为多，后期传教内容逐渐减少，主要刊登一些西方的社会政治、经济、文化等信息，其阅读对象因报刊不同而有差异。这些报刊大多创办于南洋或东南沿海的通商口岸，其影响所在，难及于内地。论其思想性，也难给予很高的评价，梁启超曰：其论说陈腐，主笔以省事为要诀，多是老生常谈，不是"西学源出中国考"，便是"中国宜亟图富强论"，"多是蹈袭陈言，剿撮涂说"，② 谈不上有何思想识见。帮助外国人办报的不是买办就是科场失意的落拓文人；报纸内容，非关涉外人的利益，很少触及重大时政问题，大多数消息……只能供茶余酒后的谈助。因此，一般士大夫知识分子对这些报纸和报人异常鄙夷，很多官宦人家严禁子弟阅报。③

不过，它们的出现在中国报刊史上仍可着重记上一笔。其意义首先在

---

① 《中国各报馆始末》，《万国公报》（卅二册），转引自赖光临《中国新闻传播史》，三民书局1978年版，第28页。

② 梁启超：《论报馆有益于国事》，《时务报》1896年8月9日。

③ 谷长岭、俞家庆编：《中国新闻事业史》，中央广播电视大学出版社1987年版，第59页。

于，它们为后来创办的中国近代报刊起到了样板示范作用。虽然此前中国也有以报名存在的邸报、京报，但其所承载的社会功能少得可怜。正是西人在华创办的这些报刊，提供了近代报刊形式，充当了中国近代报业主要的启蒙者的角色，使中国报刊的发展突破了传统邸报、京报的模式，实现了近代化的转变。其二，西人将报刊技术和设备带到了中国，为国人自办报刊提供了物质条件。其三，报纸刊载不少社会信息，无限扩大读者视野，沟通了报馆与社会之间的联系。报中介绍的西方政治与思想文化，成为时人接触西学的重要来源，哺育了一部分中国知识分子，影响到中国社会变革的进程。如《万国公报》对康、梁维新知识分子及官绅阶层影响甚巨，有力地推动了中国维新变法运动。其四，西报注重论说，重视主笔的作用，报刊有一定的舆论导向，主动向社会宣传报馆或主笔的思想立场。报刊影响社会的功能已经显现，并逐渐为口岸知识分子得以认识。

二　国人办报的开始及清末报业的迅速发展

（一）90 年代之前国人报刊发展情况

国人办报的时间，梁启超以林则徐所译《西国近事汇编》为发端。他说，"近世以来，斯道渐盛，林文忠公命译外国近事，名为西国近事汇编，月出一册，是吾国报章之最早者，是为月报之始。"[①] 林则徐为了解敌情而译的汇编，虽不具后来报刊的种种特点，但其开创意义似值得略记数笔。林则徐、魏源对国外报刊利用而引起国人的注意，竟成为国人对西报认知的开始，汪饴年在《汪穰卿先生传记》一书中也说："海通以还，林文忠魏默深先生时译西书西报以饷海内，于是吾国人始知各国有日报。"[②] 他也认为林、魏二人译编之《西国近世汇编》为国人了解近代报刊的起点。不过，尽管梁启超和汪饴年对林则徐、魏源所编《西国近事汇编》非常推崇，但该汇编是否应被看作中国报刊的起点，笔者认为应再商榷，因为它不过类似于资料集或者通讯而已。后世的新闻史家也没有与梁启超达成共识，赖光临认为开中国报纸先河的是 1860 年[③]创于香港

①　梁启超：《中国各报存佚表》，《清议报》第 100 册，1901 年 12 月 21 日。
②　汪饴年：《汪穰卿先生传记》卷四，中华书局 2007 年版，第 118 页。
③　戈公振的《中国报学史》记为 1858 年，也有记为 1861 年的，似赖光临为准。

的名为《Daily China》的中文晚刊。该刊作为报刊毫无争议，同时它由中国人单独主持，所有一切经营权利都属中国人，因而可算是中国人的，称其中国人自办的第一份报纸是合适的。赖光临认为，中国人之有报纸，以这一份为开始。① 而真正起到了开近代报刊先河的作用的报刊则是王韬1874 年 1 月 5 日在香港创办的《循环日报》。该报重视政论，"权衡国是，讽清廷以改革，树立近代文人办报论政之创举"②。由于该报办于香港，僻处海隅，加以王韬乃一介草民，他的变法自强言论，未曾达到远在北京的政治中枢，对实际政治未发生丝毫冲击。但他谋议变通，纵谈西学西法，声气所播，对后期维新人物，确然产生意气激励作用与思想影响。③对后世政论报刊的发展起到了开创和示范作用。

（二）清末报刊的崛起

1. 维新时期

甲午之前，无论外人所办报刊还是国人所办之报，后世对其评价颇有微词。民国报人雷瑨提到当时的报刊，说它"所摭拾报告者，大率里巷琐闻，无关宏旨。国家大政事大计画，微论无从探访，即得之亦决不敢形诸笔墨。故报纸资料，大半模糊而琐细"。④ 汪诒年评价也大抵如此，称其"旨趣既浅，力亦薄弱"，⑤ 著名报人戈公振先生也深感当时各报"其材料之简陋，与编辑之板滞，视今日报纸之副张，犹有逊色"。⑥ 并指出其原因在于，"由于全国上下皆无政治思想，无世界眼光，以为报纸不过洋商一种营业。"⑦ 报人文化素质和眼光既浅，社会又对报刊不予重视，因此报纸格局窄狭，报纸之社会地位自难提高。甲午之后，国人对民族危机的严重性有深刻体认，因此有政治变革的强烈要求。知识分子要实现其政治抱负，报刊是宣传其政治理想和动员民众的有效工具。因此，一大批有功名、有学问的知识分子开始加盟报业、主持报务，以言论救国。智识

① 赖光临：《中国新闻传播史》，三民书局 1978 年版，第 52 页。

② 赖光临：《中国近代报人与报业》（上册），台湾商务印书馆 1980 年版，第 299 页。

③ 赖光临：《中国新闻传播史》，三民书局 1978 年版，第 63 页。

④ 雷瑨：《〈申报〉馆之过去与状况》，《最近之五十年》，1922 年申报馆成立 50 周年纪念特刊。

⑤ 汪诒年：《汪穰卿先生传记》卷四，中华书局 2007 年版，第 118 页。

⑥ 戈公振：《中国报学史》，中国新闻出版社 1985 年版，第 84 页。

⑦ 同上。

分子奋起议政，改变了之前报刊旨趣浅、力薄弱的局面。又恰逢清光绪帝急求强国之道，对具有通上下之情、开启民智作用的报刊多加鼓励，这样，就等于以官方的形式承认了报馆合法化和言论自由。于是报业"借此温床孕育发展起来，尽可昂然自办报章杂志"①。仅1895—1898年间，全国出版的报刊达120种，80%以上是中国人办的，报纸种数增加了3倍以上②，形成了我国第一次报刊出版高潮。这时期的报刊，与维新思潮关系密切。在社会上影响较大者，基本上都是维新人士宣传维新变法思想的报刊，著名的有：《中外纪闻》、《强学报》、《时务报》、《知新报》以及《国闻报》、《湘学新报》和《湘报》等。

这时期的报刊，其最主要的突出特点，就是被知识分子赋予其改造国家、挽救民族危亡和实现其政治抱负的使命，具有鲜明的工具性，成为维新思想家要求政治变革和宣传民主思想的有力武器，与中国政治变革紧密结合在一起。另外，报刊主笔不再是市井无赖之人，而由具有进士、举人等功名的饱学之士充任。有身份、有地位、有学识和有信仰的知识分子加盟报业，不仅改变了报人被社会鄙视、不被尊重的情况，提高了报人的社会地位，而且也提高了报刊内容的质量。政论文章抛却市井琐闻而撰文从高远处着笔，为报界带来了一股新鲜的空气，真正起到了对社会的政治引导作用。这一时期报刊的创办地域，也从原来的香港、澳门、上海、广州等处逐渐向内地和北方扩张至全国二十多个城镇，分布面较原来大大扩展。

不过，戊戌变法失败，使蓬勃而起的报刊传媒受到很大的影响。政变后，报刊的数量减少，《时务报》等维新派创办的众多宣传维新变法和西方民主思想的报刊，因同维新人士有密切关联而惨遭摧残，仅剩创办于澳门的《知新报》一苗独存。

戊戌时期新创之报刊，存在时间大多不长，但意义重大。其一，它们吹发和支撑着维新思想的发展和高涨，并为推动戊戌变法运动的开展提供了强大的舆论支持。其二，报刊社会动员和开启民智的作用进一步为国人

---

① 胡道静：《戊戌政变五十年祭与中外日报》，载中国人民大学新闻系《中国近代报刊史参考资料》上册，1979年，第364页。

② 陈昌凤：《中国新闻传播史——媒介社会学视角》，北京大学出版社2007年版，第99页。

接受，以后有更多时人参与到发展报刊传媒中来。其三，报刊的舆论宣传作用也为更多的政治家所认同，之后各政治派别纷纷创办报刊，作为自己的言论机关。其四，汪康年、梁启超等人主持之《时务报》，"揭开中国政论报章之新页"①。冲破了文人不问政事的禁忌，报刊论政议政行为对士人知识分子产生了很大的影响。在《中外纪闻》、《强学报》、《时务报》等影响下，"四方新学士子，喜康、梁的议论新颖，主张明确，于是群相呼应，起而组织学会，讨论政治问题和社会问题。"② 开启了中国思想界的新局面。

2. 清末最后十年报刊发展情况

庚子之役以后，清政府痛定思痛，决心实行新政。慈禧下诏求直言，议改革，报禁稍弛。这样，报刊发展来自于统治者的政治阻力被部分解除，并得到政府的鼓励，因此报业有了迅速发展。加之清政府推行新政实行了一些有利于民族资本主义发展的政策，中国民族资本主义经济也得到一定的发展，这也为民族资产阶级投资近代报刊创造了物质基础。近代报刊迎来另一个迅速发展的时机，19 世纪末 20 世纪初，中国人在国内所办报刊已有 247 种。③ 从 1899 年后，每年新创刊的报纸数都较上年增多，且海外报刊所占的比重呈逐渐减少、内地报刊数量和比重呈增多的趋势。

这一时期的报刊，其种类和数量都较前一时期为多，报刊的内容更丰富，其宣传的政治主张也趋于多样，很多政治立场不同的报刊得以创建并安全发展。

1903—1905 年的日俄战争对中国报业发展影响很大。从战争开始，国人严密关注着战争的进程，日本战胜俄国，国人普遍认为是立宪战胜专政的一个力证。对专制的中国来说，如果仍因袭旧有的君主专制而不进行政治改革，中国难逃亡国的命运。于是各报纷纷宣传中国应效仿日本实行君主立宪，使《清议报》以来一直宣传的君主立宪思想，汇成巨大的君主立宪思潮。在强大的社会舆论和部分官员的推动下，政府终于决定变革

---

① 赖光临：《中国近代报人与报业》上册，台湾商务印书馆 1980 年版，第 301—302 页。

② 胡道静：《戊戌政变五十年祭与中外日报》，载中国人民大学新闻系编《中国近代报刊史参考资料》上册，1979 年，第 346 页。

③ 陈昌凤：《中国新闻传播史——媒介社会学视角》，北京大学出版社 2007 年版，第 81 页。

政体，派五大臣赴国外考察宪政，并于 1906 年宣布预备立宪。

清政府宣布预备立宪之后，新办报刊首次历史性地超过了 100 家。1906—1911 年的 6 年间，新办报刊竟达一千多家，其中近半数是这一时期政治上活跃的立宪派创办的，也正体现出立宪这一主流思潮的强大力量。

清末最后十年比较著名的立宪报刊有《清议报》、《新民丛报》、《国风报》、《时报》、《东方杂志》、《大公报》、《中外日报》、《中国新报》、《政论》、《国风报》、《预备立宪公报》等，它们的创办者，既有立宪派的核心领袖，又有一般的立宪人士，还有地方立宪团体等。这些立宪报刊在宣传君主立宪思想方面发挥着重要作用，是立宪思潮的主要鼓吹者。

除此之外，还有其他报刊群体，如革命报刊《中国日报》、《浙江潮》、《苏报》、《民报》、《四川》、《云南》、《河南》等。革命报刊一般存在时间较短，除《民报》、《云南》断断续续坚持了几年之外，其他报刊开办时间大多不超过一年，多数仅存在几个月，也有不少刚开即被查封，所以，宣传革命的报刊从经营的时间长短方面来考察，其生命力远不如立宪报刊。这些报刊在政治主张的宣传方面，也没有立宪报刊有系统性且注重学理。在对国人进行民主思想理论的灌输方面，主张立宪的报刊颇下功夫，且收到相当的成效。

还需要注意的是，清政府本身也开始垂注报业，意求以报刊主导舆论，创办了大批官报。1901 年底，直隶总督袁世凯在天津设立北洋官报局，创办《北洋官报》，鼓吹直隶新政。这是清末第一份地方政府机关的行政官报。之后，山西创办官报《晋报》，湖广总督张之洞筹办《湖北官报》等。1903 年办理商约事务大臣吕海寰、伍廷芳奏请推广官报，光绪帝准奏，要求各省一体办理。于是各省纷纷奏请开办行政官报，以端趋向而息邪说。至清廷退位前，基本上各行省都筹备起了自己的官报。1907 年清政府还发行了中央级的《政治官报》，以登载官员迁调、公布宪政律令和发布立宪事宜。晚清最后十年清政府开办的官报总数达 100 种以上，[1] 中央一些政府部门也出版了官报，形成了一个从中央到地方的比较

---

① 陈玉申：《晚清报业史》，山东画报出版社 2003 年版，第 292 页。

完整的官报体系。官报在清末中国报刊发展中也有相当的地位,不仅仅起到宣布政府政令和沟通上下之情的作用,它在宣传新政和宣传立宪方面的作用也不应当被忽视。

另外,还有不少白话报刊纷纷创刊。据不完全统计,清末我国的白话文报刊已经有 140 种,数量相当可观。① 白话文报刊浅白易懂,是启蒙下层民众的有效工具。

以上四种报刊占清末报刊的主流。除此之外,还有一些专业报刊、商业报刊、妇女报刊、娱乐报刊、小说报刊等很多类型。这些报刊定位以特定的读者人群,不以宣传民主政治为主要内容,但受时代社会思潮的影响,有时宣传也有立宪的政治倾向,对底层民众思想变化有一定的影响。

三　清末报刊发展原因及特点

清末报刊发展迅速,虽然各时期报刊发展的原因不尽相同,但仍有一些共同之处。

（一）清政府和地方官对报业发展的重视和推动

戊戌时期报刊的崛起、新政时期报刊迅速发展和预备立宪时期报刊数量的急剧增多,都同政府对报业的鼓励和推动密不可分。戊戌时期,光绪帝于 1898 年 6 月至 9 月的百日维新期间,多次发布具有法律效力的上谕,正式承认官报、民报均具有合法地位,国人第一次得到了办报的自由权利。其间 7 月 26 日的上谕,成为中国历史上第一个公开宣告开放"报禁"的法令。② 新政和预备立宪阶段,清政府允许并鼓励办报,事实上承认了近代报刊的合法性,还正式允许朝政信息公开传布,部分开放了"言禁",并且将报律的制定提上日程,之后颁布了一系列的报刊律令,将办报、言论自由等纳入法律的保护之中。在影响报刊发展的其他方面,清政府也采取措施减少报刊发展的阻力,例如为报刊减少运费甚至免费,清政府控制的铁路邮政系统为报刊的发行邮递提供某种程度的方便。清政府还逐渐降低报刊创办门槛和创办条件,凡具数百元之资格,即可创设报

---

① 陈万雄:《五四新文化的源流》,生活·读书·新知三联书店 1997 年版,第 134 页。

② 黄瑚:《中国近代新闻法制史论》,复旦大学出版社 1999 年版,第 72 页。

馆，因此报纸日出日多。由此可见，清末报业之所以快速发展，与政府推动报刊发展的切实努力是分不开的。

（二）报刊成为知识分子言论救国的有效工具

清末时期，处于民族危机下的知识分子，有强烈的挽救国家危亡的使命感，其救时之方，便是创设报刊。时人对社会种种现象失望之极，在愤慨地认为"以政府社会各方面之现象观之，国不亡无天理"时，张謇以知识分子特有的救世情怀表示："我辈在，不为设一策而坐视其亡，无人理。"① 至于设何策方可救亡，汪康年"所设之策"及其数十年来所致力之事业，便是办报刊，作政论，通过报纸宣传唤起民众，为国民指示方向。梁启超面对如此时局寻找解决之道，他认为，"自审舍言论外，未由致力，办报之心益切"，② 报纸成为他挽救危局的唯一支点，所以之后数十年梁启超倾注其全部精力于报刊鼓吹立宪。

报纸不仅是知识分子救亡之有效工具，而且，他们将报馆数量多少上升到关系国家强弱的高度。通过对东西方社会的观察，他们发现，阅报愈多者，其人愈智；报馆愈多者，其国愈强。邹沉帆在一书中记述他和汪康年的志向选择时，提到汪康年在《时务报》阶段，就已经投身于以报救国的理想。他说："曩年在鄂，鄙人有志于图，公有志于报，早以图报相勖……当今之世，万事都无济，惟学堂报馆为救黄种之根本。君努力于报，鄙人于图外，尚欲造人才也。"③ 汪康年于清末十几年专注于报业，就是希望实现办报救国之志。出于这样的认知，知识分子以报刊为依托，一方面疾呼严重的民族危机，以警醒国人，另一方面输入新知以开启民智，同时还宣传自己的政治主张，为解决民族危机和促进中国政治发展提供改革方案。以康有为和梁启超为首的主张君主立宪者，将报馆作为其运动政治的手段，戊戌前先后在北京、上海、澳门等地创办了多种报刊。在康、梁直接领导和策划下创办了《万国公报》、《中外纪闻》、《强学报》、《时务报》、《知新报》等著名维新派报纸，鼓吹变法思想。之后立宪人士又创办了《清议报》、《新民丛报》、《时报》、《政论》、《国

---

① 张孝若：《南通张季直先生传记》"年谱"，台湾学生书局1974年版，第63页。
② 转引自谷长岭、俞家庆编《中国新闻事业史》，中央广播电视大学出版社1987年版，第47页。
③ 汪诒年：《汪穰卿先生传记》卷六，中华书局2007年版，第216页。

风报》等，宣传君主立宪思想，最终使之成为强大的社会思潮，拉开了中国政体变革的序幕。的确，清末知识分子以报刊为杠杆成功地撬动了中国的政治变革。

（三）改进报刊内容质量赢得受众支持

19 世纪 90 年代之后，严肃的政论报刊都比较重视论说和新闻这两部分内容的质量。论说栏往往由报馆高薪聘请主笔撰写，或主持本报之报人亲自撰文。这些主笔非如甲午之前"从事斯业之人，思想浅陋，学识迂愚，才力薄弱，无思易天下之心，无自张其军之力"① 者，而是学问通达、心怀天下急求变革且有较高报业情操之人。所撰之文章，以《时报》例，论说以"公"、"要"、"周"、"适"为标准，即坚持"以公为主，不偏徇一党之意见，非好为模棱实鉴乎挟党见以论国事"；"以要为主，凡所讨论，必一国一群之大问题"；"以周为主，凡每日所出事实，其关于一国一群之大问题，为国民所当厝意者，必次论之，或著之论议，或缀以批评，务献刍荛以助达识"；"以适为主，虽有高肖之学理，恢奇之言论，苟其不适于中国今日社会之程度，则其言必无力而反以滋病，故同人相勖必度可行者乃言之"。② 论说选题皆关乎国家宏旨，所建言献策皆是从国家现实和民众智识程度出发，具有可行性方论之。报刊所载新闻，也以"博"、"速"、"确"、"真"、"正"为标准，不再是无中生有的旧闻琐事，真正具备了现代新闻之特点要求。报刊为吸引读者，在体例上也不断改进，栏目不断增加或调整，丰富报刊内容。不少报刊还设有小说连载专栏，也是为了迎合读者的需要。在报刊的编辑方面，也日益精益求精，尽量满足读者的要求。"报纸之出版，本所以供读者之购阅，初无俟于申论，事实之纪载，言论之发挥，莫不以读者眼光，判其效用；以同情多寡，判其命运。设非然者，文事纵极绮丽，印刷纵极精良，弟不为读者所喜，未有不荼然而败也"。③ 此言道出了报刊以读者为取向方可得以发展的道理。

---

① 梁启超：《本馆第一百册祝辞并论报馆之责任及本馆之经历》，《清议报》第 100 期，1901 年 12 月 21 日。

② 《时报发刊例》，《时报》第 1 号，1904 年 6 月 12 日。

③ 王小隐：《新闻事业浅论》，载黄天鹏编《新闻学刊全集》，光新书局 1930 年版，第 51—52 页；《民国丛书》（2：48），上海书店 1990 年版。

清末报刊的发展，呈现出以下几个鲜明特点：

（一）报刊内容的政治化

清末报刊既以政治家办报为发展起点，报刊所承载宣传政治主张的功能便不言而喻。当时比较有影响的报刊不少都是政论报刊，无论是立宪人士宣传君主立宪思想的《时务报》、《中外纪闻》、《清议报》、《新民丛报》、《知新报》、《国风报》等，还是革命派创办的《民报》、《浙江潮》、《江苏》、《河南》等，都有鲜明的政治立场，宣传特定的政治主张是这些报刊既定的明确宗旨。除了革命党人和立宪派创办的政论报刊之外，其他一些在清末社会中有很大影响的报刊，也有很明显的政治倾向。如清末上海三大报刊《时报》、《新闻报》、《申报》[①]，虽然在办报方针上各有特色，宣传对象也各有侧重，但都设"论说"栏，透过论说表达本报的主张。《时报》因为有较强的立宪派背景，其宣传君主立宪思想的热情和努力不言而自明。而像以刊发商业信息为主、标榜中立的《新闻报》，也标明自己宣传立宪的立场。其主笔述其立宪立场曰："会清季多故，各报记载议论益注重政治。迄清廷筹备立宪，本报尤鼓吹不遗余力。"[②] 并在宣传立宪方面有不俗表现。不仅政论报刊、大型杂志和日报，甚至供民众消遣的小说也被赋予政治说教的功能，梁启超所创之《新小说》和李伯元之《绣像小说》等，文中都蕴藏了作者宣传君主立宪的政治意图。

（二）报刊地域分布的不平衡

中国近代报刊的发展，有一个从东南沿海向西北内地逐渐发展的过程。在鸦片战争之前，由于清政府实行闭关锁国政策，西人所创中文报刊，局限于中国海外。西人在南洋创办第一份报刊后，中文报业发展就以南洋为据点，之后逐步向中国沿海推进。由于清政府闭关锁国时留广州一口对外通商，所以，国门未开之前的 19 世纪 30 年代，传教士得以将办报技术带到广州，他们率先在广州创办了《东西洋考每月统计传》和《各国消息》两份报刊。鸦片战争以后，国门打开，各处通商口岸相继开放，

---

① 郑逸梅：《〈时报〉的后期主持者黄伯惠》，《瞭望》1985 年第 10 期。上海旧时有三大报刊，为《申报》、《新闻报》、《时报》，都是立足上海，面向全国的。《申报》的读者为政界，《新闻报》的读者为工商界，《时报》的读者为学界。

② 张铁民：《报界十一年之经过谈》，载《新闻报三十年纪念》。

西人和传教士逐渐自沿海深入内地，报刊技术也随之带至沿海各口岸和内地通商城市。这样，在 19 世纪 90 年代之前，中国之香港、宁波、上海、福州、北京、汉口、厦门、天津、九江等城市先后出现了近代报刊。其中宁波、北京、汉口、厦门、天津、九江、福州等城市的报刊仅有一种或数种，大部分报刊主要在广州、香港和上海。而三者之中，又以上海为最多。也就是说，自国内出现近代报刊后至 19 世纪 90 年代，报业中心经历了广州—香港—上海的转移。上海于 19 世纪 60 年代以后已经取代香港为全国报刊业和社会舆论的中心。其地位自此以后至清末毫不动摇，紧握全国舆论的枢纽。

甲午战后是中国报刊发展的一个重要分水岭，一方面报刊发展速度自此之后猛增，另一方面，报刊创办的主体由传教士转变为国人。国人群体相较于传教士，人数众且无地域限制。因此，这两个方面的变化，预示着报纸量的增加和地域分布面的拓宽。出于报纸是救亡有效工具的认知，知识分子及地方官绅纷纷办报作大声疾呼，因此，清末各行省的主要城市都有或多或少的报纸得以创办。尤其是清政府谕令各省创办官报，则各行省甚至西藏和内蒙古这样偏远的地区也出现了近代报刊。比如偏远的内蒙古地区，1905 年，喀喇沁右旗世袭札萨克多罗都棱郡王，兼卓索图盟盟长贡桑诺尔布就创办了内蒙古最早的小报《婴报》，发行了六七年之久①，对宣扬新政、启发民智起到了重要作用。

根据甲午后报刊数量及分布总情况来看，国内先后创办的报刊中，上海报刊数量最多，比较知名的新报刊也最多。上海之后依次是北京、广州、武汉、天津、成都、杭州、长沙等城市。可以看出，报刊基本上分布在有限的几个较大城市，大多是通商口岸。而广大内地和较小市镇，报刊分布密度则小得多。创办于内地的报刊和在内地发行的报刊既少，其民众受报刊的影响力和被动员的力度都大打折扣。

另外，报刊分布的地域特征，除了东部沿海与内地的不平衡之外，南北方报刊发展也有一定的不平衡。南部报刊分布较多，北部较少。

---

① 席永杰：《内蒙古最早的小报——〈婴报〉》，《新闻研究资料》1984 年 7 月，总第 26 辑，第 223 页。

（三）办报者的主体力量在民间

清末报刊的性质，简单可分为两种，一种是官办，另一种是商办或个人创办。无论商办还是个人出资，相对官方的称谓，都属于民间。不过清末时期个人出资之报刊，所占比重较小，仅以官商两类作一对比（见表2—1—1）：

表2—1—1　　　　　清末商办报刊增长比例变动情况表

年份	商办数量	商办比例（%）	年份	商办数量	商办比例（%）
1895	1	33	1902	22	76
1896	1	11	1903	22	73
1897	3	30	1904	37	64
1898	26	76	1905	20	56
1899	4	40	1906	40	90
1900	7	67	1907	31	74
1901	11	50	1908	41	85

注：据《大公报》1905年5月11日—25日"报界最近调查表"、《东方杂志》1904—1908年各期"各省报界汇志"、《清议报》1901年第100册"中国各报存佚表"等资料统计测算。

从1895年到1908年每年官商报刊的数量来看，商办报刊的比重在1898年、1902年和1906年三年有较大幅度的增高。这三年正是戊戌变法、清末新政和宣布实行预备立宪的时间，其间数字猛然增高，说明这三个政治事件对民间报刊发展有巨大的影响。另外，除政变后严查报馆的1899年商办报刊所占比重不到50%之外，戊戌变法及之后的政治变革促进中国报刊业的发展大体上一直呈现良好的发展势头，商办报刊比重都在50%以上，1906年甚至高达90%。商办报刊在数量上的绝对优势，再加上商办报刊比官报内容丰富、吸引读者，可以想见官报在舆论控制上并不占主动。再看下面这组数字：从1905年至民国初年，全国先后发行报刊计600余种，其中为清廷所控制者尚不足10%。这个时期清政府所控制的报刊数值更低，在报刊主宰的舆论中，清政府的声音只占10%，也就是说，到清末时期，清政府已经被民间报刊播扬的社会舆论所淹没，已经处在反对声音的包围中，难以突围了。

第二节　报刊媒介与萌发时期的立宪思想

"立宪"一词，在中国近代史上使用的频率很高。但很明显，它在不同的场合使用，含义大不相同。然而，在研究近代历史问题时，很少会有人对本概念作一界定，以便将"立宪"概念的内涵与所讨论的问题完全对应。但是，有些时候，这个概念如果不加以说明，则会引起歧义。本书所讨论的"立宪思想"，不是狭义上的设立宪法，也不是指广义上的立宪政体。因为立宪政体包括君主立宪和民主立宪。而这里讨论的立宪思想，指的是要求实行君主立宪的主张。所以，"立宪"的含义，并非单指作为民主政治一部分的制定宪法的意思，作为政体方面的选择，并不包括民主立宪。也就是说，本书讨论的立宪思潮，是中国近代以来逐渐产生和发展起来的要求实现君主立宪政治制度的社会思潮。

一　《万国公报》对西方民主思想的介绍和立宪意识的萌芽

前已述及，甲午之前，国内已有外人在华设立不少报刊。其中，在 19 世纪末对中国影响较大的当属《万国公报》。《万国公报》的前身是 1868 年创办的《教会新报》，1874 年改名《万国公报》。该报至 1907 年终刊，中间 1883—1889 年停刊六年。1883 年之前为周刊，1889 年之后改为月刊。《万国公报》在介绍西学鼓吹变法方面，对中国影响很大。该刊在早期对西学的介绍中，除了宣传西方基督教教义之外，也介绍不少西方的自然科学知识和政治制度的内容。《万国公报》介绍的西方政治制度知识，成为早期中国知识分子政治变革思想的重要来源。

《万国公报》对西方民主制度比较关注。早在 1875 年 1 月 30 日就刊登了李善兰的文章《米利坚即美国志序》，介绍美国选举总统之法："定例四年一易，传贤不传子，令通国公举"。[①] 在该年 6 月 12 日第 340 卷刊登的《译民主国与各国章程及会议堂解》一文，详细地介绍了西方的三

---

① 李善兰：《米利坚即美国志序》，《万国公报》第 322 卷，1875 年 1 月 30 日，第 607 页。

权分立制度。文中认为民主国制度，最要言之，不过分权柄而已。其权分三，"一曰行权，二曰掌律，三曰议法。"[①] 作者还分别对各权的主要职能作了详细介绍。该刊从 551 卷起，还连载林乐知的《环游地球略述》。林乐知在该文中将日本明治天皇 1868 年的五条誓文介绍到中国："其一曰欲设国会如会议堂然；其二曰欲凡事必由公议始定；其三曰欲古昔遗传之礼仪规矩悉扫除而更张之；其四曰欲行事公平无偏党之弊；其五曰欲延聘各国之才高学博者，以辅兴邦之基。"[②] 虽然其宣传的意图是透露变革之意，但其中也提到国会问题。对当时的知识分子而言，"国会"概念是其思想文化储存库里面所没有的内容，因此，《万国公报》对国会的介绍，对中国知识分子具有一定的启蒙意义。《环游地球略述》于 1881 年对美国宪法内容作了详细的介绍，宪法条文共七条，全部刊载："一、凡立法权柄总由国会中元老绅董两院司掌，即上下两院之大臣也，外职不得逾分办理。二、凡行政权柄总归民主主持，位分正副，率任四年。三、凡国中审判总权归国会之司审总院及所属各官。四、凡邦会所办政务，无论何事，系我同联之邦皆当信以为实，不可是此非彼。五、我国政体既立之后，国会及各邦会之中若有三分之二欲修改政体者，许即会同商政"[③]。此处不仅引入了民主制度的核心——三权分立精神，还对各权力部门的权限作了清楚说明。此外，文中介绍了民主国家实行的是任期制而非世袭制。这些西方政治中的民主原则，正是中国政治文化中所缺乏的，对中国的知识分子读者来说，都是全新的理念。所以，这些介绍对中国政治文化和政治制度是一次不小的冲击。第 643 卷还对美国宪法修正案中人民权利的内容作了介绍，如信教自由、言论、集会和私有财产、书信秘密自由，这对向无自由可谈的中国民众来说，无疑是一股新鲜的思想空气。《万国公报》在 1889 年复刊后，又连载了《海外闻见略述》，对美国民主制度进行了详细的介绍："美利坚，民主之国也。凡法政皆由公议而出，故不特京都省会有公议院，即各县各乡亦必有之。议事之人亦由民间选举，县之议事由各乡而来，省之议事由各县而来，又每省二人，赴京都上议院，又随省份大

---

① 《译民主国与各国章程及会议堂解》，《万国公报》第 340 卷，1875 年 6 月 12 日，第 2 本，第 1065 页。

② 《环游地球略述》，《万国公报》第 584 卷，1880 年 4 月 10 日，第 12 本，第 7169 页。

③ 《环游地球略述》，《万国公报》第 642 卷，1881 年 6 月 4 日，第 13 本，第 8144 页。

小，人数多寡，举三四人或五六人赴下议院。议会即集，公举一人为会正，主理期会。每议事件必详细辩论，反复审度，以期尽善尽美而后已。极少须得过半人言，是则为定议。凡事下议院定呈于上议院，复由上议院议定呈于国主书押为据，然后颁发民间一体遵照"。① 文中直称美国为民主国家，对美国的议会构成和组织原则作了详细介绍，说明作者对西方国会制度有着相当深刻的认识。20世纪初，在向国内输入西学的浪潮中，《万国公报》继续刊载介绍关于西方民主制度的文章。李佳白的《列国政治异同考》一文，从1903年2月第169册起，连载21期，对中、美、英、日、德、法、俄等世界上主要国家的政治制度两两比较，一方面区分民主制度的不同，表示英国的君主立宪制最为可选，另一方面也反衬出中国专制制度最为落后。这一文章发表的时间已经是20世纪初，当时为宣传君主立宪而对各国制度作对比的文章比比皆是，这篇文章的影响，不像甲午战前西学匮乏时代那样介绍西学可以开风气之先，此时已起不到振聋发聩的作用。另外，当时国人所办报刊于社会有较大影响者所在皆是，《万国公报》影响力相对之前已大大降低，所以此时该报在社会中的影响似不应高估。不过，从普及西学介绍西方政治思想文化的角度，《万国公报》仍有意义。而且，从当时立宪思想正向思潮汇聚这一角度来看，该报对促成立宪思潮的实现所起的正向推动作用，应当给予肯定。

从《万国公报》19世纪90年代之前刊载的西方民主政治的文章来看，尚没有明确的对不同政体的专门介绍和区分，对民主政体的实质虽有一定认识但还比较肤浅。该刊内容大多是对西方民主社会某一方面感兴趣，没有从理论上阐述，这些民主现象的实质，是西方确立了以宪法约束行政权力为核心的民主制度。因此，《万国公报》的鼓吹，距离明确提出要求实行君主立宪制度还有一段距离。不过，《万国公报》刊载的君主立宪和民主共和制下的三权分立、国会制度、任期制、选举制的种种优点，足以对专制政体下的独裁、世袭制、终身制的诸多弊端有所冲击。而且，对昧于西学而懵然无知的旧式知识分子来讲，《万国公报》的存在使他们有了了解和接触西学的契机。

《万国公报》有要求变法的明确政治意图，所以，它将受众群体设定

① 《万国公报》第15册，1890年4月，第17本，第11112页。

为可以对变法产生重大影响的"为政者"、"为师者"和掌握经营制造之端的"农工商贾"之"为民者",重点是具有较高学识素养的知识分子和掌握社会政治资源的政界要人。阅读该报并受其影响的一个重要的群体为维新人士。早期维新人士代表人物之一郑观应,早在1882年前就阅读西方报纸,并于90年代成了《万国公报》的忠实读者。康有为1883年"购《万国公报》,大攻西书,声、光、化、电、重学及各国史志,诸人游记皆涉焉……新知深思,妙悟精理,俯读仰思,日新大进"。① 他所说的"日新大进"是有迹可循的,他在上清帝第二书、第三书、第四书这三道奏折中,所谈的变法理论实际上就是李提摩太在《万国公报》上所发表相关文章的意思。梁启超在90年代所编西学书目表中,将《万国公报》作为必读书目,说明梁启超不仅阅读过该报,将其作为西学书目加以推荐,更足显梁启超对《万国公报》的认同。不仅如此,后来梁启超所撰的《变法通议》的主要观点也来自《万国公报》。除了维新知识分子阅读《万国公报》并受其影响之外,革命者也受该报的精神滋养。革命先驱孙中山不仅阅读过《万国公报》,而且还在该报上发表了《上李鸿章书》。甚至光绪帝一度也成为《万国公报》的读者。《万国公报》在推动中国知识分子文化观念由中学向西学的转变和政治思想由专制向民主的转变,以及推动中国的政治进程方面,就当时各报刊而言,其作用不可低估,具有不可替代的地位。尤其是进入90年代,它以变法观念影响知识分子和中上层官吏的宣传,直接推动了中国的变法进程。

从对立宪思想宣传的角度来看,《万国公报》宣传了议会制,介绍了西方的宪法内容、三权分立制度以及选举制和任期制等内容,这都是君主立宪制的有机组成部分。在介绍西方民主的文章中,对议会的介绍占相当大的比重,这说明时人对议院的关注。但在这些介绍议会的文章中,大多停留在对议会民主决策和集思广益作用的层面,而议会的其他重要职能诸如立法、审核预算、限制君权等职能则不多涉及。这就说明,《万国公报》在甲午之前的政治思想宣传方面,对西方民主制度的宣传还有所保留,相对比较肤浅。《万国公报》在19世纪的宣传中,鲜于对政体作系统介绍,以君主立宪这样的概念为宣传内容的政论或其他文章,几乎没刊

① 中国史学会编:《戊戌变法》(四),上海人民出版社1957年版,第116页。

载过。因此，《万国公报》在中国立宪思想的发展史上，只是对国人思想突破专制走向民主起到了一定的启蒙作用。

二 早期维新思想家的政治主张与王韬的《循环日报》

早在 19 世纪七八十年代，中国沿海知识分子的著作中已经有对西方民主社会生活的描述，有对不同于中国政治制度的注意和记载，并提出变革中国政治制度的要求。这部分知识分子被称为早期的维新思想家。早期维新知识分子中，较早介绍西方民主制度的是王韬。在《重民下》一文中，王韬介绍了西方国家的三种形态，即 "泰西之立国有三：一曰君主之国，一曰民主之国，一曰君民共主之国"。① 并指出俄、奥、普、土等国为君主国，法、瑞、美为民主国，英、意、西、葡等为君民共主国。王韬认识到区分三种国家，不在称呼，而在国家政令不同。他又进一步介绍了三种国家的君、民在权力方面的关系："一人主治于上而百执事万姓奔走于下，令出而必行，言出而莫违，此君主也。国家有事，下之议院，众以为可行则行，不可则止，统领但总其大成而已，此民主也。朝廷有兵刑礼乐赏罚诸大政，必集众于上下议院，君可而民否，不能行，民可而君否，亦不能行也，必君民意见相同，而后可颁之于远近，此君民共主也。"② 对各种政体形式进行了一番对比后，王韬给出了自己的观点："论者谓，君为主，则必尧、舜之君在上，而后可久安长治；民为主，则法制多纷更，心志难专壹，究其极，不无流弊。唯君民共治，上下相通，民隐得以上达，君惠亦得以下逮，都俞吁咈，犹有中国三代以上之遗意焉。"③他在这里传达的意思，并没有认为君主专制的制度较后两者为劣，在君为主的情况下，如果遇见贤君，国家一样长治久安。大概他也看到君为主并不能保证君的贤良，如果出现暴虐君主同样会带来严重问题的情况，因此尽管他说君为主制度也可长治久安，但他否定了这种政治形态；王韬认为"民为主"流弊甚多，表明了民主制的不可取态度。其意向所属，在于"君民共治"，对英国的君主立宪制流露出羡慕之意。

---

① （清）王韬：《重民下》，载《弢园文录外编》，上海书店出版社 2002 年版，第 18 页。

② 同上书，第 19 页。

③ 同上。

薛福成则对英国议会中两党制感兴趣。他说，"英国上下议院，有公保两党，迭为进退，互相维制……一出一入，循环无穷，而国政适以剂于平云。"① 薛福成看到议会里的两党相互制衡可以使国政良性发展。马建忠则介绍了政治的三种形态，即"各国吏治异同，或为君主，或为民主，或为君民共主之国，其定法、执法、审法之权，分而任之，不责于一身，权不相侵，故其政事纲举目张，粲然可观……人人有自主之权，即人人有自爱之意"。② 他看到西方国家三权分立制度的长处，三权分立，权不相侵，不使一人专权，从而政事纲举目张，在这种政体下，人民有自主之权。

90 年代的郑观应也对君民共主的议会制进行鼓吹，他在《议院》一文中说："议院者，公议政事之院也。集众思，广众益，用人行政，一秉至公，德诚良，意诚美矣"。③ 文章赞美议会民主决策的职能，但议会的立法权似乎没有进入郑观应的视野。君民共主与君主的比较中，他说"君主者权偏于上，君民共主者权得其平"④，流露出对英国君主立宪的羡慕之情，"即英国而论，蕞尔三岛，地不足当中国数省之大，民不足当中国数省之繁，而土宇日辟，威行四海，卓然为欧西首国者，岂有他哉？议院兴而民志合，民气强耳！"⑤ 郑观应还进一步分析，英国强大在于其议院之设。从强国的愿望出发，郑观应明显有对西方议院的向往。

单纯从思想的角度来分析，早期维新思想家的思想，对西方民主政治和君主立宪制度都还停留在羡慕和向往上，对其实质缺乏了解，"他们还没有叩开西方政治学说的大门，对西方政治学说、哲学思想没有介绍"。⑥对西方议会制度的认识，基本上将其作为君主的咨询机构而存在，停留在沟通上下之情和参议功能上。对君主立宪制的本质，用宪法约束君主行政权力完全没有认识。甚至他们还认为应该"凡事虽由上下议院决定，仍

---

① 薛福成：《出使日记》，湖南人民出版社 1981 年版，第 165—166 页。

② 马建忠：《上李伯相言出洋工课书》，载《适可斋记言》，中华书局 1960 年版，第 28—29 页。

③ 郑观应：《议院》，载《盛世危言》卷一，上海书局石印版 1898 年版，第 15b 页。

④ 同上书，第 16b 页。

⑤ 同上书，第 17b 页。

⑥ 桑咸之、林翘翘编：《中国近代政治思想史》，中国人民大学出版社 1986 年版，第 130 页。

奏其君裁夺"，① 这样的议院，"既不是有宪法保障的立法机构，也不是民权的政治代表，因此它对于君权没有丝毫制约作用，而只是在原有机构外增设新机构，作为改善专制制度的润滑剂"。② 另外，他们对西方政治制度的讨论，很大程度上仍然没有跳脱中国传统政治文化的圈子。这一方面表现在将泰西政治制度与三代之制相比附，另一方面，他们对君主立宪的认识并非建立在资产阶级的政治伦理和思想体系中。

另外，早期维新人士政治思想在文章中的表述，也多为描述，并非积极提倡。这些思想只是他们庞杂的思想中极少的一个内容，而且，也仅仅停留在思想羡慕的层面，尚未提出政治变革的要求。李泽厚就发现了问题所在，说他们"虽或赞同或主张开议院，但未强调。这问题看来在他们思想中并未占重要地位"③。王尔敏先生也认为，早期维新派之政治思想水平，仅在初始阶段，尚没有提及变革政治制度："光绪甲午以前之介绍西政者，类皆云西方之政本如何、教化如何，即使屡谈议院，而多止于介绍，并无所取法，然已较泛谈洋务者大有进境。甲午以前之言变法者，虽谓取借西法，而及于取法民主政治者则极少……于政治制度绝少变革之论"。④ 王尔敏认为此时知识分子在报刊中的言论相较于洋务者之进步，但对政治变革和提倡效仿西民主政治者较少。当时的知识分子对民主的理解依然是从"民惟邦本，本固邦宁"即民本的角度而非民主的角度，这正反映出他们对西方民主认识和理解的肤浅。虽然是尊重人性，以民为本、以民为贵的政治思想以及含有若干民主性的政治制度，但这一切都是一种"发"与"施"的性质（文王发政施仁），是"施"与"济"的性质（博施济众），其德是一种被覆之德，是一种风行草上之德，而人民始终处于一种消极被动的地位，尽管以民为本，而终不能跳出一步，达到以民为主。如果不跳出这一步，政治问题就总是在君相手中打转，真正政治的主体无法建立起来，⑤ 民主的政治制度的实现就成

---

① 郑观应：《郑观应集》上册，人民出版社 1983 年版，第 314 页。

② 高海燕：《近代中国民权思想演进轨迹探因》，《南京大学学报》1998 年第 2 期，第 88 页。

③ 李泽厚：《中国思想史论》，安徽文艺出版社 1999 年版，第 408 页，注释 1。

④ 王尔敏：《晚清政治思想史论》，广西师范大学出版社 2005 年版，第 190—191 页。

⑤ 徐复观：《中国思想史论集》，上海书店出版社 2004 年版，第 248 页。

为天方夜谭。

　　总的来看，这一时期维新思想家报刊中的言论在当时并没有太大的社会影响。原因是他们的思想缺乏有效的传播途径，主要是以著作出版的形式向社会宣传，因为此时中国报业刚刚起步尚未发展，很少有人利用报刊媒介来宣传政治思想。书籍的传播速度与报刊相比有天壤之别，因此，从传播手段来讲，是一个劣势。即使创办报刊撰写政论以宣传政见的王韬，其思想在当时的影响也不应该有太高的估计。下面我们从《循环日报》在传播王韬民主政治思想方面发挥的作用，分析王韬君主立宪思想的影响。

　　《循环日报》作为"中国新闻事业史上第一份以政论为主的报纸，而且是这一时期具有资产阶级观点的改良主义者们宣传变法维新思想的重要的讲台"①。《循环日报》重视政论，通常每天发表一篇论说，论说早期大半由王韬执笔。1883 年王韬将自己历年的报刊政论汇编成册，名为《弢园文录外编》。阅读该书后笔者发现，王韬政论文章的主要内容是"评论洋务，鼓吹革新"，宣传早期维新思想，要求中国像西方那样"恃商为国本"，发展民族工商业。在全书文章即《循环日报》刊发的所有政论中，只有《重民下》一文对西方的民主政治作了些许的介绍，在文章中提到三种政治制度并对其作了简单的区别和取舍。也就是说，君主立宪思想并不占王韬政治思想的主要地位，在《循环日报》所刊发的所有文章中，《重民下》不是显态，被淹没于其他众多的政治议题中。此外，王韬1874年 1 月 5 日在香港创刊的《循环日报》，僻处海隅，加以王韬乃一介草民，"他的变法自强言论，未曾达到远在北京的政治中枢，对实际政治未发生丝毫冲击。"② 他的影响被认识和重视，则是因他的政论文集出版发行，这是在 20 年以后的事了。

三　立宪思想传播的影响和在历史上的地位

　　王韬的《循环日报》发行区域，包括广州、东莞、厦门、上海、镇

---

　　① 方汉奇：《王韬——中国历史上第一个报刊政论家》，载中国人民大学新闻系《中国近代报刊史参考资料》上册，1979 年，第 314 页。
　　② 赖光临：《中国新闻传播史》，三民书局 1978 年版，第 63 页。

江、汉口、澳门、日本、西贡、新加坡、旧金山等地区。该报的读者不仅来自香港，更有相当一部分来自中国大陆（以广州及华南地区为主），读者群也包括大陆的中国商人、英国商人、中国官员及知识分子。《循环日报》的言论，普遍受到中国官员的注意。上海的《申报》，还经常引述《循环日报》的新闻和评论。康有为、梁启超都曾是该报的读者。《循环日报》在东南沿海应该有一定的影响，其影响虽不是君主立宪方面，但它在开风气、求变革、讲西学方面，有一定的启蒙作用，对之后民主思想的宣传和接收提供了思想准备。

早期维新思想家关于三种政体的表述和对议会的言论，仍有一定的思想史意义。他们介绍的政治思想，为时人提供了一种新的政治内容。并且，他们纵谈西学西法，谋议变通，为政治改革提供了一个可以选择的方向，对后期维新人物，确然产生意气激励作用与思想影响。[①] 他们关于议会的言论对戊戌变法有或多或少的影响。

早期维新派著译之新书，对于在戊戌变法以前没有到过外国、不懂外语、全都靠从翻译和时论中窥视西方政治制度的康有为、梁启超、谭嗣同等人来讲，其所读之书，很可能是早期维新派翻译的。[②]

严格来讲，这时早期维新思想家的思想还不能称为立宪思想，与君主立宪的实质相差甚远，而且所论较零碎，也不系统。但他们已涉及与君主立宪有关的政治议题，说明他们脑中已经产生朦胧的君主立宪思想，从立宪思想尚处于萌芽期的角度来看待早期维新思想家的思想，应对他们在历史中的作用有正确的定位。

甲午前报刊对立宪的宣传，并不是报刊宣传的主要内容。对西方民主的介绍，多是搭载西学的顺风车而来，同介绍西方社会的其他内容相比，尤其是与自然科学相比，其地位更不突出。从内容所占的比重、强调的程度来看，报刊中的立宪思想在社会上并不能起到风向标的作用。不过，《循环日报》和《万国公报》对西方民主政治的介绍，仍然起到开风气的作用，而且，为后来提倡维新的知识分子和开明官吏提供了西方政治知识

---

① 赖光临：《中国新闻传播史》，三民书局 1978 年版，第 63 页。
② 桑咸之、林翘翘编：《中国近代政治思想史》，中国人民大学出版社 1986 年版，第 130 页。

来源。

　　应该指出，早期维新思想家的思想表达，大多不通过报刊，而是将自己的政治主张刊刻成书。书籍较之报刊的流通速度和范围无法相提并论，但它发挥影响的时间周期要长得多，因此，这一时期有关开议会、设议院的政治主张真正发挥影响，已经到 19 世纪 90 年代。康、梁等人受他们影响自不待言，之后的知识分子也从他们的著作中受到启发，萌生改良思想。如英敛之购买和阅读何启、胡礼垣的《新政真诠》，深受影响："灯下句读《新政始基》数篇，予极服其剀切详明，爱莫释手"。① 不仅对他们政治主张服膺至极，而且因之还与何启、胡礼垣成为莫逆之交。并在1900 年和 1902 年在内地两次重印《新政真诠》，积极传播该书，并将其分送朋友。其书所送之人，既有政府官员，如胡京兆、联尚书、青侍郎、冯主考等人，也有维新人士，如严复、汪康年、张元济、张謇等，还有英敛之圈子中的朋友，如马相伯、柴天宠、王郅隆、李晴宇、方守六、夏时若等人。② 宣传何、胡的改革思想。在此之前，王韬、郑观应、冯桂芬等人的著作在全国多次翻刻印行，广为流传，甚至在一定程度上得到了官方的支持。

　　由此看来，思想传播的途径多种多样，报刊只是他们推广自己政治主张的一种重要方式，在当时报刊发展还有限的情况下，刊刻书籍依然是知识分子信息传播的主要途径。

第三节　维新前后报刊的宣传与立宪思想的发展

一　宣传维新的报刊

　　甲午战后，知识分子对中国所处的危局有深刻感受，汪康年就强烈地感到国家已面临生死存亡之际而国人蒙昧无知的危险："今日我中国之亿兆人民，其相率旅于格林炮之口门欤，其殆于焚屋之燕，沸釜之鱼欤?!人为刀俎我为鱼肉；人为陷阱，我为麋鹿。而我之民人犹熙熙然，贸贸

---

① 方豪编录：《英敛之先生日记遗稿》，载沈云龙主编《近代中国史料丛刊续编》第三辑，第 21 页。

② 侯杰：《〈大公报〉与近代中国社会》，南开大学出版社 2006 年版，第 76 页。

然。大率合男女而计之，知时势之危急者，万无一焉，知其危急而欲思所以图维之者，亿兆无一焉。"① 在举国之人昧于国家危局而不知自救的情况下，有识之士便欲觉呼吁救亡寻求解决危局出路任务的迫切。当时社会能为他们救亡之策提供的思想资源，一是中国传统文化，二是七八十年代早期维新思想家提出的开设议院、实行君主立宪的主张，以及借助《万国公报》等媒介，介绍到中国的西方政治制度。这些思想资源成为知识分子提出维新变法理论的思想基础，正是有前者奠定的基础，康、梁等人才能够提出维新变法，实行君主立宪的思想主张。康、梁之维新要求不仅是中国自古以来第一个有突破性的近代政治改革方案，也是近代中国君主立宪思想的进一步发展。

康、梁等人要实现维新政治目标，就要变革社会、唤起民众。而后者的实现，掌握话语权非常关键。因为知识分子需要将民族危机的严重性和自己要求开设议院、实行变法的声音发布到社会，才能唤起民众并得到民众对政治变革的支持。而实现这一目的的最好途径便是掌握报刊舆论工具。时人普遍对报刊的去塞求通和开启民智的功能有深刻体认："一般爱国之士、新学大家，以为报纸可唤醒民众，可代表舆论，救国初步，惟此是赖，于是群起而办报焉。自是报馆林立，报纸日见其多。"② 梁启超对报馆的功能更是肯定有加，称"去塞求通，厥道非一，而报馆其导端也"。③

由于知识分子将报刊看作挽救时局的有效工具，纷纷投身创办报刊，甲午战后出现了国人办报的第一个高潮。在 1895—1898 年间，全国出版的报刊 150 余种。以康有为、梁启超为代表的维新派所创办的报刊在 50 种以上。另据郭汉民对变法前维新报刊的统计，重要的有 33 种（见表 2—3—1）。

---

① 钱塘汪康年撰：《论华民宜速筹自相保护之法》，《时务报》光绪二十三年十一月十一，第 47 册，第 1a 页。

② 刘墨簃：《报纸史之见闻》，载黄天鹏编《新闻学刊全集》，光新书局 1930 年版，第 278 页，《民国丛书》上海书店 1990 年版。

③ 梁启超：《论报馆有益于国事》，载《饮冰室合集·文集》之一，中华书局 1989 年版，第 100 页。

表 2—3—1 戊戌时期维新报刊①

报刊名称	发刊时间	创办地点	主办人
中外纪闻	1895 年	北京	梁启超、麦孟华
直报	1895 年	天津	严复
强学报	1896 年 1 月	上海	徐勤、何树龄
苏报	1896 年	上海	胡璋（铁梅）
时务报	1896 年 8 月	上海	黄遵宪、汪康年、梁启超
福报	1896 年	福州	陈某、叶某、施某
指南报	1896 年	上海	李伯元
利济学堂报	1897 年 1 月	温州	陈虬
知新报	1897 年	澳门	康广仁、何廷光、何树龄、徐勤
通学报	1897 年	上海	任独（仲甫）
湘学新报	1897 年 4 月	长沙	江标、徐仁铸
广仁报	1897 年 4 月	桂林	康景崧、龙应中、曹硕武等
农学报	1897 年 5 月	上海	罗振玉、蒋黼
经世报	1897 年 8 月	杭州	章炳麟、宋恕、陈虬
集成报	1897 年	上海	陈念谖
新学报	1897 年 8 月	上海	叶耀元
算学报	1897 年 7 月	上海	黄源澄
实学报	1897 年 9 月	上海	王斯源、王仁俊、章炳麟
萃报	1897 年 9 月	上海	朱克柔
求是报	1897 年 9 月	上海	陈季同、陈彭寿、陈衍
国闻报	1897 年 10 月	天津	严复、夏曾佑、王修植
国闻汇编	1897 年 11 月	天津	同上
渝报	1897 年 11 月	重庆	宋育仁、潘清荫
富强报	1897 年 5 月	上海	程霱
蒙学报	1897 年 11 月	上海	叶翰、汪康年
演义报	1897 年 11 月	上海	章伯初、章仲合
译书公会报	1897 年 10 月	上海	恽积勋、陶湘、章炳麟、杨模
苏海汇报	1897 年	上海	翁萃甫

① 郭汉民：《中国近代思想与思潮》，岳麓书社 2004 年版，第 226 页。

续表

报刊名称	发刊时间	创办地点	主办人
演义白话报	1897 年 11 月	上海	章伯初、章仲和等主笔
游戏报	1897 年 6 月	上海	李伯元、欧阳巨源
笑报	1897 年 10 月	上海	笑笑主人
消闲报	1897 年 12 月	上海	高羽中、周忠鋆
奇闻报	1897 年 12 月	上海	以德人蕭普为经理

　　资料来源：汤志钧：《戊戌变法时期的学会报刊》；方汉奇：《中国近代报刊史》；戈公振：《中国报学史》及《中国出版史料》。

　　表 2—3—1 所列的 33 种报刊，依时间计，1895 年 2 种，1896 年 5 种，1897 年 26 种。依出版地点计，则北京 1，上海 22，天津 3，福州 1，澳门 1，长沙 1，桂林 1，杭州 1，温州 1，重庆 1。北京虽为政治中心，维新运动开展得也有声有色，但舆论并不发达；而上海正相反，为全国信息文化的聚散地，成为中国当之无愧的舆论中心。这些数字说明，维新人士愈来愈重视报刊宣传，并且在国内的许多地方建立了自己的舆论阵地。① 从上表还可以看出，报刊的种类也呈现多样化的特点。除了宣传实行变法、君主立宪政治主张的政论报刊以外，还有白话报、消闲报、游戏报和针对特定群体的蒙学报、农学报，以及专门学科的报刊等等。这说明，除了政治宣传之外，维新人士还比较重视民众启蒙和科学知识的传播。不过，在这些报刊中，最有影响者，当属宣传变法维新主张实行君主立宪制的政论报刊。诸如北京梁启超、麦孟华等主持的《中外纪闻》（万国公报），上海徐勤、何树龄等创办的《强学报》，梁启超、汪康年主持的《时务报》，澳门康广仁、徐勤等所办的《知新报》，天津严复、夏曾佑的《国闻报》，长沙江标、唐才常主持的《湘学新报》等，这些都是在当时和所在的区域影响较大的宣传维新思想的报刊。无论是像《中外纪闻》、《强学报》，还是维新派创办的学会——强学会和南学会的机关报，它们在宣传和贯彻维新派的政治主张方面，均比较得力。《时务报》和《知新报》则由康有为弟子充任主笔和主要撰述人，《时务报》主笔是梁

---

　　①　郭汉民：《中国近代思想与思潮》，岳麓书社 2004 年版，第 226 页。

启超，在宣传维新的核心人物康有为的思想方面，唯康有为马首是瞻。不过后期的《时务报》内部产生了纷争，梁启超离开《时务报》前往长沙时务学堂，该报宣传发生了变化。另外，《国闻报》和《湘学新报》则是康氏师徒之外宣传变法、开设议院和实行民主的报刊。这些报刊的分布，有京畿要地的北京，有拱卫京师的天津，还有社会信息最大的集散地的华东上海、新学发达的中部省份城市湖南长沙、华南的澳门。不同区域都有鼓吹变法和宣传议会与民主的报刊，影响很大。

维新前后，《时务报》是宣传维新思想影响最大也最有代表性的报刊，下面主要以《时务报》为例分析这一时期报刊宣传的君主立宪思想的内涵、特点及意义①。

二　君民共主思想的宣传

（一）对专制的批判

封建专制制度是民主政治制度淘汰的对象。时人逐渐认识到君主专制的弊端，转而倡导实行君民共主。而要实行民主政治，必须改变君主专制的政治体制。加之"自甲午一役，日本割台、澎以去，举国愕然……清政府之不足恃，大为海内士夫所诉"。② 时人迫于甲午后民族危机的严重，对清廷专制统治展开猛烈讨伐。

深受甲午战败刺激的严复，在战后以报刊为媒介发表文章展开对封建专制的揭露与批判。他于1895年3月13日至14日，在天津《直报》发表《辟韩》，从抨击君主专制的有力支持者韩愈为切入点对专制君主进行抨击。文章指出："夫自秦以来，为中国之君者，皆其尤强梗者也，最能欺夺者也。窃尝闻道之大原出于天矣。今韩子务尊其尤强梗、最能欺夺之一人，使安坐而出其唯所欲为之令，而使天下之民各出其苦筋力、劳神虑者以供其欲。少不如是焉则诛，天之意固如是乎？道之原固始是乎？"③ 严复在文中将君主称为"欺夺者"，并否定了自秦以来统治者自我标榜其权承于"道"与"天"欺骗宣传，否定了君权来源于天

---

① 在个别问题的论述上，同时也利用了其他报刊。
② 孟森：《清代兴亡史》，载《清代野史》第一辑，巴蜀出版社1987年版，第64页。
③ 严复：《辟韩》，《直报》1895年3月13日。

的合法性。虽然对专制赖以存在的儒家文化进行批判并不能与赞同立宪政治画等号，但是在扫除民主发展的思想文化障碍方面，影响自是不言而喻。

　　另外，《国闻报》中对君主集权制度下君民相隔往往导致亡国的情况也有揭露。该报著文探其源始称："自秦政以愚黔首，私天下，视国为君之私业。一国之治，皆出于君，自君以下，金为受治之人。于是君遂孤立于上，而数万里之幅员，数百兆之身家性命，存亡治乱，悉悬于一人之手。流极至于今日，而其民乃如犬马鹿豕，东家豢之则主东，西家豢之则主西，不复自知其一人之身，与一国之安危得失相关，而视其君也，亦遂如传舍朝暮，不惟不知爱也。并至于饥寒颠沛，濒死亡而亦不知怨，盖积二千余年之恶习，民之死其心也固已久矣。"① 既然君主专制是导致一切恶政的罪魁祸首，要根除恶政，就要从君主专制的根源加以解决。在对专制制度植根的封建文化的批判方面，谭嗣同的言论最为激进。他将矛头直指封建专制的理论支柱——三纲五常。他指出，三纲之害，毒烈异常，"不唯箝其口，使不敢昌言，乃并锢其心，使不敢涉想……三纲之慑人，足以破其胆而杀其灵魂"。② 而"二千年来君主一伦，尤其黑暗否塞，无复人理③，因此号召"冲决君主之网罗"④，谭嗣同的言论已经由批判君主专制过渡到呼吁推倒君主专制的方面。深刻批判三纲五常的封建伦理，是涤荡封建专制主义思想基础的前提，它比起一般地斥骂君主为"独夫民贼"更具理论深度和批判力度。谭嗣同还指出，如果君主不善，人人得而杀之，而不应一味地愚忠，他对自古以来提倡的"忠义"思想提出质疑："彼君之不善，人人得而戮之，初无所谓叛逆也。叛逆者，君主创之以恫喝天下之名。不然，彼君主未有不自叛逆来者也。不为君主，既詈以叛逆；偶为君主，又谄以帝天。中国人犹自以忠义相夸示，真不知世间有羞耻事矣"。⑤ 谭嗣同上述有关"叛逆"一词的探讨，指出不同语境下

---

①　《书保国会题名记后》，《国闻报》光绪二十三年闰三月二十九日，《戊戌变法》四，第406页。

②　谭嗣同：《仁学》，载《谭嗣同全集》（下册），中华书局1981年版，第348页。

③　同上书，第337页。

④　《谭嗣同全集》上册，中华书局1981年版，第290页。

⑤　谭嗣同：《仁学》卷上，载《谭嗣同全集》上、下，中华书局1981年版，第334页。

同一行为居然可以得到两种不同的评价结果，出现这一矛盾现象的原因在于贵君贱民的封建伦理，也反映出传统伦理以忠义束缚百姓而助虐于君主的本质。谭嗣同对此深恶痛绝之，并耻于国人以"忠义"相夸示的行为。可以看出，这里谭嗣同挑战的不是批判君主专制的某项弊端，而是维系这一制度的封建伦理。对封建伦理的批判，是摧毁封建专制的重要力量。

可以看出，君主专制思想已为有识者所诟病。维新思想家对专制制度导致国家积贫积弱的认识使他们展开对专制制度及其赖以存在的封建伦理思想的批判。对封建制度及其文化的批判，在社会上造成了不小的思想冲击。它引发了人们去思考，弊窦百出的现有政治制度，是否应该变革，作怎样变革才能挽救中国因政治落后而导致的民族危机。

（二）君主立宪的表现形态

尽管先进知识分子有变革封建专制制度的要求，但此时他们对所向往的君主立宪制并没有深刻的认知。对于国家存在的不同形态，梁启超用传统政治思想语言描述为："治天下者有三世：一曰多君为政之世；二曰一君为政之世；三曰民为政之世。"他将社会形态分为三种，即多君为政、一君为政和民为政。这三种政治形态，梁启超认为，它们可以与中国古代的三世说相比附。即"多君者据乱世之政也，一君者升平世之政也，民者太平世之政也。"① 将"多君"比作乱世，"一君"比作升平世，"民为政"比作太平世，梁启超将其两两对应，以使西方三种社会政治形态适应中国的政治文化环境。在康、梁的史观里，据乱世——升平世——太平世是一个社会演进的过程。其发展进程是一种历史必然，各社会阶段，既不能超越，又不可遏抑。"此三世六别者，与地球始有人类以来之年限有相关之理。未及其世不能躐之，既及其世，不能阏之。"② 梁启超此处的社会进化史观，潜在地在为一君之治取代多君之治、民之治取代一君之治的维新变法政治主张张目。

需要指出的是，梁启超将西方政体与中国传统政治相比附，说明他对君主立宪政体的认识还不深入，也由此窥见其认识来源于康有为大同思想

---

① 梁启超：《论君政民政相嬗之理》，《时务报》光绪二十三年九月十一，第41册，第2b页。

② 同上。

的明显痕迹。君主立宪是康有为大同理想于现实政治的中心主张，梁启超也附同康有为的观点，他在主持湖南时务学堂时明白规定该学堂的最终目标是"传孔子太平大同之教于万国"。他还将康有为的今文经学、大同理想与维新纲领结合起来，用"春秋三世"说比附社会发展的君主专制、君主立宪、民主共和三个阶段，指出目前变法就是从君主专制转入君主立宪。这些言论皆反映出此时梁启超的思想源于康有为，且无出其右。不过，他要求实行西方之政的意图比较明显。他说："中国必革其旧日之弊，举国而效西方之治，政令教化，咸与维新而后可。"① 具体应效仿西方何国之治，该报认为，在民族危机的情况下，"中国亦当自警，仿日本之例，而更新其政也"。② 梁启超在文中透露出一方面要效仿日本维新，另一方面要效仿日本的君主立宪制的变法意图。汪康年在《论中国参用民权之利益》一文中，他也表达了君民共治的相同主张："古之为国，未尝不与民共治也"。③

当然，无论汪康年还是梁启超，尽管他们对君主立宪制有一定认识，但始终不大清楚君民共主与君主立宪二者的本质区别。他们所说的君民共治，本意是要指君主立宪政治，但由于认识的局限，他们描绘的制度形态称为君民共主制似乎更合适，与君主立宪制的实质尚有一定的距离。

（三）对君权与民权的讨论

君权与民权问题，是戊戌时期知识分子在报刊传媒上重点探讨的内容。他们将中国的贫弱同君权与民权孰轻孰重相联系，认为长期以来君权过重而民权不张是导致中国愈益贫弱的根源，因此在舆论上呼吁兴民权约束君权。

汪康年在《时务报》发表《自强策》一文，揭露君权过重的危害。他将批判的矛头对准了君权："中国素以君权为主务，以保世滋大为宗旨，故其治多禁防遏抑之制，而少开拓扩充之意。……循习至久，全国之民皆失自主之权，无相为之心，上下隔绝，彼此相离，民视君父如陌路，视同

---

① 《日本报论中国》，《时务报》第36册，"英文报译"，光绪二十三年七月二十一，第13a页。

② 日本古城贞吉译：《论中国宜亟变法》，《时务报》光绪二十三年六月十一，第32册，"东文报译"，第20a页。

③ 钱塘汪康年：《论中国参用民权之利益》，《时务报》第9册，光绪二十二年九月二十一，第4a页。

国若途人。夫民之弱与离，君所欲也，积至今数千年，乃受大祸。"① 他认为，君权重而民权轻是导致国家落后的祸首。汪康年还在《时务报》撰《论中国参用民权之利益》一文，强调"天下之权出于一则弱，出于亿兆人则强，此理断断然者"。② 他认为要想使国权可与外国竞雄，必须要放权于民。梁启超也倡导人人有自主之权，但什么是自主权，梁启超对自主权的解释是"各尽其所当为之事，各得其所应有之利"③。他认为苟能如此，则"公莫大焉！如此则天下平矣"④。但中国历史的现实是，防弊者欲使治人者有权，而受治者无权。收人人自主之权，而归诸一人。梁启超指责政府收天下之权，而无能为天下之事，为防弊愈发收权，权愈专而弊愈滋。社会弊窦丛生，进入恶性循环。在对待民权问题上，须知"因噎而废食者必死，防弊而废事者必亡"，⑤ 若要规避因防民权而致"死"与"亡"之恶果，则要归民之权于民，以苏国困。

对于实行民权后，有人担心民权过大，会出现豪强横行的局面，汪康年认为没顾虑的必要。他说："或曰：用民权则桀黠得志，豪强横行，乱且未已，不知民但能举俊秀以入议院而不能肆行己志。议员但能议其事，而不能必其行。"⑥ 解释了议院的制度设计中有对此问题的防范。针对有人对权下于议院则权散而不成其国的担心，汪康年也认为不必多虑。他说："不知议员人虽多，必精其选，议虽杂，必择其多。选精则少谬误，选多则愿行者众。"⑦ 因此，以上所想，"皆非足置虑。"实行民权，于国不仅无害，反而有利，假使"民有权利，则民知以国为事，而与上相亲"。⑧ 扩大民权的益处不仅仅在于可使上下之情相通，而且在外交涉方

---

① 钱塘汪康年：《中国自强策·中》，《时务报》第 4 册，光绪二十二年八月初一。

② 钱塘汪康年：《论中国参用民权之利益》，《时务报》第 9 册，光绪二十二年九月二十一，第 5a 页。

③ 新会梁启超撰：《论中国积弱由于防弊》，《时务报》第 9 册，光绪二十二年九月二十一，第 3a 页。

④ 同上书，第 3a 页。

⑤ 同上书，第 3b 页。

⑥ 钱塘汪康年：《论中国参用民权之利益》，《时务报》第 9 册，光绪二十二年九月二十一，第 4a 页。

⑦ 同上书，第 4a 页。

⑧ 同上书，第 4b 页。

面，还可借民权以与外人相抗，争取外交主动，而避免仅以君权与外人相抗不易措辞，反而易为人所挟的局面。他说："处今日之国势，则民权之行尤有亟者。盖以君权与外人相敌，力单则易为所挟。以民权与外人相持，力厚则易于措辞。西人与中国互市，动辄挟我国君之权力以制我民，中国欲拒之，则我之权不足，欲以民为辞，则中国久无民权之说，无可措语。"① 从改变外交被动局面的角度考虑，也需要亟兴民权。

有意思的是，麦孟华则一反汪、梁认为"中国之弱，君权重也，民权轻"的观点，他认为与西方国家的君权相比，中国的君权尚不够强大，当下宜立君权为要。他于《时务报》发表《中国宜尊君权抑民权》一文称："中国非民权不立之为患，而君权不立之为患。"② 麦孟华将西方国家行使的社会职能而中国政府没有行使，由此定性为中国君权的旁落和遗失。比如西方国家对人口出生和死亡的数字统计、继承财产征税、义务教育、医生需要接受医学教育后领取凭照方许执业行医而中国学而不成转行医造成庸医充斥杀人无数而难以惩治等等事务，中国政府在这些领域的管理是个空白。"故夫西国之君，其有权也如彼，中国之君，其无权也如此。凡百庶政，罔不类是，千舌万笔，匪可殚论。故极其无权之弊，乃至天子之尊，不能爵一士，必俟其自贾科第，自鐯保举，自累资格，苟不由此，则君不得而庸也。天子之威，不能杀一人。"③ 麦孟华认为，中国君权没有掌握这方面的权力，可见西方君权要重于中国。因此，他认为不应放权于民，应尊君权。很明显，麦孟华对西方民主实质没有真正的领会，而且，君权民权的概念也没有突破中国传统文化中对两者讨论的范围。不过，如果明白麦孟华所议是在为变法服务，为变法依恃的光绪帝扩大权力而营造舆论，就无怪乎他在关于君权与民权方面的不恰当论述了。另外，维新知识分子内部在君权与民权问题上观点看似对立，其实都暗合维新派的立场。主张君权者，目的在于加强光绪帝的权力和权威以推行变法，而主张放权于民者，则是维护新兴的资产阶级的利益，加强自身的力量。

---

① 钱塘汪康年：《论中国参用民权之利益》，《时务报》第 9 册，光绪二十二年九月二十一，第 5a 页。

② 顺德麦孟华：《论中国宜尊君权抑民权》，《时务报》第 21 册，光绪二十三年二月二十一，第 1a 页。

③ 同上书，第 1b 页。

（四）关于议院和内阁

民权的实现，需要有议院的开设为其提供行使权利的机会和场所，因此，设立议院是保障民权的前提。主张兴民权的知识分子也开始提出设立议院的要求："欲重民权，先立议院"。① 在要求议院的同时，他们也看到开设议院需要国民教育程度的提高。麦孟华担心开设议院后，民众因为知识和民主素养的欠缺，而不能有效行使其权利："民智未开，民事未习，千百乡愚，将成闹市，议院启矣，民能建议以善事乎？"② 麦孟华对民众行使议会政治的能力表示出怀疑。他又进一步提出，如果认识不到人民程度低无法行使权利而强其行之，在现在还不是实行议院的时候实行，"止足取乱"，结果会与他们要求设立议院的初衷相背离。

梁启超关于议院的观点同麦孟华一样，鲜明地体现康氏门徒的特点，也认为设议院是目标，但不是当下的事情，需要开风气、培民智，之后才有议院之设："凡国必风气已开，文学已盛，民智已成，乃可开议院"。如果在今日中国开议院，实为"取乱之道"，③ 此言与麦孟华如出一辙。

与康氏门徒不同的是，其他维新人士并不持此观点。汪康年不仅提出要设立议院，而且要求设立内阁，并且认为设内阁是救亡的最好办法。在当时内阁成立条件尚不具备的情况下，汪康年主张必须先设议院。他说，"苟欲聚其权而办庶务，舍立相莫由（即内阁）矣，顾今日而骤立相，恐但有牵掣阻碍之苦而无行权决策之效，则非先立议院不可矣。"④ 汪康年对设立内阁和议院提出明确要求。而且，汪康年还认识到议院和内阁之间相互制衡，尤其是对行政权力的约束，可以避免擅权之苦，他说："议院以与相相持，则相不能擅权"。⑤ 针对有人对开设议院，权分于下，且散而不合，徒滋议论的担忧，汪康年文中作了反驳："议院之人多矣，且有议事举人之权，而无行事之权，虽在下何病？又议院论杂不一，西例必择

---

① 顺德麦孟华：《总论·民义第一》，《时务报》第 28 册，光绪二十三年五月初一，第 1a 页。

② 同上。

③ 梁启超：《古议院考》，《时务报》光绪二十二年十月初一，第 4b 页。

④ 钱塘汪康年：《中国自强策·中》，《时务报》光绪二十二年八月初一，第 4 册。

⑤ 同上。

其多者从之，何嚣杂之患？"① 议院是决策机构，并不是行政机构，形成的决策由政府来执行，所以不会出现徒有议论而无实际的情况。并且，议院尽管有政论纷争，但多数同意原则，不会使争论没有结果。因此，对上述问题的担忧尽可去之。更难能可贵的是，汪康年在光绪二十二年八月不仅提出应设议院的口号，重要的是，他还就议院议员的选举办法提出自己的看法。他认为："使士民之明秀者互相举为议员，使至京入议院，而使中外大员自三品以上，俱入上议院，议院既立，则立相以总内外之务……，俟议员举定相臣，则由相臣自择用诸部大臣。及各省之长，大臣及长，又各举其属，而皆决于议院。十年之后，则议员及各官，皆取于学校。"②

汪康年一个月后在《时务报》发表的《论中国参用民权之利益》一文中对议院问题进一步展开讨论。这里它将议院的议题放到他倡导的君民共主政体形态中来，对议院与君主关系的设想在文中有所表述。他说："君民共主之国，凡国有大事，下诸议院议之，断之君而行之。官君有不同，可使复议，议不能定，可更置议员，是大权仍操之君。"③ 从这里可以看出，汪康年所论之国，为君民共主之国，与君主立宪之国并不相同。在一定程度上，君民共主之国，更接近君主立宪制建立之前的西方社会的形态。它与中国专制制度又有明显不同。君民共主制下国家设有议院，对国家大事有议决的权利，而君主只掌握行政之权，从这个方面来看，议院有限制君权之意。但是，议院与君主意见不能达成一致时，则君主有权力解散议院，议院对君主权力并不能给予有效制约。这说明汪康年眼中的君民共主，与君主立宪制下的虚君政治是有一定的差距的，同时也暴露出汪康年对君主立宪制的精髓并未深入地了解。汪康年明确指出了中国救亡根本之法，在于建立责任内阁、设立议院。但是对于司法尤其是体现宪政实质的宪政核心内容——宪法未多论述，在一定程度上说明了当时汪康年立宪思想尚不完备。但仅从如何废专制、削君权的角度来看，汪康年言论的

---

① 钱塘汪康年：《中国自强策·中》，《时务报》第4册，光绪二十二年八月初一，第1页。

② 钱塘汪康年：《中国自强策·下》，《时务报》第4册，光绪二十二年八月初一，第2b页。

③ 钱塘汪康年：《论中国参用民权之利益》，《时务报》第9册，光绪二十二年九月二十一，第4a页。

积极意义是不言而喻的。

开设议院，固然是君主立宪政治的范畴，但是主张开设议院者对议院的认识，并非是基于立宪政治而言，而是在应对民族危机时，强调议院具有沟通上下之情的功能，充其量仍是将议院看作一个议事机构而已。如湖南赵而霖在《开议院论》中讲道："古昔盛时，工贾进规，□□献颂，凡在民臣，皆得言事。以故上下之情无弗通，门户之见无不化也。泰西变通古法，创立议政院，分上下二门，上自君主，下自缙绅，皆得演说机要，互相辩论，国有大事，尤于此定其操纵之权，虽君主不得而相强，而君民之间，仍复浃洽，耳目最近，喘息必闻。凡申详反复之繁难，胥吏挟持之弊窦，皆一洗而空之。以故国家无难决之疑，言路无壅蔽之患，内政既清，外侮不作，而西人于是乎横矣。"① 他将西方体现民主的机关与古代的言事机关画了等号。不仅赵而霖如此，梁启超对西方议院的议论也往往求征于中国古代。对此，严复还专门写信批评梁启超附会古书，以古事证西政。不过梁启超后来解释为，在报刊中为一般人说法，不得已而如此。② 梁启超这么做的原因，一方面可能是为当时的不恰当论述辩解，另一方面则是梁在宣传时的一种策略。即在社会依然守旧的情况下，用传统文化储存的政治语言来解释西政，会减少不同文化因差异而产生的阻力。

（五）关于政党

政党政治是西方民主政治制度发展成熟的标志，《时务报》发表译作《政党论》，介绍近代政党的相关知识。文中认为，政党是民主政治发展到一定阶段的产物："国民智慧渐起，类能通晓治体，而国家亦令国民参与大政，相与论议，于是乎政党始兴。"③ 政党是国民政治素质提高到一定水平而必然产生的政治现象。政党政治与立宪政治之关系，形象地比喻为犹如鸟有双翼："非有立宪之政，则政党不能兴，若立宪之政，无政党兴起，亦犹鸟之无翼。"④ 政党之于立宪，为必不可缺之内容；没有立宪，政党无发展之土壤。文章认为，政党与国运相连，政党完备发达，则国运

---

① 湖南赵而霖：《开议院论》，《时务报》第35册，光绪二十四年二月十一，第2a页。

② 《与严又陵先生书》，载《饮冰室文集》第1卷，第108页。

③ 日本古城贞吉译：《政党论》，《时务报》第17册，"东文报译"，光绪二十二年十二月十一，第22a页。

④ 同上。

昌盛，反之则衰。政党是持相同政见之人的集合体："盖政党者，本欲藉手于国家之政治，以宣发其志愿，故同其意见者，相与协力以出于一途。约而言之，政党者，欲把握国家权力，而遂行其志意，故联合同人为一党也。政党之本志，欲主持国家之机轴，一旦入坐庙堂，身秉国钧，即其志满之秋。然天下人心不同，安能尽同其志？天下之人，又非欲悉向政局追逐也，有才学教育等之异同，故天下政论之所岐，政党之分立，盖为此也。"① 此论表达了政党的目标是通过掌握政权实现政党之意志。因为政见不同，遂有不同政党产生。政党间因政见不同而有斗争，但斗争光明正大，政党之纲领必须公之于众："故其争政权也，必先广示政纲于天下，使国民知宗旨所在，而后与天下同人相争取于宙合也。"② 政纲公布于众，是为国民了解该党之宗旨，使具有共同政治理念的同人聚而壮大本党之力量，以争取本政党的利益。政党之间所论争者，为经纬国家之策，而非一党之私。在这点上，政党与封建社会之党争有根本之别，也与以颠覆政府为目标的革命党不同。文章说，"朋党者，本小人之事，每以阴险为手段，在牵制君主之肘，以营利于其间。偶有民人结作一党，而反抗君主之权，以强逼君主，是革命党耳。……革命党本以颠覆政府为志，其意盖谓自非出于本途，必不能握得政权"。③ 作者将民主政治中的政党与朋党和革命党的区别作了详细的分析，同时也是要与后者明确划清界限。政党的目标是掌握政权，一旦掌握政权，必推行本党政纲。若有与其政党不同者，可成立反对党与其展开政治上之竞争："盖政党者，必具有大宗旨，又怀抱大经纶之策。故一旦得志，则入政府将施其经纶于天下也，迨行其经纶之际，凡与其所以为宗旨者，无异焉，则相率赞成之，苟有与己异者，则相与携手而逐于荒野矣"。④ 上述所论介绍的是政党之职志与运作方面的内容。另外，政党多寡大小与政府利益的关系密切，"会议小党愈众，则政府愈利焉。然议会有一大党，与政府相抗，政府固危矣。"⑤ 一

---

① 日本古城贞吉译：《政党论》，《时务报》第 17 册，"东文报译"，光绪二十二年十二月十一，第 22b 页。

② 同上。

③ 同上书，第 23a 页。

④ 同上书，第 23a 页。

⑤ 同上书，第 23b 页。

党独大的危害，有可能威胁政府的存否。

《时务报》之论政党，在当时中国不会引起大的反响和共鸣。因为当时中国社会无法提供能接受这些概念和思想体系的文化和社会土壤。所以，其宣传政党思想只是起到播种、启蒙作用。政党观念的树立及实现政党政治，还需要更多宣传工作要做，还有很长的路要走。本篇是《时务报》中不多见的直接介绍西方政治制度的译作。与《清议报》和之后的《新民丛报》大规模引介西学相比，《时务报》对用西学支持君宪政治的热情，远低于它从传统文化中寻找动力的努力。这种情况与《时务报》所处的历史阶段关系很大，当时社会风气未开、民智尚低，传播者本身接受的西方政治理论和民主思想亦很有限，其思想带有局限性自然难免。

（六）政治进程安排

维新时期知识分子的政治变革要求是同挽救民族危亡的急迫使命相连的。因此，改革的紧迫性、必要性及时效性几乎人人感知。但究竟怎样改革，每个人基于各自立场、视野及知识积累不同而使具体方案各有差异。

汪康年在《时务报》发表的《论中国求富强宜筹易行之法》一文中对改革过程中各变革要素进行的先后顺序做了安排。他说，"今日振兴之策，首在育人才。育人才，则必新学术。新学术，则必改科举。设学堂、立学会、建藏书楼，然后改科举。必将官制、政法尽行改革"①。在这里，汪康年显然和梁启超在这个问题上的观点是一样的，梁在《时务报》第3册《论变法不知本原之害·变法通议之二》一文中说："官制（科举制）不改，（学生）学成而无所用"。"变法之本，在育人才，人才之兴，在开学校，学校之立，在变科举，而一切要其大成，在变官制。"② 变革的顺序依次是官制——科举——学校——人才，而官制改革为变法之根本。但是官制怎样变，其仅有的制度供给便是开设议院，确保民权，实行君民共主。

时人都认识到人才为第一要务，但人才的培育和塑造方案，梁启超强

---

① 钱塘汪康年：《论中国求富强宜筹易行之法》，《时务报》第13册，光绪二十二年十一月初一，第2a页。

② 新会梁启超：《论变法不知本原之害·变法通议之二》，《时务报》第3册，光绪二十二年七月二十一。

调说，人才作为政治变革的第一要求，需要兼备中西知识，"以通习六经经世之义，历代掌故之迹，知其所以然之故，而参合之于西政，以求致用者为第一等。"① 梁启超认为变法需要的是中西文化兼备的人才，尤其是对西政有相当了解之人。梁启超注重政治学的内容，除传统文化的六经之外，他还强调要学习西方"公理公法"及西方历史之书："今中国而不思自强则已，苟犹思之，其必自兴政学始。宜以六经诸子为经，而以西人公理公法之书辅之，以求治于天下之道。以历朝掌故为纬，而以希腊罗马古史辅之，以求古人治天下之法。以按切当今时事为用，而以各国近政近事辅之，以求治今日之天下所当有事。"② 学习上述内容的目的，在于甄别古今中外政治制度中有合于中国可行之于当下政治制度。文中说道："使学者知今日之制度，何者合于古，何者戾于古，何者当复古，何者当变古。古人之制度，何者视今日为善，何者视今日为不善，何者可行于今日，何者不可行于今日，西人之制度，何者可行于中国，何者不可行于中国，何者宜缓，何者宜急。"③ 梁启超眼中的自强之道，在于参合中外政治，择而用之。以何者为主何者为辅的择取上，梁启超上述论述，明显是"中体西用"，企图在中国传统政治文化上嫁接西方民主之树的花朵。不过，也可以看出，知识分子在引介西方政治制度伊始，便注意它在中国社会的适用性问题。

综合来看，如果按在政论文章中的比重以及在《时务报》所有刊载文章的比重来看，《时务报》宣传民权和议院的内容都不居于首位，求变才是《时务报》的首要表达。戊戌时期报刊传媒主要在宣传灌输求变、必须变、如何变以及变什么的问题。《时务报》多次报道波斯、印度、土耳其、俄国、朝鲜等，旨在说明不变革就遭淘汰的理念，如果不蹈它们的覆辙，则需要变革。报刊对美国、英国、日本由变革而强的宣传则是向民众传达变革的方向。尤其难能可贵的是，报刊宣传中介绍了部分西方民主政治的内容，个别知识分子还对西方民主政治的本源进行探究。严复认为民主只是自由在政治上的运用，民主是"用"，自由才是"体"，要改变

---

① 新会梁启超：《学校余论：变法通论三之馀》，《时务报》第 36 册，光绪二十三年七月二十一，第 2b 页。

② 同上书，第 3a 页。

③ 同上书，第 3b 页。

积贫积弱的状态，不在实行民主与否，而在行自由。"言自由，则不可以不明平等，平等而后有自主之权；合自主之权，于以治一群之事者，谓之民主。"① 只有有自由、平等之权，才能有民主。

戊戌时期的舆论宣传，虽然尚没有明确提出"君主立宪"的概念，但是民主的内涵已较甲午战前思想家的民主思想和报刊宣传的民主思想丰富并深刻许多。

三 立宪民主思想传播的范围与影响的阶层

戊戌前后大量报刊的出现，尤其是维新知识分子创办的政论报刊的出现，为立宪思想的广泛传播提供了一个便利的载体。由于各报分处不同的地域，又各自有不同的代派处和发行对象，因此，传播的区域较甲午之前更大，范围更广。以《时务报》为例，它在不同时期在全国各地设立的代派所数量少则几十个，到65期时甚至一度达到了101个。据《时务报》中所载它在不同时期代派所数目（见表2—3—2）。

表2—3—2 《时务报》代派处数目情况

期数	代派处数目	期数	代派处数目
第 14 期	82	第 16 期	83
第 18 期	87	第 22 期	92
第 26 期	97	第 36 期	67
第 57 期	91	第 60 期	93
第 65 期	101	第 68 期	92

资料来源：《时务报》各期。

《时务报》出版不久，"一时风靡海内"。它的发行点也从十几处增至一百多处。起初每期只销四千份左右，半年后增至七千份，一年后又增至一万三千份，最多时曾销一万七千份。该报"为中国有报以来所未有，举国趋之，如饮狂泉"。其发行地区从沿海大城市到边远中小城镇，已不

① 王栻：《严复集》第一册，中华书局1986年版，第3页、第118页。

再局限于东南沿海和北京，也不断向内地延伸。另外，《时务报》等因为有地方督抚支持和推动，其实际影响区域并不仅限于代派处所列之地区。而且，广大订户的存在，也使得报刊发行区域得以进一步拓展。以报刊为载体的思想传播，在影响地域的扩大方面，较甲午前已有不小的发展。不过，报刊传播并不是没有死角。在信局较少的地区，寄报极难，士人自然难以购阅。"士夫僻处乡隅，每以无从购阅为憾，甚至有不知《时务报》之名者。现除吉、赣、九江，外如饶、广及万载各处，均销报寥寥"①。而且，读者群主要分布于江、浙、皖、湘、鄂、川等长江流域以及直隶、广东一带，仍以分布于中国南部和东部为大体特征。

民主政治思想影响到官绅以外的学生群体。由于《时务报》倡导变法和开通风气，使一些开明的督抚和地方官员对《时务报》赞赏有加。他们以行政指令方式向各学堂、书院和地方官府推行该报。江苏学政龙宗师就曾下札府州，要求购《时务报》、《商务报》分给各书院。河南彰、卫、怀道岑观察也曾谕示河朔书院、致用精舍肄业诸生，阅《时务报》。②《时务报》等报刊流入学堂，实践了维新派要求新民的三要素即学堂、学会、报纸之间的联合。学堂和书院的学生以一种新的方式被民主启蒙，得之培育思想变革的种子。正如谭嗣同所说，"假民自新之权，以新吾民者，厥有三要"，即学堂、学会和报纸，其中以报纸收益最广，报纸能让"不得观者观，不得听者听"，可以将学堂之所教、书院之所课、学会之所陈说传给一省的人，使全省的人都能游于学堂、聚于书院、晤言于学会，甚至还可将风气传到其他的省，"而予之耳，而授之目，而通其心与力，而一切新政新学，皆可以弥纶贯午于其间而无憾矣。"③ 在矿物学堂的学生鲁迅，除了看《时务报》，"一有空闲，就照例地吃烤饼、花生米、辣椒，看《天演论》。"④ 当然，因《时务报》提供给读者的信息多种多样，士人阅读它的原因也各不相同，正如潘光哲所说："盖士人阅读它的原因，往往在于它可能有助于自己在科举这道'成功的阶梯'

---

① 《汪立元函》（五）、（七），载《汪康年师友书札》（1），上海古籍出版社1986年版，第1028页。

② 《时务报》第47册，光绪二十三年十一月十一。

③ 谭嗣同：《湘报后序》（下），《湘报》第11号，1898年3月18日。

④ 《朝花夕拾·琐记》，载《鲁迅全集》第2卷，人民文学出版社1981年版，第296页。

里奋力前行。"① 不管他们阅读《时务报》和其他报刊的主观原因是什么，有一个客观的影响是绝对存在的。即这些报刊宣传与传统儒学不同的新知识，定会对他们的思想产生一定的作用。这些经受过新思想洗礼的知识分子群体，自可为之后立宪思想的发展和高涨提供或大或小的助力。

四　戊戌时期报刊立宪思想宣传的特点

（一）立宪思想的工具性

戊戌前后的民主思想的发展，是随着甲午战后严重民族危机刺激而来的，是清末知识分子为解决民族危机而选择变法方案中的部分内容。要求开议院、兴民权是实现知识分子政治目标的唯一有效途径。因此，维新人士创办鼓吹变法思想的报刊注定不会以宣传西方政治制度的法理基础、学术渊源为目的。以西学为工具、以政治为目的，是王国维先生对庚辛以后报人主笔的批评。他说："庚辛以还，各种杂志接踵而起，其执笔者，非西式之学生，则亡命之逋臣也。此等杂志，本不知学问为何物，而但有政治上之目的。虽时有学术之议论，不但剽窃灭裂而已。"② 显然，王国维是在批评康、梁等人将学术作为实现政治目标的工具。其实，在民族危机严重的清末，几乎所有的行为都带有救亡图存的政治目的，也不限于学术。戊戌变法时期的民主思想，也是工具性的体现。无论是康有为大同书里对三种社会形态的描述及其上清帝书和他为光绪帝拟定的变法纲领，还是其弟子在报刊中的撰述，以及汪康年、严复等维新思想家的著述中，都不难发现，他们要求设立议院、兴民权的最终指归，都是解决内治的诸多弊病以求国强，从而解决面临的民族危机。与康、梁等关系密切的狄楚青在《任公先生事略》中就提到："任公于丁酉冬月将往湖南任时务学堂时，与同人等商进行之宗旨。一渐进法；二急进法；三以立宪为本；四以彻底改革，洞开民智，以种族革命为本位。当时任公极力主张第二第四两种宗旨。其时南海闻任公之将往湘也，亦来沪商教育之方针。南海沉吟数日，对于宗旨亦无异词。所以同行之教员如韩树园、叶湘南、欧榘甲皆一

---

① 潘光哲：《〈时务报〉和它的读者》（之二），《历史研究》2005 年第 5 期，第 74 页。

② 王国维：《王国维遗书》（5），上海书店出版社 1983 年版，第 95a 页。

律本此宗旨，其改定之课本，遂不无急进之语。"① 从这段材料看，当时主张变法的康有为、梁启超等人，关注的是改革本身，但是否行君主立宪，他们并不十分关注，足见时人只是将君主立宪作为实现其变法图存目标的一个工具而已。

（二）君主立宪思想的不完备性

如果仅从概念来讲，这一时期民主思想的发展尚没有完成实质性的跨越。戊戌前后宣传的依然是"君民共主"，尚没有提出"君主立宪"概念。他们虽然提倡开议院、倡民权，要达到的政治制度是君民共主，而不是君主立宪。君主立宪思想发展出现瓶颈的原因之一在于，维新人士有减小政治改革阻力的考虑，而不敢骤提此言。日本学者村尾进对《时务报》时期梁启超进行考察后，也持此论。他说，梁启超"虽意识到应实行完全的民主，但顾忌到那样会授守旧派以反动的口实，私下议论暂以君民共主的形式为目标"②。从这样的角度来看，君民共主也勉强可以认为是君主立宪的另一种表述，但是维新人士宣传的君民共主思想中，始终没有立宪或宪法的重要内容，也没有谈及议院制定法律和审核国家预算的功能，而君主权力受宪法约束、以宪制国、三权分立正是立宪政治的重要特征。

维新人士口中所谓的民权，并非指作为宪法规定的国民的个人民主权利，即公民权，而是与君权对称的民权。他们倡导实现民权，是要从集天下人之权于一人之手的君主那里，放出一部分归还于民，而不是从天赋人权和人人平等的角度论证民权存在的合理性。他们这样的认识，既受传统民本观念的左右，难以跳出从君权的角度来解释民权的传统思维定式，也是因为知识分子只是将西方政治制度作为一个可以解决民族危机的工具，而不必要去推定其背后的法理基础和思想渊源。只要是从"君—民"的这一框架来定位民权，即作为"家天下"的君主之臣民的角度来理解，"民"就很难超出被统治的被动地位。这与后来在国家主义前提下将"民"作为国家一分子之国民的宣传，存在着认识上的很大差距。

---

① 狄楚青：《任公先生事略》，载丁文江、赵丰田编《梁启超年谱长编》，上海人民出版社1983年版，第87—88页。

② ［日］村尾进：《万木森森——〈时务报〉时期的梁启超及其周围的情况》，载［日］狭间直树编《梁启超·明治日本·西方：日本京都大学人文科学研究所共同研究报告》，社会科学文献出版社2001年版，第46页。

另外，这时的知识分子吸收的民主思想的营养也很不足。梁启超1890年入京会试，归途经上海，购得上海出版的介绍世界的书籍，"读之，始知有五大洲各国。"①可见他们对西学了解有限，专门系统地研究西方政治制度，还不具备条件。因此在宣传中暴露出的认知局限，不是个人主观的原因，是君主立宪思想在中国发展的特定历史阶段的产物。

（三）康、梁立宪要求并不强烈

《时务报》中梁启超的言论和观点并不激烈，在诸多问题的论述上，其言论难及汪康年。日本学者村尾进也发现了这一点，认为他们"并没有明目张胆地开展过激烈的理论，但讥刺还是有些过度。……但就《时务报》早期的论述而言，例如当时进步的士大夫最关心的有关民权的议论，由《汪康年师友信札》可知，反而是汪康年的《论中国参用民权之益》及严复的《辟韩》使人担心会触犯时忌，危及报刊的存续。"②梁启超在这一时期的言论不激烈，与他是康有为的弟子须唯康的主张马首是瞻有很大关系，李剑农于此有相同的观点。他说梁启超是中国近代最重要的一个言论运动家，"他在戊戌以前《时务报》时代便已经出了名，一般人便以康、梁并称，但戊戌以前的梁启超，只能算作康有为的走卒，与徐勤、汪康年、麦孟华辈同在康有为的圈子里过活，他的思想议论，纯粹是康有为的思想议论。"③因此，也就可以理解梁启超虽然影响很大，但并不是因其思想的新锐。相反，康氏弟子在宣传君主立宪思想方面，对传统文化的依附过重。而且因为康有为有独立的变法体系，康氏弟子在宣传中受康有为思想的束缚较大，主要集中于康有为的思想而撰文论述。如徐勤以宣传康有为的"孔教"为己任，"大地万国，开化之民，莫不有教。若不崇教，不专崇孔子教主，不使天下大浸以孔子仁信礼让之教，信乎不能一朝居哉！"欧榘甲则主要宣传自下而上的变法。他们所论亦切中专制要害，但在介绍君主立宪政治方面，显然没有汪康年对西方政治介绍得全面

---

① 《康南海自编年谱》、梁启超《三十自述》，转引自张仲礼《近代上海城市研究》，上海人民出版社1990年版，第923页。

② ［日］村尾进：《万木森森——〈时务报〉时期的梁启超及其周围的情况》，载［日］狭间直树编《梁启超·明治日本·西方：日本京都大学人文科学研究所共同研究报告》，社会科学文献出版社2001年版，第46页。

③ 李剑农：《中国近百年政治史》，上海书店1948年版，第217页。

细致，更能鲜明表达实行西方政治的本意。汪康年已远远走在了梁启超的前面。虽然梁启超在 1900 年之后对君主立宪的思想阐述和理论介绍都比较多，而且影响也比较大，但是在《时务报》时期其在政治制度介绍方面，汪康年并不逊于梁启超。因其力主"复民权、崇公理"①，持论烈，以致国外有人误认为是康门弟子②，在汪康年文章的影响下，章太炎、陈炽、高凤谦、夏曾佑等相继著文"大声呼，哀哀长鸣"③。

在君主立宪思想的介绍方面，较之以后宣传的西方民主理论和思想的引进广度和深度，仍显不够。康有为《大同书》的内容，很少提到西方的政治制度，其设计的理想社会，仍不脱中国古代的三世说的范围。关于开议院、设国会的言论，也并不明显。

五　维新报刊宣传立宪思想的意义

甲午战败的冲击，在提高了中国人的危机感的同时，也起到了缓解此前士大夫阶层对思想言论的自我约束，这也成为甲午战争后中国产生各种思想活动的契机。严复对西方思想的介绍、康有为对儒教进行根本性的再解释等，都是从战败的冲击中诞生或传播开来的。④ 甲午战败不仅刺激了新思想的诞生和传播，也赋予了报刊"政论"以极大生命力。《时务报》、《国闻报》和《知新报》等创办的成功和在社会上引起的较大反响，成为下一轮报刊发展的典范和动力，以后各报"始敢略谈时事"⑤。此后各报开始对政府展开尖锐的批评和激进的政治宣传，有利于立宪思想的发展。

进化论不是君主立宪思想的必要内容，但严复的《天演论》的刊发，对国人的影响不小，且对于中国民主思想的发展也有意义。严复在 1895—1896 年翻译《天演论》，就透露出"民贵君轻，厚今薄古"的意思来。它表现在：首先，中国古代政治文化中社会发展的循环论，受到进化论事物由低级向高级演变的冲击，古代社会中"据乱世——升平

---

① 钱塘汪康年：《中国自强策》，《时务报》第 4 册，光绪二十二年八月初一。

② 上海图书馆编：《汪康年师友书札》，第 2824 页。

③ 梁启超：《横滨清议报叙例》，《清议报》第 1 册。

④ 佐藤慎一：《近代中国的知识分子与文明》，江苏人民出版社 2006 年版，第 72 页

⑤ 冯自由：《广东报纸与辛亥革命运动》，载中国人民大学新闻系编《中国近代报刊史参考资料》下册，1979 年，第 605 页。

世——太平世"的历史观成为中国历史上最后的表达。其次，社会进化由低级向高级阶段发展、社会向前愈发展愈益进步的规律，使中国厚古薄今的历史观和思考方式被重新检视。古代作为一个前社会阶段，未必一定适合现在社会政治变革。中国要变法要政治改革，应该从社会进化链条的高端寻找榜样，而不应该向后看将目光投向古代。这一影响在 20 世纪初以后的知识分子那里可以寻找到一定的依据。梁启超等人不再将西方的政治思想与中国传统的政治思想相比附，不再从传统政治思想中寻找变革动力，而是依靠西方政治思想着力培养适合民主制度生存的社会土壤，就是这一影响的重要体现。

立宪思想发展到实际的政治运动，在社会上产生不小的影响。虽然戊戌期间政治改革最后以失败而告终，然而，在文化上则有所成就，"失之东隅，收诸桑榆"[①]。使立宪民主经历了一次政治运动的宣传而扩大了影响。值得注意的是，戊戌变法并非宣告了立宪制对专制的失败，而是政权斗争的结果[②]。而且，从康有为历次上书的内容来看，实行君主立宪大体上是其理想。由光绪帝主导的戊戌变法，从内容来看，看不到推行君主立宪制度的痕迹。因此，戊戌变法的失败，与立宪运动的成败并没有直接的关系。[③] 但君主立宪思想经过初步发展，至庚子之役，报刊便一改此前遮遮掩掩的风格，开始系统地引介，之后迎来其发展的一个里程碑式的重要阶段。

---

① 胡道静：《戊戌政变五十年祭与中外日报》，载中国人民大学新闻系编《中国近代报刊史参考资料》上册，1979 年，第 339 页。

② 王照口述，王树枏笔录：《德宗遗事》；《陶庐老人随年录·南屋述闻·外一种》（近代史料笔记丛刊），中华书局 2007 年版，第 166 页。

③ 薛化元编：《中国近代史》，三民书局 2005 年版，第 69 页。

第 三 章

报刊传媒对立宪思潮的催生
及立宪思潮的高涨

　　戊戌后，最代表中国进步思想的康、梁等人逃亡到日本，从此，宣传政治变革的主要舆论阵地转移到了海外。康、梁等在海外创办了一系列有影响的报刊，开始了对立宪思想的鼓吹。另外，随着清政府新政的展开和预备立宪的宣布，国内报业发展有了相对宽松的政治环境，报馆的数量急剧增多。经过康、梁等主持的传媒持续宣传立宪，实行君主立宪终于成为许多人的共识，并得到国内舆论界的一致声援，又借日俄战争的契机，立宪思想终于汇成了以实现君主立宪制度为核心的立宪思潮。立宪思潮借报刊传媒的推动不断发展，终于迫使清廷考虑政治制度的变革，派遣五大臣出国考察宪政，并于次年宣布预备立宪。至此，君主立宪政治以国家意志的形式得以宣传推行，为立宪思潮的进一步发展和高涨提供了动力。

第一节　报刊的迅速发展与立宪思潮的形成

　　在此之前讨论的立宪思想宣传，严格地讲，并不是真正意义上的立宪思想。这表现在，一方面它没有明确提出"君主立宪"的概念，另一方面它也没有真正揭橥君主立宪的真正内涵。不过，随着西学的进一步输入和戊戌时期报刊宣传及政治运动带来思想文化上的解放，国人对西方立宪民主思想有了进一步的深入理解。

　　戊戌后，时局急速恶化，中国面临被瓜分的危机。优胜劣汰的进化论似乎在中国正进一步被验证，专制之国惨遭淘汰的危险警示着国人。庚子之役后，清政府开始施行新政，放宽对报界发展的控制，鼓励民间创办报刊，推动报刊发挥输入和宣传新知的作用，以提高民众智识。同时，清政府开始政治改革以期扭转中国屡屡见欺的局面。思想界和爱国志士，也重新思考中国的出路。在新的国内外形势下以及知识分子知识储备发生明显变化的情况下，他们开始提出不同于以前的变革中国的理论体系，明确提倡实行君主立宪，并将之作为报刊舆论宣传的重点，使立宪逐渐成为社会思想的主流，并借日俄战争的契机形成强大的社会思潮。之后，在国内外报刊普遍要求君主立宪的社会舆论压力下，立宪思潮进一步发展，向实现君主立宪政治的实践迈进。在一些官员和民间进步力量的推动下，1905年清政府派五大臣出国考察宪政，并于1906年7月13日宣布开始预备仿行立宪，拉开了中国政治体制变革的序幕。

不过，戊戌之变后的政治高压带来的思想和报界的低潮是很明显的。国内新生的言论机关受到了摧残，主张维新实行西方政治制度的康、梁遭到清政府悬银十万两的通缉。他们在国内无法立足，更不能开展政治活动。之后一段时期，随着康、梁等人逃往日本，寻求中国变革的激进力量转到了海外。不过，康、梁等人仍是宣传西方民主政治的核心力量。他们一方面组织统一的政治团体，一方面重建言论机关以宣传自己的政见。1899年7月20日，康有为在加拿大创立保皇会，不数年间，设总会于澳门，在美洲、南洋等设11个总部，103个支会，势力遍及170余埠，会众达十万人。[①] 与此同时，保皇会非常重视报刊宣传，成立之后，即把澳门《知新报》和横滨《清议报》"公推为总会所"，在有关章程中明确规定"两报即为本会之报"。保皇会在南洋、欧洲、美、澳等地设立的170多个分支机构，也纷纷推定或创办了自己的报刊。[②] 比较有名的宣传君主立宪思想的报刊有：日本的《清议报》、《新中国报》、《新民丛报》，旧金山的《文兴报》，纽约的《维新报》，澳洲的《东华新报》，香港的《商报》，国内的《外交报》、《岭南报》、《时报》等。这样，以康、梁保皇会为核心的报刊群创立起来，网织出世纪之交的政治思潮。在这些报刊

---

① 吴雁南、苏中立主编：《清末社会思潮》，福建人民出版社1990年版，第135页。

② 谷长岭、俞家庆编：《中国新闻事业史》，中央广播电视大学出版社1987年版，第68页。

中，横滨梁启超主持的《清议报》是戊戌之后三年间传播新知及宣传君主立宪的影响最大的报刊。在 1899—1900 年间，上海倡新说之报，不为人欢迎，且旋兴旋灭。当时日本留学界也有所谓《译书汇报》、《开智录》等的发行，颇能介绍西方政治思想，但亦不能持久。独《清议报》继续至三年余。① 足见《清议报》之于社会非它报可比的影响。下面，以《清议报》为主，分析戊戌后立宪思想宣传情况。

一　《清议报》与立宪思想的发展

（一）《清议报》作者、栏目与宣传倾向

康、梁逃亡日本后，重新建立舆论机关，他们一方面揭露戊戌之变的真相，另一方面继续宣传其政治主张，扩大社会影响。因此，于光绪二十四年十一月十一日在日本横滨创办《清议报》，冯紫珊任经理，梁启超主持，欧榘甲和麦孟华辅助之。他们三人是《清议报》文章的主要撰写者，尤其是梁启超，一个人挑起了《清议报》论说栏的几近半壁江山，对《清议报》的思想导向有主导意义。各人对《清议报》的文章贡献，以"本馆论说"栏为对象统计如下（见表 3—1—1）：

表 3—1—1　　　　《清议报》"本馆论说"栏作者文章统计

作者	篇次	作者	篇次
任公、哀时客、爱国者（梁启超）	58	记者	1
无涯生（欧榘甲）	12	内热子	1
海岛飘蓬客	1	重父	2
先忧子、伤心人、佩弦生（麦孟华）	22	思皇会	1
力山遯公、公奴隶力山（秦力山）	2	自强氏	
檀山旅谷（客?）	3	天下健者	1
远游斋主人	1	瑶斋主人	1
本馆总撰述	1	无署名	24

资料来源：《清议报》各期。

---

① 李剑农：《中国近百年政治史》，商务印书馆 1948 年版，第 218 页。

从表 3—1—1 来看，对《清议报》供稿最多者为梁启超，他在"本馆论说"栏中共撰文 58 篇次，占该栏总数的 43.9%；其次是麦孟华，撰文 22 篇，占 16.7%；之后是欧榘甲，12 篇，占 9%；秦力山 2 篇；另外还有 24 篇文章没有署名。其余众人，所署笔名无从查出，也分别有一二篇文章的贡献。在"本馆论说"的 132 篇文章中，梁启超、麦孟华和欧榘甲三人的文章达 92 篇，占 74.2%。梁启超、欧榘甲和麦孟华都是康有为的弟子，由此不难看出，康有为对《清议报》的影响。另外，梁启超单"本馆论说"栏文章就达 58 篇，如果再加上他在其他栏目编撰的内容，梁启超所撰文章的绝对数目更大，可以说梁启超的思想在某种程度上是《清议报》的灵魂。

《清议报》的主要栏目，有"本馆论说"、"政治学谭"、"政治学译书"、"支那哲学"、"来稿杂谈"、"时论汇录"、"中国近事"、"时论译录"、"译书附录"、"瀛海纵谈"、"中国近十年史论"、"政治学案"、"报界一斑"、"历史"、"人物"等。这些栏目从不同的角度体现了康、梁的宣传意图。在这些栏目中，首栏"本馆论说"无疑最能体现《清议报》的思想和立场，下面从"本报论说"栏分析《清议报》关注的议题（见表 3—1—2）。

表 3—1—2　　　　　《清议报》"本馆论说"栏内容分析表

立宪	时局	戊戌、西太后等	民气与民力	饮冰室自由书
21	20	19	18	16
变法	政事	上书	经济	其他
3	12	6	4	13

资料来源：《清议报》。

从表 3—1—2 来看，"本馆论说"的论题范围比较宽泛，但集中为政治，宣传内容最多的是立宪，有 21 篇，占 15.9%；揭露戊戌政变真相、声讨制造政变的西太后和破坏维新大业的荣禄、袁世凯以及倡导忠君保皇的文章有 19 篇，占 14.4%；时局问题是《清议报》关注的另一个重要内容。这一时期，中国正遭受着列强瓜分和八国联军对华侵略，中国正面临亡国的危险，因此，对时局的关注和呼吁的文章占了不少的篇次；之外，鼓吹民气与民力以及呼吁合群的文章，有 18 篇，占 13.6%，"饮冰室自由书" 16 篇，占 12.1%。从以上的数字可以看出《清议报》宣传的主要目的，在于阐发立宪思想，揭露慈禧、荣禄等势力对变法维新的阻力、培育民气民力等。上述内容在《清议报》上的时间分布并不一致，政变后逃到日本的康、梁等人，对导致变法失败及残杀维新志士的慈禧太后、袁世凯和荣禄等人恨之入骨，因此初创阶段的《清议报》刊发大量声讨他们的文章。随着康、梁在日本接触大量西方社会科学领域的著作，尤其是梁启超思想发生了很大变化，之后开始利用《清议报》向国内介绍西学，输入西方政治学说，并系统地阐述其君主立宪理论。在 1899 年 3 月之后，对立宪思想的宣传是《清议报》最突出的内容。

其实，《清议报》中的立宪文章，并不局限于上述 21 篇的范围，以上的划分因为内容相互之间有交叉，数据无法达到非常准确。比如，梁启超的《饮冰室自由书》中有关民权、自由和孟德斯鸠学说的介绍，归于立宪也是合适的。并且，除"本馆论说"外，其他的栏目，尤其是"政治学谭"、"政治学译书"和"政治学案"，均是宣传西方民主思想和民主制度的重要阵地。介绍政治学理论的文章有 37 篇次，"政治学谭"和"政治学译书"刊载文章 37 篇次，介绍的东西方思想家有伯伦知理、霍布士（霍布斯）、斯片挪莎（斯宾诺莎）、卢梭、有贺长雄、德国的拉坚等。宣传涉及的西方政治理论包括国家思想、宪法、契约论、进化论、三权分立等。下面，从各栏内容分析《清议报》君主立宪思想的宣传。

（二）《清议报》所宣传的立宪内容

1. 国家主义的提倡

国家理论是君主立宪思想的一个前提，也是《清议报》舆论宣传的重要内容。《清议报》"政治学谭"栏从第 11 册连载到第 35 册，将伯伦知理的《国家论》连载了 14 期。第 73、74 期刊载的《论支那人国家思想之弱点》也是宣传国家思想的重要文章。时人认为，国人缺乏国家主义思想，中国因为地理环境的因素，自古以来，只知道有君主不知有国家。长期以来误认为国家是君主一家之产业，将君主等同国家。而且，"中国人不知有国民也。数千年来通行之语，只有以国家二字并称者，未闻有以国民二字并称者。"① 对国家含义的误解在于："国家者，以国为一

---

① 哀时客：《论近世国民竞争之大势及中国之前途》，《清议报》第 30 册，光绪二十五年九月十一，第 1920 页。

家私产之称也。"① 正是由于国民"国家"思想的缺失，国民主体意识的缺位，导致了近代国家的贫弱。梁启超在《积弱溯源论》一文中指出，中国积弱的根源在于，国民不知国家与天下的差别，不知国家与朝廷之界限，不知国家与国民之关系。他强调，人民是国家的主人，官员是国家的奴仆。文中说："国也者，积民而成，国家之主人为谁？即一国之民是也。故西国恒言，谓君也，官也，国民之奴仆也。"② 梁启超笔下国家与国民、官与民的关系，体现的是一种与传统政治核心理念迥异的西方政治伦理。

至于国家的构成，它由土地、主权、人民共同组成。国家三要素，缺一不可以成国。因此，国家存在，必须确保国土不能沦丧。19 世纪末列强对中国的瓜分，国土的丧失即是国家将亡的危险信号。清末时期国人对亡国的体会因国家主义的佐证而更加深刻，基于此，报刊宣传中几乎所有的论题都关乎救亡目的。而关于国家主义的介绍和宣传，它不仅是为立宪政治培育新的政论伦理，也有以此唤起国民的国家意识从而使其担负国民责任起而救亡的初衷。

既然国家不再是"以国为一家私产之称"③ 而成为"以国为人民公产之称"④，那么，所有关涉国家的问题需要归于新的理论框架下重新加以讨论。比如国体，应选择封建专制国体还是选择文明的民主国体；在民主国体中，政权的组织形式应该采用君主立宪政体还是共和政体；在国民的关系上，应该确立什么样的伦理规范；国民与国家和政府、君主之间应该确立什么样的关系；国家的主权怎么归属，及主权者如何行使主权等等，这是在国家理论中必须要解决的问题。世纪交替时期的知识分子，已经武装了西方民族国家理论，他们抛弃了封建专制制度植根的传统政治文化，对国家政治制度的确认和选择已有了正确的标准。

---

① 哀时客：《论近世国民竞争之大势及中国之前途》，《清议报》第 30 册，光绪二十五年九月十一，第 1921 页。

② 梁启超：《积弱溯源论》，《清议报》第 77 册，光绪二十七年三月十一，第 4939 页。

③ 哀时客：《论近世国民竞争之大势及中国之前途》，《清议报》第 30 册，光绪二十五年九月十一，第 1921 页。

④ 同上。

2. 主张君主立宪

世纪之交的知识分子，对当时世界各国的政体已经有明确认识。梁启超在 1899 年 3 月的《各国宪法异同论》一文介绍不同国家的宪法时提到："苟凡属国家之大典，无论其为专制政体（旧译为君主之国）、为立宪政体（旧译为君官共主之国）、为共和政体（旧译为民主之国），似皆可称为宪法。"① 这里对三种政体，即专制政体、立宪政体、共和政体的表述，相较《时务报》时的专制之国、君民共主之国、民主之国的认识水平来讲，是个不小的发展。

思想认识是一个渐进过程，这一规律也体现在梁启超对君主立宪的认识上。在《清议报》发行至第 81 册，即 1901 年 4 月时，梁启超发表《立宪法议》一文，明确提出"君主立宪"的概念，这在君主立宪思想发展史上是一个重要的里程碑。梁启超说："世界两种国家，一曰君主之国，二曰民主之国。设制度施号令以治其土地人民，谓之政。世界之政有二种，一曰有宪法之政（立宪之政），二曰无宪法之政（专制之政）。采一定之政治以治国民，谓之政体。世界之政体有三种。一曰君主专制政体，二曰君主立宪政体，三曰民主立宪政体。"② 虽然梁启超仍将国家政体形式划分为三类，但是概念更加准确。这三类国家中，梁启超对比了各种政体的优劣，认为君主立宪制是最佳选择，梁启超还说明了为何选择君主立宪而否定君主专制和民主立宪的原因。梁启超在文中说："君主立宪者，政体之最良者也。民主立宪政体，其施政之方略，变易太太数，选举总统时，竞争太烈，于国家幸福，未尝不间有阻力。君主专制政体，朝廷之视民如草芥，而其防之如盗贼。民之畏朝廷如狱吏，而其嫉之如仇雠，故其民极苦，而其君与大臣极危。……是故君主立宪者，政体之最良者也，地球各国既行之而有效，而按之中国历古之风俗，与今日之适势，又采之而无弊者也。"③ 经过对比分析，梁启超明确提出只有君主立宪是最适合中国的政体。

梁启超提出，所谓君主立宪政体，其实质为宪法约束下的君主有限权

---

① 新会梁任译：《各国宪法异同论》，《清议报》第 12 册，光绪二十五年三月十一，第 739 页。

② 爱国者草议：《立宪法议》，《清议报》第 81 册，光绪二十七年四月廿一，第 5089 页。

③ 同上书，第 5089—5090 页。

力的政体："立宪政体，亦名为有限权之政体，专制政体亦名为无限权之政体"。① 实行君主立宪政体，可以避免专制之国治乱更替而确保国家长治久安。文中说："立宪政体者，永绝乱萌之政体也。……若立宪政体，真可谓国家亿万年有道之长矣，即如今日英美德日诸国，吾敢保其自今以往，直至天荒地老，而国中必无内乱之忧也，然则谋国者亦何惮而不采此政体乎？"② 他指出，世界发展趋势是立宪政体取代专制政体，当下之时代已处于二者嬗替的阶段："抑今日之世界，实专制立宪两政体新陈嬗代之时也，按之公理，凡两种反比例之事物相嬗代，必有争。争则旧者必败而新者必胜。故地球各国，必一切同归于立宪而后已，此理势所必至也。"③

至于由专制向君主立宪转变，其模式有四："其一，君主顺时势而立宪法者，则其君安荣，其国宁息。如普、奥、日本等国是也。其二，君主不肯立宪，民迫而自立，遂变为民主立宪者，如法国及南美洲诸国是也。其三，民思立宪，君主不许，而民间又无力革命，乃日以谋刺君相为事者，如俄罗斯是也。其四，则君民皆不知立宪之美，举国昏蒙，百政废弛，遂为他族夷而灭者，如印度安南诸国是也"。④ 告诫政府当下已为实行君主立宪之机，要求尽早实行。具体实行立宪的时间和步骤上，梁启超认为："然则中国今日遂可行立宪政体乎？曰：是不能。立宪政体者，必民智稍开而后能行之。日本维新在明治初元，而宪法实施在二十年后，此其证也。中国最速亦须十年或十五年，始可以语于此。"⑤ 其认为民智未开，骤然实行立宪，尚不具备条件。应仿照日本，十数年之后实行立宪。实行立宪之前要先行预备，须早定方针："行之在十年以后，则定之当在十年以前。……必先定吾国将来采用何种政体，然后凡百年之布置、凡百年之预备皆从此而生焉。……故采定政体，决行立宪，实维新开宗明义第一事，而不容稍缓者也"。⑥

---

① 爱国者草议：《立宪法议》，《清议报》第 81 册，光绪二十七年四月廿一，第 5090 页。
② 同上书，第 5093 页。
③ 同上书，第 5094 页。
④ 同上。
⑤ 同上书，第 5096 页。
⑥ 同上。

对于实行立宪的具体步骤，梁启超也有筹划。他根据日本实行宪政的程序，设计了中国宪政路线图：

"一　首请皇上涣降明诏，普告臣民，定中国为君主立宪之帝国，万世不替。

次二　宜派重臣三人游历欧洲各国及美国日本，考其宪法之同异得失，何者宜于中国，何者当增，何者当弃，带领通晓英法德日语言文字之随员十余人同往，其人必须有学识，不徒解方言者，并许随时向各国聘请通人以为参赞，以一年差满回国。（又此次所派考察宪法之重臣随员，宜并各种法律如行政法、民法、商法、刑法之类，皆悉心考究）

次三　所派之员既归，即当开一立法局于宫中，草定宪法，随时进呈御览。（宪政编查馆之设）

次四　各国宪法原文，及解释宪法之名著，当由立法局译出，颁布天下，使国民咸知其来由，亦得增长学识，以为献替之助。

次五　草稿既成，未即以为定本，先颁之于官报局，令全国士民皆得辩难讨论，或著书或登新闻纸，或演说，或上书与立法局，逐条析辩。如是者五年或十年，然后损益制定之。定本既颁，则以后非经全国人投票，不得擅行更改宪法。

次六　自下诏定政体之日始，以二十年为实行宪法之期。①

梁启超不仅提出中国实行君主立宪制度的构想，而且基于中国社会的现实设计了中国宪政的具体进程。之后，清政府推行的预备立宪，在时间和进程上，都没有超出梁启超设计的范围。

在实现君主立宪的手段的选择上，可以有两种方式。一种是和平的方式，一种是武力革命的方式。康、梁等立宪人士惯常宣传和平的立宪手段，以保皇实现保国的第一要义，但 1899 年 9 月的梁启超和欧榘甲撰文都提倡破坏和革命。梁启超曰："破坏主义何以可贵？曰：凡人之情，莫

①　爱国者草议：《立宪法议》，《清议报》第 81 册，光绪二十七年四月廿一，第 5097—5098 页。

不恋旧，而此恋旧之性质，实阻于进步之一大根原也。"希望"快刀斩乱麻，一拳碎黄鹤"，以"使百千万亿蠕蠕恋旧之徒，瞠目结舌，一旦尽丧其根据之地，虽欲恋而无可恋，然后驱之以上进步之途，与天下万国驰骤于大剧场"①。欧榘甲也呼吁流血革命，在《中国历代革命说略》一文中称："或谓中国无民主种子，革命后不能为共和之治者，皆大谬误。"②"革命者，是平人天之憾最良品也。西人之言曰：文明者购之以血也。又曰：将独夫民贼之血洒地球而皆红，则民安矣。通历史之学者，谓欲革千人之命者，必流百人之血；革万人之命者，必流千人之血；欲革亿人之命者，必流万人之血。古今万国之通例，不可规避之事。"③ 梁启超此言提倡破坏主义，歌颂革命。虽然《清议报》对暴力和革命的提倡仅仅是一个很短的时期，发表的文章也不多，而且之后迅速改变了态度，和平渐进手段通达君主立宪政治，仍是立宪人士的政治选择，但是，可以看出立宪人士内部存在着渐进和激进两种思想，以后的舆论宣传中，两种思想错杂出现。比如在立宪宣传中同样重要的立宪报刊《时报》，也经常怒斥政府之不足恃，并揭露政府在宪政进程中屡有阻碍行为，要求动用暴利手段以达君主立宪的政治目的，因此，革命手段并不是君主立宪和民主共和的根本分歧，政治方案的差异才应该成为区别二者的标准。

3. "立宪君主"与"君主立宪"

《清议报》在立宪思想发展过程中有很重要的地位。它反映了梁启超、麦孟华、欧榘甲等人在日本汲取了大量西方政治思想后自身思想的变化和认识水平的提高，也是中国立宪思想由朦胧的君主立宪意识发展到完整的理论体系的见证。需要注意的是，君主立宪概念的提出，也经历过"君民共主"、"立宪君主"和"君主立宪"的衍变。在《清议报》之前的政治宣传中，主张实行西方政治制度的舆论，多倾向于英国式的政体，希望在中国保留君主政治的前提下，设立议院，赋民以参议国家大事之权。时人将这种政体称为君民共主。早期维新思想家及包括康、梁在内的维新知识分子，他们要求实行的理想政治模式的概念称谓，仍在于君民共

---

① 任公：《饮冰室自由书》，《清议报》第 30 册，光绪二十五年九月十一，第 1932 页。

② 无涯生：《中国历代革命说略》，《清议报》第 31 册，光绪二十五年九月二十一，第 1988 页。

③ 同上书，第 1991 页。

主。1899 年 3 月梁启超在《清议报》发表的《各国宪法异同论》一文中，"君民共主"的称谓得以突破，他提出了"立宪君主"的概念。但"立宪君主"仍不是后来广泛使用的"君主立宪"的概念，二者非常相似，但如果将二者等同则其谬大矣。据姚敬恒先生研究，立宪君主制是近代早期资产阶级在推翻封建专制君主的统治后，为了保持新政权的稳定性和连续性，与封建贵族妥协而采用的一种资产阶级的君主制。它保留了君主制的外衣，实际上是地主、资产阶级的贵族共和制。后来君主统而不治，形成一个"被共和制包围的王位"，此即为立宪君主制。而君主立宪制，则是一些国家的君主，在资产阶级革命潮流的冲击下不得已颁布宪法，召开议会，实行自上而下的改革，而改革后的这种政体称为君主立宪政体。① 两者的概念产生的历史环境不同，君主所处被动和主动地位有别，宪法的颁布主体有异。因而，在此情况下，对不同政体的表述，在一定程度上反映作者对本国立宪道路的选择。其实质是通过革命的途径以勇猛的力量推进宪政的实行以使君主受制于宪法之下，还是寄希望于君主自上而下的改革来实行宪政。梁启超在当时提出"立宪君主"的概念，似乎可以找到一些历史依据。戊戌政变后光绪被禁，慈禧太后掌握政权。康有为发起保皇党为还政光绪皇帝制造声势，保皇党所办报刊也为此大造舆论，《清议报》投入很大力量宣传保皇，然而光绪皇帝亲政的希望是渺茫的。慈禧太后为首的中央政府既不归政于光绪又反对立宪，那么中国依靠君主推行立宪以实现君主立宪的目标看来已不可行，于是，梁启超等人要求推翻清政府，这是一个可以很容易理解的心理逻辑。梁启超等人提倡暴力破坏和革命手段的主张很快就在 1899 年《清议报》第 30 册的《饮冰室自由书》和第 31 册《中国历代革命说略》的文章中得到表达。之后，康有为对梁启超和欧榘甲进行了训示，《清议报》才又将暴力和革命手段恢复到原来的和平手段。与这一明显转变相适应的是，1901 年 4 月《清议报》刊载了梁启超著名的《立宪法议》，正式提出了"君主立宪"概念。如此来看，《立宪法议》的发表，不仅因其第一次提出君主立宪的概念而成为立宪思想发展的里程碑，而且，从"立宪君主"到"君主立宪"的转变，也表明梁启超等对立宪

---

① 姚敬恒：《立宪君主制还是君主立宪制》，《世界历史》1990 年第 2 期。

道路动摇之后的回归。

4. 君主之权力

以往谈论西方政治，涉及君主权力往往会有所顾忌，约束君主权力的主张更是小心谨慎。但是，君主权力有限论则是民主政治不可或缺的内容。在《清议报》的宣传中，因其对西方宪法了解的深入而对君主的权力范围也有了正确的认识。梁启超在《各国宪法异同论》一文中，将西方民主国家君主权力作了介绍，即君主不负责任，大臣代负责任。君主于行政和刑事上享有赦免权，而民事诉讼则与民平等；君主统帅军队，发布军令，但军令决策权归国会；颁布法律、敕令施行一切政务之权，有"召集国会及开院闭院停会延会并解散下议院等之权利。但当命解散之时，必先定期，使新举之议员，于何时再开院。盖此解散之权利，不免有拂逆舆论之虞，故定期再集，不可缺也。至共和国之大统领，则无此等之权利"① 等。对君主权力的介绍，是在三权分立的框架之下，君主权力受到多方的制约，在制度设计中有对君主权力平衡的环节。读者通过对《清议报》文本的阅读，会对立宪之国君主的权力架构有所了解。专制国君主权力过于集中的特点，也会在与前者对比中凸显出来。

5. 宪法

宪法是世纪之交政论报刊宣传内容的一个显要内容，《清议报》刊载的《立宪法议》和《各国宪法异同论》对宪法作了详细的介绍，指出了宪法是国家的根本大法，是一切法度的来源："宪法者，欧语称为孔士九嵩。其义盖谓可为国家一切法律根本之大典也。"② "宪法者，何物也？立万世不易之宪典。而一国之人，无论为君主为官吏为人们皆共守之者也。为国家一切法度之根源。此后无论出何令更何法，百变而不许离其宗者也。"③ 宪法的主要内容，"皆首言君主统治大权及皇位继袭之典例，明君之权限也。次言政府之及地方政治之职分，明官之权限也。次言议会职分

---

① 新会梁任译：《各国宪法异同论》，《清议报》第 13 册，光绪二十五年三月二十一，第811 页。

② 新会梁任译：《各国宪法异同论》，《清议报》第 12 册，光绪二十五年三月十一，第 739页。

③ 爱国者草议：《立宪法议》，《清议报》第 81 册，光绪二十七年四月廿一，第 5090 页。

及人民自由之事件，明民之权限也。"① 宪法规范了各权力实体的权力大小和范围。

6. 民权

立宪政体下的民权，是法律对民与民以及民与政府关系的规范，它与中国传统政治文化的伦理精神有根本的不同。基于对民主实质认识的深入，对民权的认识也更加明确，梁启超在《择其诸篇中之民权篇和君权篇》一文中，用卢梭的天赋人权思想来说明民权的合理性。他说"民生受于天，天赋之以能力，使之博硕丰大，以遂厥生，于是有民权焉"②，他将国民权力来源归于天赋，而否定是君主所赐。他将民权与中国三纲五常的伦理体系直面交锋，说"民权者，君不能夺之臣，父不能夺之子，兄不能夺之弟，夫不能夺之妇"③，在与传统的三纲五常伦理对比下谈民权，凸显出传统伦理体系与民权的格格不入。二者最大的不同在于，民权为天赋之权，与生俱来，人人平等，且不可剥夺。可以看出，梁启超所论的民权观念同传统政治文化中的民本观念划清了界限。民本是在君权本位的语境下君主将权利恩施于国民。但民权不同，文章指出，民权产生于国家之前，即先有民权而后有国家，并非先有国家后有民权。国家宪法律令的制定只是为了确保民权的存在和行使，而不是民权产生的根源。这样，民权从来源和保障两方面都绕过了君权和国家的干涉。这里可以看出梁启超对民权的重视，他表示但使一日不死，必倡民权之公理④。梁启超从理论的角度阐述了民权的合理性和合法性，其阐述本身不仅是对民权的肯定和宣扬，也是对支撑封建专制制度的传统伦理思想的无情肢解。他所争取的民权，大致包括国民言论著作之自由、集会结社之自由、行为之自由、居住之自由、所有权利、请愿权利及其他各重大权利。在享受权利的同时，国民也承担纳税义务、兵役义务及其他重大之义务。⑤ 因为民权的认

---

① 爱国者草议：《立宪法议》《清议报》第 81 册，光绪二十七年四月廿一，第 5090 页。

② 梁启超：《择其诸篇中之民权篇和君权篇》，《清议报》第 27 册，光绪二十五年八月十一，第 1736 页。

③ 同上书，第 1736 页。

④ 任公：《上粤督李傅相书》，《清议报》第 40 册，光绪二十六年三月初一，第 2586 页。

⑤ 新会梁任译：《各国宪法异同论》，《清议报》第 13 册，光绪二十五年三月二十一，第 812 页。

识源于对西方宪法和西方政治思想的了解上，因此，其民权的解读基本上具备当时各国规定的民权的水准。

另外，此时倡导的民权，包括落实民权的机构，如议会、内阁等，是真正的民主社会之民权。不像传统社会中有对民本的认识和主张，因没有落实和保障这些主张的政治组织或机构而最终权利被虚化。民国著名史学家杨幼炯先生很早就认识到这一点，说"民权之说，在我国古代虽有倡之者，但历来有力之政治思想大都主张在君主统治之下，实行民本主义精神，仅知'民为邦本'、'政在养民'，而一切政治当以人民施行之方法，则始终无具体之主张。我国自有史以来，只有民本思想之学说，而无民权实质之政治组织，近代我国民权之发动，实受西方民权思想运动之影响，此则无可讳言者也。"① 此时提倡的民权，是西方资本主义民主之民权，而非传统的民本思想下的民权，二者依附的文化不同，其内涵有本质的差异。

7. 议院

对议院的介绍，也表现出宣传者思想认识的深入。《清议报》所载的《各国宪法异同论》一文用很长篇幅介绍了各国议院情况。各国议院分上下两院，上议院之制，随各国之国体而异。而下议院，"无论君主国共和国，虽国体大异，其制皆如出一辙，皆由人民之公举。为人民之代表"，② 即下议院议员由民众公举而来，代表下层民众的利益。下议院议员选举之法，各国略有不同，分有限制选举和无限制选举。其限制选举，一般以年龄、财产、纳税等因素为限制。至于被选举权，也往往有以上各方面限制，符合条件才被赋予被选举权。议员有一定任期，各国任期时间长短不一。这里所谈的议院，不再是早期维新思想家所认识的议政性质的机构，而是被赋予了重要职能的权力机关。议院有对政府提交议案的议定权，有监督政府之权，有立法之权，有黜陟政府大臣之权等。梁启超通过对各国议院进行对比，认为中国实行两院制比较理想。并认为亟应设立国会（议院），"皇上乃躬欲开之（指国会）……若有全权行之，三月而成规

———————————

① 杨幼炯：《中国政治思想史》，商务印书馆 1937 年版，第 310 页。

② 新会梁任译：《各国宪法异同论》，《清议报》第 12 册，光绪二十五年三月十一，第 744 页。

模，三年而有成效，十年而中国强大矣。"① 认为中国只要设立国会，许多问题便可迎刃而解。明显对议院作用的期望值过高。

8. 政党

政党是民主政治的重要内容，政党观念通过报刊宣传逐渐进入时人的视野，与此同时，西方国家和日本的政党类别和发展史也被报刊传媒介绍给国人。《清议报》发表的关于政党内容的文章（见表 3—1—3）：

表 3—1—3　　　　　　《清议报》中关于政党的文章

期号	作者或文章来源	栏目	题目	内容
第 50 册		地球大事记	英国政党更迭	英国政党轮替情况
第 78 册		本馆论说	政党说	介绍了政党的相关知识
第 79 册	力山遯公撰	本馆论说	论非立大政党不足以救将亡之中国	要求设立政党
第 95 册	译《太阳报》	时论译录	论内阁制及政党	内阁与政党
第 98 册	译《东京日日新闻》	时论译录	明治政党小史	日本明治时期
第 100 册	译《东京日日新闻》	时论译录	明治政党小史	各政党情况

资料来源：《清议报》。

1901 年《清议报》第 98 册和第 100 册刊载的《明治政党小史》一文，介绍了日本的自由党、立宪进步党、立宪帝政党、立宪自由党、立宪政友会、宪政本党、帝国党等各政党，并对各党的领袖、宗旨、信仰等分别加以介绍，向国人传达政党从无到有的发展情况，供中国组织政党参考借鉴。除了政党发展史之外，对西方民主国家政党现状的介绍，见之于《清议报》第 50 册的《英国政党更迭》一文，披露了英国两党轮流执政的政治信息。而《论内阁制及政党》一文，则对欧洲如英、法、德、荷兰、意、奥地利等国议会中各政党的情况作了调查，对议会中政党的数目、政党名称，以及各政党在议会中所占的人数比重等也一一列举。另外，《清议报》明确表达了下述政党观念的信息：

———————————

① 《康南海在乌喊士口免士町演说》，《清议报》第 18 册，光绪二十五年五月十一，第 1128 页。

其一，政党实质及政党之目的。所谓政党，为参与和议论一国政治之人的组织，即"政党者，聚全国爱国之士，以参与一国之政，聚全国舌辩之士，以议论一国之政者也。"① 政党是以国家政治为中心之人的组合体，是民主政治活动的主体。内阁大臣由政党领袖充任，议会议员，皆政党名士，"凡设立内阁，则内阁之大臣，皆政党之魁首，召集议会，则议会之议院，皆政党之名士"。② 政党的组成，需有一定的宗旨，其方针为国家前途定决策而非一党之私利。民主国组建政党，其目的在于代表民意争取所代表民众的权利，通过政党竞争达到遏制专制，并以组建内阁掌握国家政权为最终旨归。这层意思在《明治政党小史》一文中的表述是："则政党宗旨，偏以抑有司之专制，张国民之权利，而因以设立议院，开参政之途，为其第一目的矣。既已达第一目的，则有所谓责任内阁政党内阁者，于是据政党之力，以组成内阁，此为第二目的。旷览政党今日，即为汲汲以求达此目的之时代也。"③ 指出政党的最终目的是为了掌握国家政权。

其二，政党与内阁和议会的关系。民主社会中，政党与内阁和议会关系密切。在实行内阁制的国家中，内阁与政党的关系大致分四种类型，其一，日本内阁。其内阁与民间党派无相关系。其二，德国内阁。其组织内阁，依主权者而定，内阁统民间党和政府党以制议会，以推行主权者之意向，阁员来自政党，也有根据其人物自身而被选择的阁员。党员一旦入内阁，则须脱党。其三，西班牙、意大利之内阁。内阁成员也来自各党，但无须脱党。阁员若被议会所败，则须负责任，随主权者进退之。主权者如仍有信用，则须解散议会，乃依然任为内阁。其四，英国内阁。以议会公悦之政党组织之，而主权者必须从内阁意见以施行政治。其内阁若为议会所攻，则须公众投票，而令其辞职，以让别一政党。④ 对当时世界上实行内阁制的主要民主国家进行了分类，根据他们的内阁与政党和议会的关系，可以看出，英国议会权限比德国大，而德国首相权限大于英国。

---

① 《政党说》，《清议报》第78册，光绪二十七年三月二十一，第4908页。

② 同上。

③ 译东京日日新闻：《明治政党小史》，《清议报》第98册，光绪二十七年十月十一，第6087页。

④ 《论内阁制及政党》，《清议报》第95册，光绪二十七年九月十一，第5924—5925页。

　　其三，政党的功能。19 世纪末到 20 世纪初国人对政党的关注，一方面是因为政党本身是民主政治的重要内容，另一方面也是因为认识到政党政治有监督政府等的诸多好处，实行政党政治可以解决中国面临的诸多问题。政党代表民意，可以抵抗专制暴政，可以救亡保国。"用以抵抗暴政，则暴政绝迹而不行。用以代表民情，则民情无微而弗达。故文明之国，但闻有无国之党，不闻有无党之国。"① 文明之国无暴政，文明之国皆有政党。如果实行政党政治，"使政府欲弃我疆圉，我国立一党以藩篱之；使政府欲奴我人民，我国人立一党以抗拒之；使政府欲剥我脂膏，我国人立一党以争辩之；使政府欲夷我国家，我国人立一党以保全之；使政府欲塞我聪明，我国人立一党以开通之；政府欲侵我自由，我国人立一党以颠覆之可也；政府欲败我名誉，我国人立一党以扫除之可也。"②

　　可以看出，《清议报》中对政党的认识，已经基本摆脱以前对政党和古时党争不分的认识水平，且认识到政党是民主社会的重要内容和集中体现。在《清议报》的宣传中，对民主国家的政党情况有一定的了解和介绍，政党的组织、运作以及政党与内阁、议员、议会的关系也有相当的关注并作了一定的分析。另外，对于政党和国家、国民的关系，力山遯公（秦力山）表述为："政府为党人之代表，党人为国民之精神"，政府和国民通过政党建立起关系，代表国民精神的政党以建立政府的方式，实现政府代表民意的民主理念。不仅如此，政党的存在与否还关系到国家的危亡："无党则国亡随之，无国则人亡随之。"因此强烈要求政府放宽党禁，允许民间组建政党。一方面呼吁中国亟宜立党，一方面也强调立党应注意："一宜知立党之意，为一国非为一人；二宜知一党之成，为长久非为一时，三宜知入党之人，贵抉择不贵滥权。"③ 政党不同于朋党，不是派系倾轧的工具，而是民主政治得以实现的途径，是民主政治实现权力制衡的必不可少的内容。

　　《清议报》之所以不惜笔墨宣传政党思想，这是因为，1899 年康有为组建"保救大清光绪皇帝会"，它虽然不是完整意义上的政党，但是它制

---

　　① 《政党说》，《清议报》第 78 册，光绪二十七年三月二十一，第 4908 页。

　　② 力山遯公（秦力山）：《论非立大政党不足以救将亡之中国》，《清议报》第 79 册，光绪二十七年四月初一，第 4968 页。

　　③ 《政党说》，《清议报》第 78 册，光绪二十七年三月二十一，第 4909 页。

定章程、推举总理、设立总部和支部，已带有政党萌芽的性质。《清议报》的宣传便是为保皇会的活动张声势，提供理论支持，争取更多的民众支持，创造保皇会活动的舆论和政治环境。

《清议报》时期的立宪宣传，是立宪思想发展的一个重要阶段。它第一次提出"君主立宪"的概念，第一次提出了有无宪法是两种政体根本区别的见解，并论证了君主立宪政体代替君主专制政体的历史必然性。君主立宪政体下的政治议题，如议会、宪法、民权、君主权力、政党、三权分立等都有阐述。提出了实现君主立宪政体的方法、步骤、途径和期限。可以看出，《清议报》为国人提供的不是零星的立宪思想，而是完备的成体系的立宪理论。此外，《清议报》首次揭橥"预备立宪"之命题，所规划的次第，对清末宪政运动亦带来深刻的影响。[①]

（三）《清议报》宣传特点

1. 附会古人的习气已逐渐摒除

《清议报》中的立宪理论，基本上已经摆脱中国传统政治思想的纠缠，而以西方政治制度的本来面目予以介绍，这同戊戌前的政治思想宣传借古人说话的表达方法有很大不同。梁启超面对严复对其几年前发表在《时务报》上的《古议院考》文中附会古书、以古事证西政的批评时，已认识到以往这种方法的牵强，他解释说《古议院考》是数年前的札记，因不得已而拿出来的塞责的游戏之作，自己生平最恶人以中国古事证西政，说彼之长皆我所有。附会是我国之虚骄之结习，根本没有蹈袭它的意思，但在报刊中为一般人说法，不得已而如此。[②] 可见，梁启超一方面注意报刊的宣传策略，另一方面也对以往的做法表示了否定。

2. 宣传对象的变化

康、梁维新变法走的是上层路线，从官、绅和资产阶级上层知识分子寻找支持力量。而《清议报》时期的宣传、动员的对象主要是华侨和国内的学界。其宣传对象阶层的改变和下移，一方面是因为康、梁等逃亡在外，以罪臣之身为国内官界所避讳，其发行网络无法达到官绅阶层。另一

---

① 郭汉民：《论清末两大主流思潮及其相互关系》，载郑大华、邹小站主编《西方思想在近代中国》，社会科学文献出版社 2005 年版，第 435 页。

② 《与严又陵先生书》，载《饮冰室文集》第 1 卷，中华书局 1989 年版，第 108 页。

方面也因为《清议报》在日本创办，向国内传递受阻，而向广大的日本、南洋和美洲等地的留学生和华侨宣传没有查禁的阻力，因此，这一时期立宪派的报刊宣传，很注意对华侨的鼓吹。另外，宣传对象的下移，也是梁启超等人思想认识发生变化的结果。《时务报》时期，宣传维新以实现西方政治制度的主张，主要宣传对象为官绅和士大夫。而此时深受国家学说影响的立宪人士，认识到国家由国民组成，没有人民就不成其为国家，人民同国家兴亡关系密切。欲救国，实现立宪政治，必先提高民智，鼓吹民气，合成民力。因此，《清议报》在宣传上，将救亡、保国、实现立宪的希望寄托在国民身上。

（四）《清议报》的影响

《清议报》持论，抱定"倡民权"为独一无二之宗旨，认为"今日实中国立宪之时机已到矣"，"苟有爱国心而略知西人富强所由来者，未有不以此事为第一义。"① 对君主立宪思想尽力鼓吹，正体现梁启超所谓报馆宗旨定而高、思想新而正的要求。因此《清议报》在社会上产生了很大的反响，尤其是君主立宪的宣传，于社会影响很大。台湾学者薛元化在其著作中给予了肯定："康有为、梁启超流亡海外，则更明白强调君主立宪的主张。特别是梁启超，在日本主持言论刊物，纠合同志，大力鼓吹君主立宪言论影响颇大"。②

《清议报》的立宪理论，在当时社会上起到旗帜作用，不仅是保皇会的思想和行动指南，而且也是所有主张立宪人士的思想指针。国内容闳、严复为正副会长的中国议会，内中诸人，虽大率本非康党，但他们"或因目击中国大局阽危，愤激不已，而又略知外情，进用无阶，怀才自负，在沪又习闻民权之说，遂以变本加厉之心，迫而为行险徼幸之计。检阅往来逆信，其持论宗旨无非袭康、梁唾余"③。康、梁虽在国外，其思想借诸《清议报》，对国内的知识分子起到了带动作用。

而有些革命党人加入保皇会，则有力地证明了《清议报》立宪思想

---

① 爱国者草议：《立宪法议》，《清议报》第81册，光绪二十七年四月廿一，第5095—5096页。

② 薛化元编：《中国近代史》，台北三民书局2005年版，第69—70页。

③ 《张之洞劝戒上海国会及出洋学生文》光绪二十六年八月，载杜迈之、刘泱泱、李龙如辑《自立会史料集》，岳麓书社1983年版，第169—170页。

宣传效果的实际影响。在 20 世纪初的中国，《清议报》宣传的君主立宪政治主张在社会中的影响，要远远大于民主共和，民众对君主立宪的认同程度也远远强于后者。因此，当梁启超到檀香山筹款，"捐助勤王军饷者大不乏人"，梁启超居檀半载有余，募得款项"华银十余万元，另招上海广智书局股银五万元"①。檀香山华侨不仅让梁启超盆满钵满，而且大多数兴中会会员变为保皇会会员，大批革命阵营的人士转变到立宪的阵营来。如时任《清议报》的经理冯镜如，即为横滨兴中会会长；之后主持《政论》宣传立宪的蒋智由则为革命党中的著名人物，也是这一时期转到了立宪阵营。

康、梁以逋臣戴罪之身，在日本创办《清议报》，其平均销量能达三四千份左右，② 并在国内的上海、北京等十余城市都有代售处。《清议报》的影响，从清政府对《清议报》的查禁和官方对《清议报》的紧张程度得到了反映：

张之洞光绪二十五年正月二十一日《致总署》电云："近见日本新出《清议报》，乃康党梁启超所作，大率皆谤议时政，变乱是非，捏造诬罔，信口狂吠。且载有各国瓜分中国会章程一则，种种悖逆，令人发指。意在惑乱人心，挑动强敌，必欲中国立时大乱而后已。险恶已极。洞已告日本领事，不准日本人在汉口分送此报。领事已允。一面电上海日本总领事小田力阻在沪分送。……此报流传海内外，中国人见之，人心易致摇动，各国见之必将益启欺凌，煽惑肆毒，为祸匪细。非迅速驱逐远去，必为大患。"③

光绪二十五年二月八日张之洞《致上海日本总领事小田切》电云："此报凶焰日张，务祈婉商贵政府妥筹良策，尤须先禁其枉法议论方足见中日亲好之诚。上海及中国各口岸，务望鼎立严饬贵国报馆及商人，万务代其分送此报。至祷！"④

光绪二十六年正月十五日上谕称："该逆等狼子野心，仍在沿海一带煽诱华民，并开设报馆，肆行簧鼓，种种悖逆情形，殊堪发指。……

---

① 冯自由：《檀香山兴中会》，载《革命逸史》初集，中华书局 1981 年版，第 16 页。
② 张玉法：《中国现代政治史论》，东华书局 1988 年版，第 42 页。
③ 张之洞：《张文襄公全集》第 80 卷，中国书店 1990 年版，第 16 页。
④ 同上。

该逆犯等开设报馆，发卖报章必在华界，但使购阅无人，该逆等自无所
施其伎俩。并著该督抚逐处严查，如有购阅前项报章者，一体严拿
惩办。"①

光绪二十六年二月七日《札江汉道查禁悖逆报章》云："查康、梁二
逆在南洋造为天南新报，在日本造为清议报……此二报传入中国，各报馆
中深明尊亲大义，不为所惑者固不乏人，然亦间有不明事理者，不免以讹
传讹，互相采录。甚至托名京城西友来电，而京城各国使馆并无所闻。托
名某处访事人来信，而本省并无其事。长江一带会匪素多，因之造为各种
揭帖，公然纠众谋逆，实堪发指。亟应遵旨严禁。"②

但《清议报》在清廷严令禁阅的情况下，不仅在海外发行，还靠日
本官员和日本在华洋行、侨民的协助，大量传送进国内。③ 从张之洞查禁
的电文中可以看到，《清议报》在国内的发行和分送也依赖日本在华报馆
和商人，如上海和汉口的《清议报》的发送，也由日本人负责，因此减
少了清政府和地方政府对《清议报》查禁的力度。因此，清廷虽严禁
不息，而《清议报》依然风行不止，立宪思想随《清议报》的流传而
广泛传播。

总的来看，《清议报》君主立宪宣传为海内外华人知识分子提供了立
宪的语汇和理论，也开启了国内的风气，扩大了君主立宪思想的影响，为
君主立宪思想发展成立宪思潮积蓄了力量。

二　《新民丛报》的创刊与立宪思想的发展

1901 年，经历过庚子之役后的清政府，"知内忧外患，相迫日急，
非仅涂饰耳目，所能支此危局"，④ 于是开始改革，实行新政，因戊戌
政变而带来的政治高压有所减弱，报刊发展的环境也逐渐宽松。1901—
1908 年间，创刊数为 309 种，仅 8 年期间的报刊创刊数就为前 30 年的

---

① 《德宗景皇帝实录》第 458 卷，中华书局 1987 年版，第 9—10 页。
② 张之洞：《张文襄公全集》第 103 卷，中国书店 1990 年版，第 14 页。
③ 谷长岭、俞家庆编：《中国新闻事业史》，中央广播电视大学出版社 1987 年版，第 64
页。
④ 岑春煊著：《乐斋漫笔》（近代史料笔记丛刊），中华书局 2007 年版，第 27 页。

3.5 倍①，对后世影响较大的报刊如《新民丛报》、《时报》、《大公报》、《东方杂志》等，皆在这一时期创刊，致力于鼓吹立宪思想。梁启超主持的《新民丛报》是君主立宪思想鼓吹最力者，在诸多立宪报刊的鼓吹下，立宪思想在社会上形成强大的社会思潮，并借日俄战争的契机，立宪由报刊鼓吹向政治实践推进，促使清政府于 1905 年选派五大臣出国考察宪政，1906 年宣布预备立宪。由于《新民丛报》存在的时段正好是立宪思想转变为社会思潮、立宪由思想宣传推进到政治实践的阶段，《新民丛报》在这一阶段的宣传，其影响和地位无出其右者。因此，下面以《新民丛报》为例考察本阶段立宪思想宣传情况。

（一）《新民丛报》作者、栏目与宣传倾向

《清议报》发行至一百号时，因大火烧毁报馆而停刊。之后，康、梁又筹备成立《新民丛报》，于 1902 年 2 月 8 日（光绪二十八年正月初一）发刊。因清政府已经宣布实行预备立宪，康、梁等人认为舆论鼓吹的阶段已经结束，之后进入监督政府推进宪政的阶段，《新民丛报》舆论鼓吹的历史使命暂告结束，康、梁遂以《新民丛报》上海分社失火为由将其停刊，至 1907 年共发行 96 号。

《新民丛报》的重要撰稿者，有梁启超、康有为、黄遵宪、严复、夏曾佑、杨度、蒋智由、马君武、黄与之、吴仲遥、韩文举、麦孟华、欧榘甲、狄楚青、徐勤、罗惇曧、徐佛苏、汤觉顿、熊知白、蒋方震、黄国康、梁启勋、冯邦干、章太炎、陈独秀、罗普、陈范等二十余人。按思想立场和政治派别来看，既有康门弟子，又有不属于康门的立宪人士，还有革命派人物等。其中康有为弟子梁启超著文最多，贡献最大，是《新民丛报》的灵魂。《新民丛报》设有"论说"、"学说"、"时局"、"政治"、"译述"、"史传"、"学术"、"生计"、"教育"、"小说"、"名家谈丛"、"国闻短评"、"海外汇报"、"新知识之杂货店"、"杂录"、"文艺"、"记载"、"广告"等栏目。其中"论说"集中表达本馆的政治主张，"学说"、"学术"、"政治"、"译述"栏目，主要介绍西方的政治理论和西方思想家及其学说，其他各栏目也都从不同的角度为实现《新民丛报》"以

---

① 桑兵：《清末民初传播业的民间化与社会变迁》，载华中师范大学中国近代史研究所编《辛亥革命与 20 世纪中国》，湖北人民出版社 2001 年版，第 523 页。

教育为主脑，以政治为附从"的宗旨发挥作用。

(二)《新民丛报》对立宪思想的发展

《清议报》对立宪思想发展的重要意义，在于其准确提出了"君主立宪"的概念，对君主立宪制的实质和内涵作了大量的介绍，而且提出了中国实现君主立宪的方案。《清议报》停刊后，《新民丛报》成为引领立宪思想发展的旗帜。其表现在：

1. 国家思想的变化　梁启超等人逃亡日本接触西学后才得以了解欧洲思想家的民族国家理论。以往维新思想家关注西方政治之优越，聚焦于其政治要素的安排、相互关系以及西方政治制度表现出的政治现象。由于所处的观察点较远，他们对西方政治制度之了解还浮于社会现象之表面，对此种政治现象和政治制度得以确立并屹立不倒的理论根基难以有进一步的关照。其实，康、梁所向往的近代西方的平等和民权，其学理基础追根溯源都来自国家思想。西方国家理论是不同于中国传统政治文伦的新的政治伦理，它的引入对中国的天下观念是个严重的冲击，为中国政治问题提供了一个新的解释场域。向国民传达和普及国家思想，有两个方面的意义：其一，按照国家学说的设计，中国须实行民主政治的立宪政体，专制政体断无存在的理论依据；其二，国家理论中国土与国民关系的内容，可以唤起国民的国家意识，令作为国家一分子的国民担负起国民的义务，解决中国的民族危机。因此，《新民丛报》加大对国家理论的鼓吹。《清议报》第 94 册，光绪二十七年（1901）九月初一之"本馆论说"刊载的梁启超署名"任公"的《国家思想变迁异同论》一文，在《新民丛报》光绪二十八年五月十五日第 10 号再次刊登，可以看出梁启超对国家学说的异常重视。《新民丛报》第 32 号还刊载了力人的《政治学大家伯伦知理之学说》，介绍伯伦知理的国家有机体说。第 38、39 合本号刊载中国之新民之《政治学大家伯伦知理之学说》，介绍国家有机体说、国民与民族之差别及其关系、民主政治之本相及其价值、国家主权以及国家之目的。除了撰文介绍，其他栏目也反映了《新民丛报》对国家学说的重视。在第 39 号的册首，配有国家主义的主要倡导者伯伦知理的插图。除此之外，《新民丛报》还将其他报刊上宣传国家思想的论述转载而来，利用《新民丛报》的平台扩大国家理论的影响。如光绪二十八年六月初一日第 11 期之"名家谈丛"之《政法片片录》，摘录了

《译书汇编》关于国家学说之影响、欧洲主权论之沿革、英国宪法、国家有机体说以及国际公法之由来等内容。在第 12 号的"舆论一斑"栏目，又转载了上海《新闻报》之《君权之界说》以及《尊权篇上》，该文道出了国家思想何以被视为如此重要的原因，文中说："世之有国家思想者，其国势虽极弱，其国权虽极微，他国之权虽极强盛，而必不甘他国之侵我国权。果其国权为他国所侵，虽舍身流血以争之，弗辞也。"① 即如果人人都有国家思想，则人人亦肯为国家出力，如此则中国之亡国危机可解。

伯氏之国家论是民权与民约论之基石。界定了国家，则定位了国民，定位了国民与国家的关系，国民的权利和义务才有依托。需要注意的是，梁启超推崇伯伦知理的国家论，反对之前在《清议报》时期宣扬的卢梭的民约论。这是因为，国内形势和思想界较前一时期发生了一些变化，梁启超也隐隐觉察到民约论可能带来革命的危害，于是转而倡导国家主义至上的伯伦知理的国家学说。他说："卢梭学说，于百年前政界变动最有力者也。而伯伦知理学说，则卢梭学说之反对也。二者孰切真理？曰卢氏之言，药也；伯氏之言，粟也。痼疾既深，固非恃粟之所得疗。然药能已病，亦能生病，且使药证相反，则旧病未得豁，而新病且滋生。故用药不可不慎也。"② 梁启超推崇卢梭，但认为伯伦知理之学说更合于中国，因为中国问题痼疾颇深，卢梭之学说已难以救治。即解决中国的问题要对症下药，用药错误，不仅不能解决中国问题，还会生发出许多其他的问题。此处暗含着政治党派团体应对所秉持的主义和政治理念进行反思和慎重择取。"欲乞灵于前哲，而求所以立国之道。"③ 梁启超反对卢梭之民约论，是基于目前梁氏认为中国问题不在于专制集权太甚，而在于国家无统一力，处于散漫状态，因此，需要伯伦知理的国家有机体说以改变社会的散漫状态而凝聚成一强有力之国家。

统观《新民丛报》关于国家理论的宣传，与之前《清议报》在宣传

---

① 上海新闻报，《尊权篇上》，《新民丛报》第 12 号，"舆论一斑"，光绪二十八年六月十五日，第 105 页。

② 中国之新民：《政治学大家伯伦知理之学说》，《新民丛报》第 38、39 合本号，光绪二十九年八月十四日，第 19 页。

③ 同上书，第 20 页。

上内容的侧重已略有不同。《清议报》刊载伯伦知理的国家学说，主要在于介绍伯伦知理政治思想的主要内容，尤其是国家学说和政体论，属于介绍的性质和目的。第 32 号力人之同名文章《政治学大家伯伦知理之学说》意图也不过如此，文中没有太大的发挥和针对某一问题的引申。而梁启超的《政治学大家伯伦知理之学说》一文不同，在国家论和政体论部分，并非详细和忠实地介绍作者的政治思想，而是有选择地引介和议论。尤其是政体论部分，对于伯伦知理关于政体的分类、各种政体的不同特点和优缺点都省去不提，而将笔墨施于共和政体的弊端上，意图也很明显，即梁启超意在以西方大哲的思想理论来论证民主共和不合于现实中国，而且共和理论本身以诸多弊端而不见长于立宪君主政体。故无论理论与现实，共和的政治主张都应该放弃。其实在立宪与革命论战之前的 1903 年时，立宪派已开始两线作战，一方面宣传西方政体以动员民众和瓦解清政府赖以存在的政治体系与政治文化基础，另一方面西方民主政体的立宪君主与共和民主宣传时必须分流，不能再像之前那样，把拿着民主的盾牌抵抗专制当作立宪派的唯一任务。而现在，中国对政体的选择还有革命党人的共和主张。虽都是民主，都可以对抗专制，但其二者的根本区别也足以对立宪派的政治理想构成潜在的威胁，因此，从此以后，立宪派的舆论宣传同时带有声讨专制和批驳共和两个矛头。

2. 亟求民权　"民权"不同于传统政治思想中的"民本"，它同"君权"相对应，是反对君主专政制度的有力武器，改造专制制度的理论基石。君主立宪政治，首在确保人民有参政权，立宪派为实现立宪的政治理想，将鼓吹民权作为《新民丛报》的重要目标。

《新民丛报》从卢梭天赋人权的角度论证民权的合理性。梁启超对卢梭的民约论非常推崇，他称赞卢梭"以双手为政治学界开一新天地，何其伟也，"[①] 他先后写了两篇较长的专文《卢梭学案》和《民约论巨子卢梭之学说》介绍民约论。指出，民约论，是建立在人人平等的基础上的，"民约云者，必人人自由，人人平等，苟使有君主臣庶之别，则无论由于君主之威力，由于臣民之好意，皆悖于事理者也"，并强调人的自由意

---

① 梁启超：《新英国巨人克林威尔传》，《新民丛报》第 26 号，1903 年 2 月 26 日，第 43 页。

志，是在人人自愿的基础上达成的契约才称得上真正的民约。梁启超强调要避免人民的意愿被压制，"苟有一人敢统御众人而役使之，则其民约非复真契约，不过独夫之暴行耳"。① 只有真正体现人民意愿的民约才能够最大限度地保障民权。为避免民权遭他人和君主的侵犯，梁启超认为，应制定宪法，将民权与君权的权限依法律的形式规定下来："宪法实限制权利之要典，国有宪法，而后民权之界限定，君权之界限亦定。中国欲用无弊之民权，亦必自立宪法始矣。"② 并从保障民权的角度，呼吁早日制定宪法。

3. 政体的再论述　对立宪政体的确认，往往从两个方面论证，即揭露专制制度的弊端和论证立宪政体的合理性。《新民丛报》创刊后继续揭露专制的弊端。梁启超在《新民丛报》第 21 号《论专制政体有百害于君主而无一利》一文中，列举了中国历史上导致君统衰乱灭绝的十种现象："一曰贵族专政，二曰女主擅权，三曰帝庶争位，四曰统绝拥立，五曰宗藩移国，六曰权臣篡弑，七曰军人跋扈，八曰外戚横恣，九曰金壬朘削，十曰宦寺盗柄。"他指出，以上导致灭国的现象产生的原因，在于专制政体本身，"此十种恶现象所以发生之由，莫不在专制政体，专制政体者，实数千年来破家亡国之总根原也。"③ 通过对专制亡国内容的记述，可以让君主和保守人士知晓君主专制制度貌似于己有利，实际上并非如此。名义上君主专制，实际上权力流于他人，则导致君危或被弑。让统治者明白专制制度对自身的危害，要想统治长治久安，必须改革政体。另外专制君主和圣人也是实行平等和民权的障碍，他们也是《新民丛报》批评的对象。"名家谈丛"一栏中，《扪虱谈虎录》之忧患余生生所著《排下疢》一文，抨击专制君主和专制圣人对人权及其国民思想的束缚，文中说道："专制君主者，务排抑人之权利，而操其生命；专制圣人者，务抑排人之思想，而专其灵台。君主以术愚天下，圣人以道愚天下。于是人人遂目君主如帝天，视圣人如日月。""心目中别悬一君主圣人，

---

① 梁启超：《民约论巨子卢梭之学说》，《新民丛报》第 11 号，1902 年 7 月 5 日，第 21 页
② 邵阳李振铎撰：《民权之界说》，《新民丛报》第 17 号，1902 年 9 月 1 日，第 6 页。
③ 中国之新民：《论专制政体有百害于君主而无一利》，《新民丛报》第 21 号，光绪二十八年十一月一日，第 16 页。

以为怪物，不敢求于平等，身份日失，愈流卑下，安得奋发自上者乎？"① 指出中国君主和圣人对权利与思想的专制，导致国民争取平等自由权利的主观能力的丧失。

在批判专制的同时，《新民丛报》还从学理的角度论证君主立宪制的合理性。随着对西方政治思想的进一步了解，知识分子对政体的认识也逐渐深入。政体是适应一定历史阶段的产物，按照社会进化理论，君主立宪取代君主专制是历史的必然，君主立宪发展至民主共和是社会进化的最终目标。然而，就政体本身而言，则没有优劣之分，各种政体都存在发展至恶政的可能。亚里士多德以主权所归或在一人或在寡人或在多人，将政体分为三种：一曰君主政体（Monarchy），二曰贵族政体（Aristocrcy）、三曰民主政体（Polity Or Democracy），数千年来政体者所莫能外也。② 而主权者行此主权的手段有正与不正的差异，因此三种政体，各有变相，都合为六种："其君主政之不正者，谓之霸主政体 Tyranny，其贵族政之不正者，谓之豪族政体 Origarchy，其民主政之不正者，谓之暴民政体 Othlocracy。至其正不正于何判乎？凡以公意谋国家之公益者，则无论权在一人在寡人在多人，皆谓之正。以私意谋一己之利益者，亦无论权在一人在寡人在多数，皆谓不正。"③ 这里表明，良好政体的关键之一，在于主政者是否出于公益。

梁启超主张从立宪君主制向开明专制的转变，可能根源即在于此。既然各种政体都可能有两种结果，那么选择最不好的政体形式而行其不正与选择最好之民主政体而行其不正，结果都是一样的糟糕，都是暴政的结局。而统治者手段"正"的君主专制政体要好过民主暴政。民主暴政是立宪人士极力避免的情况，梁启超说："吾以为不论及正不正则已耳，苟论及此，则惟民主为正，其余皆不足以当此名也，何也？……然则民主亦有不正者乎？曰：有。法兰西大革命时代是也。彼其时非多数为政仍少数

① 忧患余生生：《排下疢》，《扪虱谈虎录》，《新民丛报》第 7 号，光绪二十八年四月一日，"名家谈丛"，第 83—84 页。

② 中国之新民：《亚里士多德之政治学说》，《新民丛报》第 20 号，"学说"，光绪二十八年十月十五日，第 22 页。

③ 同上书，第 23 页。

为政也，托民主之名而无其实者也。"① 即法国大革命就是大多数人的专制，有民主之名而无民主之实。这不是立宪人士的政治目标。以上之论述，可以看作梁启超主张开明君主专制而反对民主共和的理论思想来源。

4. 新民——立宪之基　梁启超说"新民为今日中国急务"，丝毫不掩饰其改造国民要求之急切。梁启超撰写鸿文《新民说》，从 1902 年创刊号开始在《新民丛报》上登载，直到 1906 年 1 月 6 日第 72 号止，历时五年，凡二十章，即叙论、论新民为今日中国第一急务、释新民之意就优胜劣败之理以证新民之结果而论及取法之所宜、论公理、论国家思想、论进取冒险、论权利思想、论自由、论自治、论进步、论自尊、论合群、论生利分利、论毅力、论义务思想、论尚武、论私德、论民气、论政治能力。从各个方面论证梁启超眼中的"新民"应具备的能力。通过"焯厉其所本有"和"采补其所本无"而铸就新国民。《新民说》在当时影响很大，被称为"第三等级的人权宣言书"②，后又出单行本多次发行。

梁启超提出了以"国民"观念改造"臣民"思想的主张。他说："有国家思想、能自布政治者，谓之国民。天下未有无国民而可以成国者也"，③ 他批评中国人"知有天下而不知有国家，知有一己而不知有国家"，提出要树立"对于一身而知有国家，对于朝廷而知有国家，对于外族而知有国家，对于世界而知有国家"的国家思想。为帮助国民树立正确的国家思想，梁启超要求区分"爱国"与"爱朝廷"、"忠国"与"忠君"的差别。他说："国家如一公司，朝廷则公司之事务所"，其性质大小轻重均不相同，"朝廷由正式而成立者，则朝廷为国家之代表，爱朝廷即爱国家也。朝廷不以正式而成立者，则朝廷为国家之蠹贼"。④ 针对中国人在几千年毫无自由和民权的专制统治下养成的奴隶性，他呼吁国民追求自由、谋求权利并提出追求自由，破除奴性，首先从破除心中的奴隶做

① 中国之新民：《亚里士多德之政治学说》，《新民丛报》第 20 号，"学说"，光绪二十八年十月十五日，第 27 页。

② 何幹之：《近代中国启蒙运动史》，生活书店 1938 年版，第 60 页。

③ 梁启超：《新民说·国家思想》，《新民丛报》第 4 号，1902 年 3 月 24 日，第 1 页。

④ 同上书，第 3 页。

起，鼓励国民要自尊自爱、自治自立。要成为享有主权的立宪国民，还要树立权利观念，"国家譬犹树也，权利思想譬犹根也"，① 人人都要以追求权利作为第一要义。权利的保障在法律，因此有权利思想的人，要以争立法权作为首要目标，"中国欲用无弊之民权，亦必自立宪法始矣。"② 梁启超还从"不自治则治于人"的思想出发，力主国民自治。他认为国民自治力的大小强弱，是人民能否享有民权、能否自由平等、能否制定宪法设立议会的关键。国民培养自治力，第一要"求一身之自治"，做到制之有节、行之有恒，第二要"求一群之自治"，"国有宪法，国民之自治也；州郡乡市有议会，地方自治也。凡善者之政体，未有不从自治来也"。③由个人之自治到群体自治再到国家自治，可以看出个人自治是国家自治之基，而国民欲达自治目标，首要的任务是要养成国民资格，而国民资格的培育，需要从"新民"开始。抽丝剥茧后可以看出梁启超表达和践行的理念是，"新民"工作真乃实现立宪之前提和基础。

　　5. 实行地方自治　地方自治是康、梁君主立宪理论制度安排中的重要组成部分。《清议报》时期对此已有关注，不过论述较少。《新民丛报》则发表了一系列的文章来阐述这一问题，如第 6 号刊载明夷的《公民自治篇》、第 9 号梁启超的《新民说·论自治》、第 32 号发表渊生的《论地方自治之定义》等，都是宣传地方自治的内容。

　　这些文章认为实行地方自治是宪政的基础，文中说："立宪政治之妙用，在人人有参与政治之智识，而地方自治者，即所以养成人民之政治上智识者也。宪政为自治发达之结果，自治为宪政成立之原因，世界若无自治制度，即世界无宪政发生之余地也"。④ 没有先行地方自治对人民自治能力的历练，宪政实现则无所依托。文中说："地方自治者，实宪政唯一之阶梯，不能实行自治，即不能实行宪政也。"⑤ 立宪人士对地方自治的认识，多是在对西方国家和日本宪政历史了解的基础上产生的。欧洲国家本来就有地方自治基础和习惯，而日本在实行君主立宪前也努力推行

---

①　梁启超：《新民说·论权利思想》，《新民丛报》第 6 号，1902 年 4 月 22 日，第 14 页。
②　李振铎撰：《民权之界说》，《新民丛报》第 17 号，光绪二十八年九月一日，第 6 页。
③　梁启超：《新民说·论自治》，《新民丛报》第 9 号，1902 年 6 月 6 日，第 6 页。
④　渊生：《论地方自治之定义》，《新民丛报》第 92 号，1906 年 11 月 30 日，第 71 页。
⑤　同上书，第 72 页。

地方自治以使国民养成自治之能力。如日本明治年四月，废除藩制，以郡盯村为区域，即开始注重地方自治；明治十一年太政官颁布第二七号郡区盯村编成法，明治十三年四月颁布区盯村会法之后，地方制度日趋完美，明治二十一年四月采德意志地方制度，颁布市盯村制，这样地方自治制度得到进一步巩固，在此基础上，明治二十二年二月，才发布宪法。逐步发展完善的地方自治制度，为日本宪政的建立奠定了良好的基础。

基于日本为模本，在中国立宪之机已现之时，立宪人士认为，中国亟宜实行地方自治。康有为要求，"今之计，宜先开各省府县乡议院，举行地方自治，令国民人人得出其力，以之理财举事乃始有基。"① 主张因乡邑之旧俗，而采英德法日之制，根据不同情况，可设立不同的自治单位，在法律的范围内行使自治权："国有宪法，国民之自治也，州郡乡市有议会，地方之自治也。……一人之自治其身，数人或十数人之自治其家，数百人或数千人自治其乡其市，数万乃至为数十万百万数千万数万万人之自治其国，虽其自治之范围广狭不同，其精神则一也。一者也，一于法律而已。"② 谈及地方自治，为避免清政府和国人滋生不必要的担心，梁启超声明他所讲的地方自治是法律和中央控制下的地方自治，不必有导致武装割据的担忧。文中称地方自治，"纯系生活于中央支配权之下，其所执行之事务，所享有之权利，所保障之法规，皆随时为中央之意志所左右，自身固毫无特殊之权力也"。③ 此番言论，既是对地方自治与中央权力二者之间关系的界定，也是对地方自治与武装割据二者区别的说明。

立宪人士将地方自治作为实行宪政的预备阶段，希望民众能在自治过程中得到锻炼，民智因推行地方自治得到提高，以此奠定立宪之基。明夷在《公民自治篇》中说："今中国民智未开，虽未能遽立国会，而各省府州县乡村之议会，则不可不立矣"④。地方自治举办得好坏，直接影响到立宪进程。假如各级地方自治能够有效推行，像梁启超所说："十人能

---

① 《康有为致某君》，1905 年 4 月 12 日（光绪三十一年三月八日），[美] 谭精意：《有关保皇会十件手稿》，载《近代史资料》（总 80 号），1992 年。

② 梁启超：《新民说·论自治》，《新民丛报》第 9 号，1902 年 6 月 6 日，第 6 页。

③ 渊生：《论地方自治之定义》，《新民丛报》第 92 号，1906 年 11 月 30 日，第 74 页。

④ 明夷：《公民自治篇》，《新民丛报》第 7 号，1902 年 5 月 8 日，第 32 页。

自治，则此十人者在其乡市为一最固结之团体，而可以尊于一乡市；百人能自治，则此百人者在其省郡为一最固结之团体，而可以尊于一省郡；千万人能自治，则此千人万人者在其国中为一最固结之团体，而可以尊于一国；数十百千万人能自治，则此数十百千万人者在世界中为一最固结之团体，而可以尊于全世界。"① 如此则何愁宪政不行，何愁国家不立！

　　不过，他们对地方自治的认识也有种种不足，将地方自治混淆等同于中国古代亭乡之治。明夷在《公民自治篇》中说：地方自治"非今各国之新制也，我三代汉晋六朝实行之"，②"汉代十里为亭设亭长，十亭为乡有三老，他们掌管教化、讼狱、盗贼之事即为地方自治代表"，甚至直接表述为："地方自治，即古者之封建也。"③ 很明显，作者将民主社会的地方自治和封建社会地方官担负的社会职能相混淆，没有认识到二者的根本区别在于权力的来源，前者来自于公意，后者来源于君主的恩准。文中"其以立公民之事，望诸政府，又以立公民为筹款法门"④ 的思想则是地方自治精神的完全丧失。意识到这种认识的缺失，该报记者加了按语道："记者以为公民者，自立者也，非立于人也。苟立于人，必非真公民。……至公民之负担国税，则权利义务之关系，固当如是，非捐得此名以为荣也。若以是为劝民之一术，则自由权之必不能固明矣。"⑤ 公民自治的实质不是服从官绅的领导，而是在法律范围内每个公民对地方事务的共同参与，其参与本身，既是争取自身的权利，又是尽公民的义务，无论行使权利还是履行义务，都是地方自治的政治生活中应有的内容。

　　6. 政党思想　《新民丛报》存在的时间，大部分处在预备立宪宣布之前。在立宪尚未见诸实行的阶段，该报已经在为将来实行君主立宪作政党方面的准备。光绪二十九年第 25 号、第 27 号和第 40、41 号合刊，间断刊载罗普的《政党论》，光绪三十二年五月十五日刊载仲遥的《俄罗斯之政党》、第 83 号饮冰的《日本预备立宪时代之人民》、第 84 号仲遥的

---

① 梁启超：《新民说·论自尊》，《新民丛报》第 14 号，1902 年 8 月 18 日，第 1 页。
② 明夷：《公民自治篇》，《新民丛报》第 6 号，1902 年 4 月 22 日，第 21 页。
③ 明夷：《公民自治篇》，《新民丛报》第 7 号，1902 年 5 月 8 日，第 29 页。
④ 明夷：《公民自治篇》，《新民丛报》第 5 号，1902 年 4 月 8 日，第 37 页。
⑤ 同上。

《英国政党最近之政况》、第 87 号与之的《日本之政党观》、第 92 号与之的《论中国现在之党派及将来之政党》等便是对政党思想的有力鼓吹。为什么在还没有实现立宪政体、还在专制政体下宣传政党思想，有人认为"居今日之中国而言政党，无乃太早计。政党者，立宪政治之产物，而与专制政治不能相容者也。专制政体未扑灭，而哓哓然举此相去数级之文明事业以聒之，是何异于贫子说金，向跛者而语竞走也？"① 对此，作者解释说，"不然。政党者，人民政治思想之表记也。人民惟久于专制政体之下，故政治思想销沈，亦惟人民之政治思想销沈，然后专制政体得以久恣，天下事固有互相为因互相为果者，欲救今日之中国，一宜使人民自知政治上之权利；二宜使人民自负政治上之责任；三宜使人民自求政治上之智识；四宜使人民自养政治上之能力；五宜使人民自为政治上之团结；六宜使人民自当政治上之竞争。"文章认为，上述国民应当具备的各方面能力正是政党中对党员的要求。政党能力具备之国民，定然为合格之公民。那么，有了政党，专制便无可逃遁，免不了覆灭的命运："夫然后以之与专制政体相遇，其如以千钧之弩溃痈也，而不然者，数千年之剧贼，遇此者死，当之者坏矣，尚何去之之可云？"② 作者虽然也认同当下尚不具备成立政党和政党活动的环境，但他依然谈论政党的议题，其目的在于，倡导大家树立政党意识，使之具有政党思想："今日中国，未能有政党之实力，不可无政党之思想。"③ 至于政党实力、政党思想与立宪政治的关系，罗普认为，"政党实力者，立宪政治之果也，而政党思想者，立宪政治之因也。"④ 立宪政治下政党才有地位和影响，政党之实力与社会影响是立宪政治的产物，实现了立宪政治，政党实力相应增强。而政党思想是破除专制而实现立宪政治的前提。由此可见，政党与立宪政治是相辅相成的关系，在立宪未成之际宣传政党思想，目的就是为了促使立宪的早日实现。

　　基于这样的认识，《新民丛报》对政党的定义、起源和组织等关于政党的常识作了详细介绍。对其他国家的政党活动、政党组织、政党派系一

① 罗普：《政党论》，《新民丛报》第 25 号，"政治"，光绪二十九年正月十四日，第 25 页。

② 同上书，第 25—26 页。

③ 同上书，第 26 页。

④ 同上。

一加以介绍，并就立宪国家预备立宪时期政党的情况也予以关注，尤其是对中国当时两大政治派别——立宪党和革命党的地位、政府对二者的态度以及二者自身的定位等作一比较，指出二党发展的前途。通过这些政党知识及中外政党发展情况的宣传，《新民丛报》向国民灌输了现代政党的理论知识，对国民政党知识的增加、政党意识的增强和宪政力量的发展起着理论鼓吹和现实指导的作用。

（三）《新民丛报》立宪思想宣传特点

1. 西方思想文化占较大比重

《新民丛报》不同于同时代报刊的一个鲜明特点，是其刊载的各栏目文章都以介绍西学为重点，西方思想文化在《新民丛报》的宣传中占较大比重。以1902年为例，《新民丛报》发表文章共340多篇，其中涉及西方资产阶级意识形态方面的文字，计180多篇，占53%以上；本年共出版24期，其中首篇和次篇的内容属于介绍西方文化思想的，占23期；另外，本年刊登了80幅卷首插图，其中属于介绍西方国家景物和人物内容的有75篇。① 由此可以看出《新民丛报》对西方思想文化介绍的重视。

下面，我们再从1902年《新民丛报》的译书广告分析其宣传侧重点见图3—1—1。

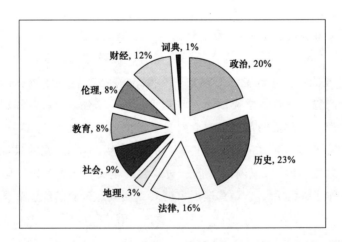

图3—1—1   《新民丛报》1902年译书广告分类所占比重

---

①   方汉奇：《中国新闻事业通史》一卷，中国人民大学出版社1992年版，第653页。

从上图显示的数字来看，图书广告以介绍西方社会政治学说的著述居多，政治类、历史类和法律类图书广告占总广告数的59%，将近五分之三，是20世纪初期中国社会救亡图存的时代主题在图书出版领域的显现，① 也是《新民丛报》以社会政治变革为宣传目标的又一个体现。

另外，从对"上海广智书局已印书目"广告的分析，可以更加清楚《新民丛报》宣传的核心意图（见表3—1—4）。

表3—1—4　　　　　"上海广智书局出版图书广告"分析

总数目	宪政理论	宪政史	政治形势	中国史	地图	教育	财经	其他
50	16	4	4	2	9	4	4	9

资料来源：《新民丛报》，光绪二十八年四月十五日。

该广告所列的50本书目，宪政类有20本，占五分之二；而其他非宪政类的书籍，虽然与宪政没有直接的关系，但其内容也是推行宪政必不可缺的环节。如果将这类书籍包括进来，宪政书籍所占的比例将提高到80%以上。由此可以看出，尽管《新民丛报》译介了大量西方著作，刊载了各种议题的文章，实际上，立宪宣传才是《新民丛报》宣传的核心目的。

广告中已刊书籍40种，待刊的10种。待刊的10本书，除《泰西史教科书》和《伦理教科书》为教科书，《历史哲学》和《万国商务志》与宪政没有直接关系外，其他都是关于西方的宪政著作，有《国宪泛论》、《英国宪法史》、《英国宪法志》、《群学》、《英国职官志》、《万国选举制》等。其他如非宪政类的书籍，也与宪政有密切的联系，从不同的方面配合立宪思想的宣传。

2. 注重立宪的学理论证和思想渊源介绍

《新民丛报》是立宪人士引介西学的重要阵地，是阐述立宪理论的重要舆论平台。梁启超在《政治学大家伯伦知理之学说》中曾讲述他大力介绍西方政治学说的原因时说："日日而言政治学，人人而言政治学，则

① 刘兰肖、刘宇新：《广告中彰显的世变——1902年〈新民丛报〉图书广告分析》，《出版发行研究》2008年第6期，第76页。图3—1—1参考本文，略有变动。

国其遂有救乎？曰嘻仅矣！言而不能行，犹无价值之言也。虽然，理想者事实之母，而言论又理想之所表著者也，则取前哲学说之密切于真理而适应于时事者，一一介绍之，亦安得已。"①《新民丛报》等介绍西方哲学、政治学等理论思想学说的意图和作用，一方面，在于立宪党人以此为救国之有效途径，是合于中国现实和社会趋势的正确的理论指导，另一方面在于正确的理论和有价值的思想学说会对社会的变革起到巨大作用。要将这些理论即立宪党人的政治目标转化为现实，则要通过言论宣传表达出来，舆论宣传则尤其重要。所以，《新民丛报》不厌其烦地将影响西方社会的政治、哲学、社会学等学说和思想家向社会作宣传。

在《新民丛报》第1号《论学术势力左右世界》一文中，就介绍了17个对西方社会发展影响甚巨的思想家、社会学家和自然科学家。他们是哥白尼、培根、笛卡尔、孟德斯鸠、卢梭、富兰克令、瓦特、亚丹斯密、伯伦知理、达尔文、康德、边沁、黑拔、仙士门、喀谟德、约翰弥勒、斯宾塞等，文章还将他们的主要贡献和思想学说分别作一介绍。有关介绍西方学术和著名政治家、思想家的生平和学说的文章，有《法理学大家孟德斯鸠之学说》、《国家思想变迁异同论》、《民约论巨子卢梭之学说》、《乐利主义泰斗边沁之学说》、《亚里斯多德之政治学说》、《欧美各国立宪史论》、《天演学初祖达尔文之学说及其略传》（第3号），《近世第一女杰罗兰夫人传》（第17、18号）、《进化论革命者颉德之学说》（第18号），《新英国巨人克林威尔传》（第25、26、54、46号），《近世第一大哲康德之学说》（第25、26、28、46、47、48号）、《政治学大家伯伦知理之学说》（第32、38、39号）等，这些西方社科领域巨擘的思想及学说对当时以至当今仍有着深远的影响。另外还有第27号的《黑格尔学说》，第28、29号的《近世欧人之三大主义》，第29、30、35号的《弥勒约翰之学说·说自由》，第31号的《圣西门之生活及其学说》，第38、39号的《大哲斯宾塞传》，第42、42号的《洛克之主权论》，《笛卡尔之怀疑说》，第90号的《穆勒约翰议院政治论》等；除此之外，在一些其他栏目的其他议题中，也有对西方政治学说介绍的内容。从这些文章来

---

① 中国之新民：《政治学大家伯伦知理之学说》，《新民丛报》第38、39号合本，光绪二十九年八月十四日，第19页。

看，此时立宪的思想宣传，不再简单地说明立宪政治取代专制的必然性和立宪的大体内容，而是注意介绍产生立宪政体的西方社会环境和思想学术渊源，从学理上介绍西方立宪思想，将立宪思想作为一个完整的理论体系，呈现给读者。

（四）《新民丛报》的发行传播和读者接受情况

《新民丛报》在日本设有总发行机关，另外在上海四马路老巡捕房对面设有支店，负责《新民丛报》在国内的发行工作。在发行系统中，除了依赖大清邮政系统之外，日邮在《新民丛报》的发行中起着重要的作用。在每期"报资及邮费价目表"中有"上海转寄内地邮费"的介绍，说明了该报依赖日邮这一事实。因为康、梁属于朝廷钦犯，《新民丛报》也在清政府的查禁之列，所以借助日邮的便利极大地削减了清政府对《新民丛报》查禁的影响。因此，尽管清政府查禁该报的命令不断，《新民丛报》不仅在国内的上海、南京、杭州、成都、汉口、长沙、北京等30 个城市设立分销处，仍受到读者热烈欢迎，创刊号曾印至四次，以后各期也"皆须补印"，最高发行量达一万四千份，其平均销量也达到一万份以上。

《新民丛报》的宣传对象，主要针对士绅和知识分子。梁启超看到，"泰西革命之主动，大率在中等社会，盖上等社会则其所革者，而下等社会又无革之思想无革之能力"。① 他寄托希望的中层社会群体，基本上是有一定的知识储备，对《新民丛报》政治思想能够理解之人。下面从读者向《新民丛报》反馈的问题，分析民众对该报宣传思想的对接情况。

《新民丛报》专门设有与读者互动之"问答"栏，辟此栏目是为解答读者对涉及政治学、时政等相关概念和问题的疑问。在该刊中有不下 12期刊载有"问答"内容，提问者有"东京爱读生"、"南洋公学邵闻泰"、"无锡人士"和"荆州驻防正黄旗黄中兴"，另有多篇并没有注明提问者名字。单从名字来看，从中识别出的信息其实相当有限。前两个名字可以看出其身份为留日学生或学校中人，最后者为旗人。除了地域有明确标示外，更具体的信息再难以捕获，其身份也就难以准确核定。即使这四个名字，笔者也无从考证其真伪或是否存在。因为在张之洞所上查禁康、梁报

---

① 梁启超：《中国历史上革命之研究》，《新民丛报》第 46、47、48 期合订本，第 117 页。

刊的奏折中，多次提到报刊中存在假托人言的情况。当然，笔者也不能排除有喜欢该报的读者与报馆沟通和互动的可能。那么，文中所提问和解答的问题，在这种情况下，笔者认为它体现了该报传播的效果与本报受众关注的焦点领域（见表3—1—5）。

表3—1—5　　　《新民丛报》"问答"栏读者提问分析表

期号	提问者	提问内容
3		政术、理财学的翻译；报刊分类等
6	东京爱读生	金融一词在日本的翻译等
6	东京爱读生	民权与人权的异同
7		"人"和"民"的区别；"要素"的含义
8		Political economy 概念、渊源的解答
9	南洋公学邵闻泰	达尔文、约翰弥勒、赫胥黎、斯宾塞等所著书在日的译本等
9		欧洲中世纪教会对于教育的控制
11		"社会"一词的认识等
11		日本的维新先导；王学与禅宗等
11	无锡人士	Political economy 的翻译
15		中日地理面积；学东文的简便之法等
21		斯巴达人风俗；购买日本书籍；佛教救国
22		边沁出书；日本专制制度的历史；仁学仿西文所作的问题；克伦威尔的转变
25		法国民权现状问题；南洋公学善后事宜
26	荆州驻防正黄旗黄中兴	就日本教科书事件问讯日本的民权自由
26		"玛杰"一词的解释；美独立檄文的出处及购买渠道；英国政治家格兰斯顿的文章；哥伦布的事情
28		希腊教与新旧教的区别；回教

唐海江著：《清末政论报刊与民众动员》，清华大学出版社2007年版，第300页。

上表显示，读者反馈的问题，主要集中在政治方面，尤其是关于民主方面。其中涉及的概念问题有政术、理财学、金融、Political economy、人权、民权、人民、要素、社会、玛杰等的翻译和概念涵义，希望了解的思想家和政治家有达尔文、约翰弥勒、赫胥黎、斯宾塞、边沁、卢梭、达尔文、克伦威尔、格兰斯顿、日本维新三杰以及航海家哥伦布等。关注法国和日本的民权现状，想要了解日本的专制制度历史和维新先导，对宗教的问题给予了一定的关注，希望了解宗教与社会及国家兴亡的关系。如此看来，《新民丛报》的读者所关注的问题，体现了该报宣传西方政治制度以变革中国的政治制度、引介西方思想家的学说以启发民众的民主意识、输入西学以提高民众智识的宣传意图。由此可以看出，《新民丛报》的宣传实现了传播者主观传播意图与受传者思想的对接。

《新民丛报》有效地向国民灌输了民主政治理念和政治意识。被报刊宣传的民权和国家思想鼓动起来的学生，在拒俄运动时的行为令湖南巡抚赵尔巽非常不解，他质问学生说："彼知'忠君爱国'之本，何以我们学生动将上二字抛去，专讲爱国？甚至有排政府、排满之谈？"① 岂不知，《新民丛报》早就向民众灌输了君主与政府和国家的区别，即君主不等于国家，当然爱国家亦不必一定爱君主。学生表现出爱国但不爱君主的行为，《新民丛报》之政治理论动员功不可没。

不过，一旦购阅《新民丛报》，作为官员的赵尔巽，择取该报之内容，居然是一大串《新民丛报》介绍的西方著名思想家，他还能就自由、民权为题向学生宣讲。其幕友记述曰："一日，（赵而巽）命驾至高等学堂，演说民权自由之理，诸生有驳之者，越宿颁手书一道，洋洋数千言，其中引用华盛顿、拿破仑、卢梭、孟德师鸠、达尔文、斯宾塞尔、赫胥黎、玛志尼、克林威尔、林肯、加富尔、西乡隆盛等人名，填塞满纸。后其幕友告人曰，这位东家真是聪明，他买了二十六本新民丛报，看了半个月，就记得住许多疙里疙瘩的人名，我们可真赶他不上。"② 赵尔巽对民权议题发表政论，在一定程度上反映出他对《新民丛报》宣传民主政治内容的关注。

（五）《新民丛报》的再刊与结集

《新民丛报》以其鲜明的君主立宪宣传和梁启超惑人的文风，创刊后便风行海内外。每期初版均不能满足读者的需求，因此，各期都多次再版

---

① 张篁溪：《沈祖燕、赵尔巽属心中所述清末湘籍留东学生的革命活动》，《湖南历史资料》1959 年第 1 期。

② （清）李伯元：《南亭笔记》第 14 卷，上海古籍出版社 1919 年版，1983 年影印，第 1 页。

和翻印。每期翻印的详细情况没有数据可查，再版情况《新民丛报》馆有详细记录，据1902年11月14日（光绪二十八年十月十五日）创刊的《新小说》，后面所附"广告"，记录《新民丛报》二十号以前的版次情况：

九版《新民丛报》第一号

七版《新民丛报》第二号至第六号

六版《新民丛报》第七号至第十号

三版《新民丛报》第十一号至十三号

再版《新民丛报》第十四号至第十八号

初版《新民丛报》第十九号至第二十号

以上各期的版次数也不是《新民丛报》的最终数据。因为《新小说》创刊时，《新民丛报》正出到第二十号，所以只载到第二十号，以后增加的印次，便不在此中所计。

另外，梁启超发表在《清议报》和《新民丛报》的许多文章都曾结集出版。如梁启超1896—1902年在《时务报》、《清议报》、《新民丛报》头几个月的论著，1902年何擎一（天柱）采用编年体辑录成《饮冰室文集》，并于次年由广智书局出版。报刊的再版和报刊文章的结集出版，无疑扩大了报刊的影响范围，使报刊承载的政治主张得以成指数级传播，对立宪思想的深入发展有不可忽视的意义。

三　《新民丛报》等报刊的鼓吹与立宪思潮的形成

（一）立宪——报刊普遍的政治诉求

《清议报》和《新民丛报》是立宪思想的有力鼓吹者，其他各报也以宣传实行君主立宪为目标。

因亟求立宪政治而揭露专制导致亡国的宣传，屡屡见诸各报端。如《东方杂志》批判专制制度曰："中国素以专制政体闻名于世界，而其流极，乃至使通国无一人有权者，其故何也？盖专制之术，惟欲夺众人之权，以成一人之权。众人既已放弃其权，故不与治乱。兴亡之数，至于一人，亦不能以其权行于国家，而于是国家遂不可为矣。"中国专制集权造成人人无权，故国无以所托，导致国家衰亡败乱。《中外日报》文字所指更直接："专制不与蒙蔽期而蒙蔽至，蒙蔽不与腐败期而腐败至，腐败不与覆亡欺而覆亡至。是则蒙蔽者，固专制之效果，而覆亡之原因也。"①

专制导致亡国，为改变中国见欺之局面，则亟应废专制而行立宪政治。《大公报》1903 年发表光绪帝生日祝词："恭贺大清国大皇帝万寿圣节：一人有庆，万寿无疆；宪法早立，国祚绵长。"② 表达出要求实行立宪政治的强烈诉求，希望光绪帝归政后，能够推行君主立宪政治，延绵国体。英敛之还在 1903 年发表《论立宪之要素》，呼吁实行立宪政治："世界无开通而不成立之国，世界亦即无不开通而可成立之国。无他，开通不开通之征，一视诸宪法成立不成立，而即以觇国家之成立不成立也。宪法不立，则虽其国强盛，终滋危殆之忧，如今日之俄土是；宪法苟立，虽其国狭小，已固雄富之基，如今日之德日是。若是者，知宪法之与国家诚不可一日或离者。"③ 英敛之认为，宪法有无与国家强弱有直接关联。有宪法之国，国家虽小亦可强盛；无宪法之国，其国虽大亦可致危亡。基于上述观点，该报提出中国立宪的设想："中国不立宪则已，如立宪，必宜取立宪君主国之宪法，参观而仿效之"。④ 《时报》登载的《立宪平议》一文中也表达了立宪的必要性和民间要求立宪与政府的角力，声称："不立宪无以定国是，而一切变法之事，皆无所附丽"，至于中国应行之宪法蓝本和宪政之路，作者指出，当"效法日本之成案"。⑤

经《清议报》和《新民丛报》的尽力鼓吹和其他诸如《时报》、《大公报》、《中外日报》、《东方杂志》等报刊的努力宣传，立宪思想于 1904 年前后逐渐为社会不少阶层所接受，并认为效法日本实行君主立宪政体是救中国的不二法门。"通国上下望立宪政体之成立，已有万流奔注，不趋于海不止之势"，⑥ 其立宪思潮之迹，已隐然可见。

---

① 《中外日报》"社论"，光绪三十年五月五日。
② 《大公报》，1903 年 8 月 5 日。
③ 英敛之：《论立宪之要素》，《大公报》1903 年 11 月 3 日。
④ 《论中国立宪之要义》，《大公报》1904 年 6 月 20 日。
⑤ 《立宪平议》，《时报》光绪三十年八月十八日。
⑥ 《朝廷欲图存必先定国是》，《东方杂志》第 1 卷第 2 期，1904 年。

（二）日俄战争——立宪思潮形成的契机

什么是思潮？梁启超说："此种观念之势力，初时本甚微弱，愈运动则愈扩大，久之则成为一种权威。此观念者，在其时代中，俨然现'宗教之色彩'。一部分人，以捍卫为己任，常以极纯洁之牺牲的精神赴之。及其权威渐立，则在社会上成为一种公共之好尚，忘其所以然，而共以此为嗜。若此者，今之译语，谓之'流行'，古之成语，则曰'风气'。风气者，一时的信仰也，人鲜敢婴之，亦不乐婴之，其性质比宗教矣。一思潮播为风气，则气成熟之时也。"① 梁启超肯定社会思潮有一个由萌芽逐渐发展壮大的过程，思潮需要在社会中有广泛接受这种思想观念并努力捍卫这种观念的群体，且在社会上形成一定的风气者，方可称为社会思潮。立宪思想也经历了由萌芽渐渐发展壮大的过程，在报刊鼓吹下终于在社会上产生了较大影响，各阶层为之呼喊和推动，最终发展成为立宪思潮。

1904—1905 年的日俄战争对中国思想界影响很大。《新民丛报》在战争前就对日俄双方密切关注，并将第44、45 号合刊作为日俄战争的专刊，分析了日俄战争之将来、日俄战争之起因、日俄交涉本末、近十年日俄交恶大事，介绍日俄双方国情、双方战备情况、双方陆战和海战情况，另外，还对日俄两国之民气、国民性、政党等情况详加说明，足以看出时人对日俄战争关注程度。在战争进行的过程中，报刊舆论便普遍认为战争的结果是俄败日胜，因为各报将日俄之战看成是"立宪国与专制国之战也，文明国与野蛮国之战"。② 《时报》在一九〇四年五月四、五、六日（农历）连载《俄罗斯致败之由》，根据世界上专制国家与立宪自由国之战争结果总结，中日战争中国战败，美西战争西班牙战败，普法之役法国战败，这四个事实都是专制难抵立宪的铁证。因此，《时报》对日胜俄败之战争结果进行预测分析，认为"专制国与自由国相遇，则专制国未有能支者也。"③ 日胜俄败之结果了然于胸。这一结果正印证了梁启超多年来宣传的君主立宪制度优于专制政体的主张，因此，改革落后的封建帝制实

① 梁启超：《清代学术概论，儒家哲学》，天津古籍出版社 2003 年版，第 8 页。

② 《日俄战争与其结果》，《时报》光绪三十四年五月一日。

③ 《俄罗斯致败之由（一）——敬告中国当道》，《时报》光绪三十年五月四日。

行君主立宪的要求成为部分国人的共识。

梁启超等立宪党人所主持的《清议报》、《新民丛报》及其他报刊的立宪宣传，为立宪思潮的形成提供了理论准备，而日俄战争日胜俄败的结局，又成了检验立宪政体一定战胜专制政体理论的事实明证。因此，日俄战争之后，立宪思想得到更多人的认同，各报更加卖力鼓吹，立宪思想由此而转变为蓬勃的社会思潮，并裹挟国民和政局，朝前奔腾不止。

第二节　报刊的持续鼓吹与立宪思潮的高涨

日俄战争后，在报刊的宣传下，国人莫不以实行立宪政治为救亡之要途，当时各报亦以鼓吹立宪为主要内容。在社会上影响较大的《新民丛报》继续引领立宪思潮的发展方向，其他报刊，诸如《时报》、《大公报》以及《东方杂志》等当时影响较大的报刊均提倡君主立宪之说，对推动立宪思想转变为现实立宪政治做着不懈努力。在报刊鼓吹的立宪思潮的包围中，一部分政府官员渐趋认识到中国实行立宪政治的必要性和必然性，不断向政府条陈实行立宪，推动清政府政治改革。在这样的背景中，清政府小心翼翼地准备试行立宪政治，派五大臣考察各立宪国宪政，为实行立宪政治做准备，并于1906年宣布实行预备立宪。这样，立宪思潮的影响见诸政治变革，发展至最高潮。之后，立宪思想以民间精英和官方意志两条宣传途径进一步发展，并同清末的宪政运动相交织，激荡不止。

一　立宪思潮形成后报刊的发展情况

日俄之役，国人咸认为此乃立宪战败专制之实证，故而激发全国要求宪政之风潮。而如何灌输国民政治知识，培养国家思想，清廷君臣遂垂注于报业。① 由于清廷的鼓励和支持，报刊得到较大的发展。报刊媒介推动了立宪思潮的形成，同时，立宪思潮蓬勃而起之后，也对报刊的发展提供了良好的舆论环境。此后至1911年，报刊数量有大幅度增长。

---

① 赖光临：《中国近代报人与报业》（下册），台湾商务印书馆1980年版，第450页。

（一）报刊数量的增长

自 1903 年至辛亥革命前，各地新办报刊逐年增多，详细情况（见表 3—2—1）：

表 3—2—1　　　　　　　1903—1911 年国内各地新办报刊简表

年份	1903	1904	1905	1906	1907	1908	1909	1910	1911	总共
种数	53	71	85	113	110	118	116	136	209	1 091

注：根据黄瑚：《中国新闻事业发展史》，复旦大学出版社 2001 年版，第 61 页表格内容整理。

报刊发展由 1903 年的 53 家，以后每年递增，1906 年首次突破 100 家，1911 年迅速增至 209 家。自 1903—1911 年共 9 年的时间共增加 1081 家，宣布预备立宪的 1906—1911 年的 6 年时间里，报刊新增达 802 家，可见办报风气之盛，亦可窥见立宪风潮与报业发展之密切关联。应该注意的是，在这些新增的报刊中，相当一部分部分是立宪分子创办的，这些报刊不仅数量多，而且在社会上亦较有影响。

表 3—2—2　　　　　1904—1911 年影响较大之立宪派报刊及编辑人

报刊名称	年份	地点	主办人及编辑
新民丛报	1902	东京	梁启超
大公报	1902	天津	创办人：英敛之
东方杂志	1904.3	上海	创办人：夏瑞芳；主编：孟森
时报	1904.6	上海	创办人：狄葆贤；主编：罗普、雷奋、陈景韩
政论	1907.10	上海	主编：蒋智由
预备立宪公会报	1908.2	上海	编辑：孟昭常、孟森等
国风报	1910.2	上海	主编：梁启超
法政杂志	1906.3	东京	编辑：张一鹏
法政杂志	1911.3	上海	发起人：林长民、孟森、沈钧儒等；主编：陶惺存
新译界	1906.11	东京	总理：范熙壬；编辑：汤化龙、谷钟秀
中国新报	1907.1	东京	主编：杨度；主笔：熊范舆、薛大可等
大同报	1907.6	东京	编辑：叔达；主笔：恒钧、乌泽声等
宪政新志	1909.9	东京	编辑：吴冠英；主笔：张嘉森等

续表

报刊名称	年份	地点	主办人及编辑
刍言报	1910	上海	汪康年
宪志日刊	1910.5	北京	主编：孟昭常
国民公报	1910.7	北京	主编：徐佛苏
蜀报	1910.8	成都	社长：蒲殿俊；主笔：吴虞、邓孝可
西顾报	1911.7	成都	编辑：池汝谦、邱聘三等
蜀风杂志	1911	成都	主编：邓孝可
湖南自治报	1909.11	长沙	主办人：罗杰、栗戡时

在这些报刊中，有"于一国思想界，影响尤巨"① 之《新民丛报》，该报在当时的影响仍无刊可及。由立宪派领袖主持的刊物《政论》、《国风报》和《中国新报》，也有影响比较大的日报，如《时报》，该报为当时上海影响较大的三大报纸之一。也有创刊后成为著名杂志的《东方杂志》，还有地方立宪人士宣传立宪的著名报刊，如《蜀报》、《西顾报》、《蜀风杂志》、《湖南自治报》等。之外还有相当数量的以"宪法"、"宪政"、"立宪"为名的报刊，这部分报刊，除表中所列之外，尚有 1906 年创刊于上海的《预备立宪官话报》、《预备立宪公会报》、《宪政杂识》；创于北京的《宪法白话报》；1908 年创于武昌的《宪法学报》；创于南昌的《宪政日报》；1911 年创于北京的《宪报》等。以"宪法"、"宪政"、"立宪"为名的报刊，是宣传立宪的专门性报刊，各报对立宪思想宣传所起的作用大小，虽然并不能依名称而定，但这些立宪团体所办之立宪报刊，对立宪思潮的影响是显而易见的。另外，张玉法先生认为，像 1907年创于东京的《大同报》、《中国新报》、《政法杂志》等，均为鼓吹宪政有力的刊物，甚至 1907 年清廷创办的《政治官报》，也有力地指导了宪政进行。② 《东方杂志》于 1908 年孟森主持时，特辟"宪政篇"专栏，以系统报道有关宪政的消息，不遗余力地鼓吹宪政，是立宪思想宣传的重要舆论阵地。

---

① 吴贯因：《余之办报经历谈》，载黄天鹏编《新闻学刊全集》，光新书局 1930 年版，第346 页；《民国丛书》（2：48）上海书店 1990 年版。

② 张玉法：《中国现代政治史论》，台北东华书局 1988 年版，第 43 页。

报刊数量的增长，尤其是立宪报刊的大量创办，对立宪思想的传播和保持立宪思潮的持续高涨起着至关重要的作用。

（二）报刊、报人与政治团体

清政府宣布实行预备立宪后，民间的立宪分子积极组织立宪团体，以推动立宪的更快发展，同时，也为将来组建政党作准备。这些政治团体，一方面积极开展政治活动，另一方面也很重视创办报刊，为自己的政治主张作积极鼓吹。另外，主张君主立宪的报人，在言论鼓吹的同时，也积极介入现实的政治运动，以推动立宪政治的快速发展。立宪报刊与政治团体关系密切，此为清末立宪思潮澎湃发展时期报刊发展的一个显著特点。

在清廷预备仿行立宪的诏旨颁布后不久，康、梁即于1907年2月将遍布于海外的保皇会改组为国民宪政会，并将原来保皇会所属之纽约《维新报》、旧金山《文兴报》、檀香山《新中国报》、悉尼《东华报》、新加坡《总汇报》、横滨《新民丛报》和广州之《事报》等，一并转为国民宪政会的机关报。这些报刊在新的形势下，为立宪思想作积极鼓吹。

除此之外，立宪谕旨宣布后，康、梁认为立宪党的任务，应由言论宣传阶段转入政治实行阶段，因此结束《新民丛报》的使命而积极筹办政治组织。梁启超、徐佛苏、蒋智由、麦孟华及留日学生张君劢等三百余人，于1907年7月在日本东京成立政闻社，后于1908年将总部迁回上海，国内各主要省份都有政闻社社员积极活动。政闻社成立后，立宪人士为了宣传政闻社"实行国会制度，建立责任政府"等主张，创办了《政论》杂志。该刊由蒋智由主持，梁启超也多次撰稿。以往刊载于《新民丛报》的重要政论文章也见诸《政论》，且《政论》上的一些文章，以后也再次被梁启超主持的《国风报》刊载，这说明，政闻社不仅注重舆论宣传，而且因为政闻社本身即为梁启超等立宪人士所创，其机关刊物《政论》的舆论方向自然与康、梁一致。不过，后来政闻社被清政府取缔，《政论》只存在了7期便遭查封。两年后，康、梁才再次筹办了《国风报》，以作立宪之鼓吹。

筹备立宪团体和加强舆论宣传也是其他立宪人士的重要活动内容。留日学生领袖之一杨度发起成立了宪政公会，由熊范舆主持。之后又与谭延闿等组织了湖南宪政公会。宪政公会势力遍布朝野。同时，杨度还创办《中国新报》，以为政治上之鼓吹。《中国新报》在留日学生中产生了很大的影响，其主张立宪反对革命的政治立场引起革命派的紧张，对东京留日学生的革命阵营造成强烈的冲击。因此，同盟会的机关报组织了反击，如河南籍留日学生创办的革命报刊《河南》中，不白的《警告同胞勿受要求立宪者之毒论》（《河南》第五期）、醒生的《要求开国会者与政府对于国会之现象》（《河南》第六期）、鸿飞（张钟端）的《对于要求开设国会者之感喟》（《河南》第四期）等文章，就是针对杨度及其《中国新报》展开的批判。

江浙一直是立宪派的一个大本营，孟昭常发起成立了预备立宪公会，孟昭常任副会长。主持《东方杂志》宣传宪政的孟森、在《时报》任主编的雷奋等也是活跃于预备立宪公会的著名人士。从人脉上来看，预备立宪公会与《时报》和《东方杂志》等有密切联系。因此，《时报》经常发表孟昭常、孟森等人的文章，及时并准确地报道预备立宪公会的活动，宣传预备立宪公会的思想主张，扩大预备立宪公会的影响，推动宪政的发展。不过，预备立宪公会也创有自己的机关报《预备立宪公会》，以"欲使人民知立宪之所有事，而促其进化之思"为宗旨，密切配合立宪运动的进行，对涉及宪法、行政、法律、财政、外交等各方面的理论和实际问题进行研究和讨论，是立宪运动时期立宪派的又一个重要喉舌。

随着国会请愿运动的开展，国会请愿同志会创办《国民公报》为自己的机关报，该刊以"监察宪政之进行，鼓吹国会之速开，培植政党之基础，巩固本省咨议局之实力，输入世界之常识"为宗旨，刊登了大量"能开导国民宪政上之知识及兴味"的文章，成为"立宪运动之大本营"，梁启超为该刊的主要撰稿人。

1911 年以各省咨议局联合会为基础成立的宪友会，雷奋、徐佛苏、孙洪伊为常务干事，宪友会是全国立宪派在野人士的总集合，成为立宪派的核心组织。其主要领导者雷奋、徐佛苏，二人同时还是《时报》的编辑和《国民公会》的主编。

另外，这一时期的各种学会纷纷创办有自己的刊物，如 1906 年 12 月 30 日，上海宪政研究会创刊《宪政杂志》；1909 年 9 月，上海咨议局事务调查会事务所在日本东京创刊《宪法新志》月刊；江苏地方自治筹办处创办《江苏自治区公报》等，以宣传宪政和地方自治事宜。帝国宪政实进会、辛亥俱乐部等宪政团体和政党，也都很重视报刊宣传。

　　这些立宪人士集报人身份与政治家身份于一身，他们主持着重要的报刊媒介，又归属于某一立宪团体，这样，有利于他们在舆论宣传和政治运动两个方面推动立宪的发展。他们既从事现实的政治运动，激荡立宪思潮，又利用手中媒介将政治团体的主张造成舆论。报人参与现实政治活动，提升了报刊的影响，也使得立宪思潮得以不断高涨。

二　报界对立宪的呼吁与政府预备立宪

（一）报刊舆论对立宪的认同

　　经过报刊媒介的日久宣传，立宪思想在社会上已经有相当广泛的受众基础。他们不仅了解立宪理论，而且，认为实行立宪是挽救中国的不二法门。日俄战争日胜俄败的结果，正是立宪胜于专制的有力证据，也为社会进化论立宪淘汰专制作了个注脚。世界各国，行立宪者国富兵强，守专制者国贫兵弱而屡屡见欺。在这种国际环境下，如果不想被优胜劣汰适者生存的法则淘汰出局，就必须作适应世界趋势的变革。因此，在日俄战争之后，报界便不限于立宪思想的介绍和引进，而是更加急迫地呼吁立宪政治的实行。

　　1904 年新创刊的《时报》，迭连发文《论朝廷欲图存必先定国是》、《论极东之第二俄罗斯》、《论朝廷宜知人民之真相》、《论中国前途之可危》，呼吁尽快立宪，甚至在《论东三省自治》（《中外日报》）、《论满洲当为立宪独立国》（《时报》），鼓吹战后在东三省首先试行立宪、自治，因为那里是满洲贵族的"龙兴之地"，一直没有开放过，"凡一地盘受习气甚浅者，其洗涤最易"，因此希望东三省作为的政治试验区，率先试行君主立宪。

　　报界不懈呼吁的目的，意为"摧挫专制之末运，奖翼宪制之新机，不厌反复详言之，使政府与国民咸洞悉其所以之故，灼然而无所疑，而一般之心理皆趋于立宪政治之途，以舆论而造成事实"①。《时报》在此明示该报以舆论摧毁专制促成立宪政治之追求，事实上各报之鼓吹皆以实现立宪政治为旨归。报界怀此理念，则其主掌之报刊媒介对立宪宣传无

① 《中国将来议院制度之问题》，《时报》光绪三十三年五月十五日。

所不用其极，连商品广告也会加上"立宪"二字以相标榜。如上海的中法大药房即用"立宪国民预备之资料"，"胸部立宪之重剂"之类的词句以招徕顾客。① 词语是话语的表达形式，渗透着价值取向，也彰显着相应的思想意识。报纸中药广告的广告词中出现"立宪"二字，体现了立宪话语在社会中的凸显地位，反映了社会对立宪的价值认同。作为外来的立宪思想，虽然此时还没有足够强大到使与之异质的中国专制社会脱离原有轨道，不过，它已对中国传统社会形成相当程度的冲击，并开始排挤本土语言。语言的转变则是社会即将或者已经发生转变的重要表征。

（二）舆论宣传·官方反应·立宪诏旨

与报刊媒介的立宪呼吁相呼应的是，民间开始以多种途径推动实行立宪。其实，早在《清议报》时期，即有官员以立宪为请，1901 年 6 月，出使日本国大臣李盛铎在应诏条陈变法折中就奏请实行君主立宪②。1902年，翰林院侍讲学士朱福诜呈送朝廷的札记中有言，"处今日而欲挽回世运，收拾人心，固非立宪不可"③，并建议派大臣出国考察政治，制定宪法。是年 8 月，御林院编修赵炳麟呈递《防乱论》，"欲固国本，必达下情，欲达下情，必行宪法"。但"民主、联邦宪法断不可行于中国，惟君主宪法其君执一切主权，其民有一切公例，参酌行之，有利无害"④。不过，因为当时绝大多数统治者尚未超越"中学为体，西学为用"的洋务模式，其注意力与兴奋点集中于以练兵筹饷为重心的"力行实政"方面，立宪思想宣传的影响还主要集中在少数知识分子阶层，没有被社会广泛认同，因此，他们要求实行君主立宪的陈情并未引起清最高统治者的关注与反响。⑤ 从他们上书所请来看，内容都不出《清议报》的宣传，所提立宪议程也在《清议报》的《立宪法议》中早有表述，因此，尽管我们没有

① 侯宜杰：《论清末立宪运动的进步作用》，《近代史研究》1991 年第 3 期。

② 《追录李木斋里使条陈变法折·附记》，李盛铎辛丑五月奏陈，《时报》1905 年 11 月 28 日。

③ 《摘录海盐朱学使福诜壬寅夏进呈劄记（为条陈立宪事）》，《时报》1908 年 2 月 28 日。

④ 赵炳麟：《防乱论》，《赵柏严集》，文海出版社 1969 年版，第 36—40 页，引自伊杰《清朝官吏中主张君主立宪的第一人是谁》，《历史教学》1989 年第 11 期。

⑤ 王开玺：《清统治集团君主立宪论析评》，《清史研究》1995 年第 4 期。

充足的理由断定他们要求立宪的思想完全是受报刊媒介影响的结果，但报刊媒介的宣传舆论为他们上书奏请立宪提供了有利的社会环境，这一点毋庸置疑。

1904 年孙宝琦上书请求立宪，引起了不小震动，各大报刊都纷纷报道评论，如《中外日报》兴奋地认为："数日以来，吾国有大喜过望，易亡为存之大纪念，出现于黑幕时代，则吾人宜如何鼓舞而欢迎之也。现此一大纪念维何？曰驻法使公孙宝琦氏上王大臣书请立宪是也。"① 这次上书请求立宪影响之大，远超其前二人。这同立宪思想酝酿成社会思潮，立宪救国在社会上形成一定共识有很大关系，其时，"请求立宪之声，随在应合，几于全国一致。当时的人，都相信'立宪'是强国的不二法门。"② "甲辰以后，则因日俄战争，使民主宪政的鼓吹提倡，变为普遍的政治要求，立宪之论盈于朝野。"③

在日俄和议尚未达成一致的时候，深受梁启超思想影响的张謇，便将袁世凯比作日本的伊藤、板垣等维新名臣，怂恿他推动立宪："公今揽天下重兵，肩天下重任，宜与国家有生死休戚之谊。顾亦知国家之危，非夫甲午庚子所得比……日俄之胜负，立宪专制之胜负也。今全球完全专制之国谁乎？一专制当众立宪尚可俟乎。……日本伊藤、板垣诸人，共成宪法，巍然成尊主庇民之大绩，特命好耳论公之才，岂必在彼诸人之下，即下走自问志气，亦必不在诸人下也"。④ 袁世凯对于张謇的话，颇有感动。国内南部的老新党名士，大部分都受了梁启超的言论的影响，此倡彼和，于是二三疆吏，也相率建议立宪，中枢诸亲贵，也知道了立宪两字是无可反对的了。⑤

受立宪思潮影响的地方督抚亦逐渐参预到请求立宪的行列中来。两江总督周馥、两湖总督张之洞议请立宪，两广总督岑春煊亦以立宪为言，二度奏陈，直隶总督袁世凯且派亲贵分赴各国考察政治，于是立宪之议大动。清室中主张立宪者亦为数不少，最力者之一乃与梁启超交往甚密的端

---

① 《论朝廷欲图存必先定国是》，《中外日报》1904 年 8 月 7 日。
② 吴经熊、黄公觉：《中国制宪史》，上海书店 1937 年版，第 10 页。
③ 王尔敏：《晚清政治思想史论》，广西师范大学出版社 2005 年版，第 241 页。
④ 李剑农：《中国近百年政治史》，商务印书馆 1948 年版，第 233 页。
⑤ 同上。

方。端方所上奏请立宪之折，亦为梁启超所拟，这在梁启超年谱中就有记载曰："当日端方频以书札与先生（梁启超）往还，计秋冬间先生为若辈代草考察宪政，奏请立宪，并赦免党人，请定国是一类奏折，逾二十余万言。"要臣之外，其他官员也纷纷上书言请，如金梁于宣布预备立宪之前年，"采列朝圣训之合于宪政者，成宪政条议上之。"[1] 与官员上书相应和，报刊一方面进行立宪呼吁，一方面对官员上书事情及时向社会报道予以推动，故"预备立宪的趋势大定"[2]。

按照立宪派舆论中的立宪设计，主张先行开明专制，期限为 10—20 年，在宣布实行立宪之前要有预备期，在此之前须向世界上实行立宪制度的国家学习，派重臣考察民主国家的宪法，择取合于中国者而行之。梁启超早在《清议报》时期便描摹了中国立宪进程的路线图，日俄战争以来一直到光绪三十一年，他主持的《新民丛报》宣传立宪主张，大致规划也不出此范围。他希望中国真能从开明专制做起，待民智开启之后，逐步走上君主立宪的道路。[3] 立宪舆论所提供的思路，正为中国的立宪进程所践行。

在舆论的压力下，清政府将立宪提上日程，1905 年派五大臣出国考察宪政，1906 年 6 月，出洋考察大臣回国后，纷纷以立宪为请。清廷遂于是年七月宣布实行立宪。清廷宣布预备立宪的促成因素很多，报纸生成的舆论是不容忽视的力量。对此，民初时人陈怀猛冲言之曰："朝廷迫于公论，亦不能不为立宪之筹备"。[4] 报纸舆论长期宣传立宪思想的重要成效，最终以政府推行宪政为最高体现。思想转化为现实的政治事件，也是立宪思潮深入发展的重要表征。

当然，任何重大政治事件的发生，都有无数个直接或间接的原因，是各种力量合力的结果。清政府预备立宪的实行，报刊媒介的舆论鼓吹居功甚伟，其动员的官方和社会政治力量成为推动立宪政治实现的重要力量。1905 年同盟会的成立威胁着清廷统治的安危，许多官僚开始认为

---

① 金梁：《光宣小记》，载章伯锋、顾亚主编《近代稗海》，四川人民出版社 1988 年版，第 311 页。

② 张朋园：《立宪派与辛亥革命》，吉林出版集团有限责任公司 2007 年版，第 5 页。

③ 同上书，第 37 页。

④ 陈怀猛冲：《清史要略》，中华书局 1931 年版，第 212 页。

只有通过在"政治上导以新希望"即立宪才能达到"杜绝乱源"、"解散
乱党"① 的目的。另外，清廷最高统治者慈禧支持立宪，也是预备立宪得
以实现的重要因素。

三 预备立宪时代的立宪宣传

随着清政府预备立宪诏书的宣布，以国家意志形式推行立宪的进程正
式展开。康、梁等人认为，报刊舆论鼓吹的阶段已经结束，之后进入监督
政府推进宪政的阶段。因此，之前对立宪有力鼓吹的《新民丛报》已不
适应新的政治形势，康、梁遂决定将其停办，一方面积极开展立宪政治活
动，同时也着手创办《政论》，作为新的舆论工具。由于《政论》存在时
间不长，1907 年即遭清廷查封，之后，梁启超又于 1910 年创办了《国风
报》，以监督政府，风厉国民。

(一) 1906—1907 年《新民丛报》宣传重心

《新民丛报》自创办起便担负着宣传立宪思想，普及立宪价值的责
任，同时也与影响立宪思想发展的其他社会思潮相辩驳。随着革命思想影
响的逐渐扩大，《新民丛报》在宣传中非常重视同革命观点的交锋，从理
论上和事实上阐述和论证唯有立宪一途合于中国现实。早在 1903 年梁启
超的一些文章中，就已经有反对革命和民主共和的论述，只是到 1905 年
同盟会成立之后，立宪与革命在舆论上才逐渐势不两立。之后 1905—
1906 年的《新民丛报》，其宣传重心在于同革命派的论战，同时，仍关注
立宪政治理论的引介，如立斋的《穆勒约翰议院政治论》等，一方面也
注意对政府立宪进程和民间立宪运动的指导，如渊生的《政府之责任》
和《国家之政治的方面》、与之的《论中国现在之党派及将来之政党》、
渊生的《论地方自治之定义》、知白的《中国教育问题之根本研究》等，
都是对当下及将来中国政治问题的思考和判断。其所论的要点，主要在于
强调君主立宪的要义在建立国会和责任内阁，立宪人士的君宪观念始趋于
具体。他们上而影响朝廷，下而广结同志，使信服者首先在心理上先结合
了。立宪思潮之盛再加上以官方意志来推动，立宪思潮蓬勃高扬，使得革

---

① 陈旭麓等主编：《辛亥革命前后——盛宣怀档案资料选辑之一》，上海人民出版社 1979
年版，第 27 页。

命思潮近趋消弭，汪精卫给胡汉民的信中，就流露出对革命思潮所受立宪思潮影响的担心："伪立宪之剧，日演于舞台，炫人观听，而革命行动寂然无闻……国人将愈信立宪，足以弥革命之风潮……愈坚其信仰立宪之志。"① 立宪思潮对革命思潮之冲击力不言自明，革命思潮发展几处于被立宪思潮消弭的境地。二者之间关系变化可以从侧面反窥出各自于社会的影响和地位，其时社会中激荡的各种思潮，立宪者无疑成为最有影响力的所在。

（二）《政论》简况及其宣传重点

1907 年 10 月，《政论》创办于东京，月刊，为政闻社的机关报。后因清政府取缔政闻社而将《政论》查封，共发行 7 期②。主编蒋智由，其他撰稿者，根据《政论》前五号的论说和演讲栏目统计，有以下诸人：宪民（梁启超）、蒋智由、黄可权、麦孟华、张嘉森、吴渊民、熊崇煦、王恺宪、马良、日本进步党领袖犬养毅、吴冠英、张子幹、郑浩、曾鲲化、周维汉等。从撰稿者可以看出，《政论》是众立宪人士活跃的一个舞台，既有康、梁老立宪党人的余脉梁启超、麦孟华等人，也有江浙立宪领袖马良等人，还有之后为国会请愿积极鼓吹主持国会请愿同志会之机关报《宪政新志》的吴冠英等人。由此来看，《政论》是以康、梁为主的立宪派的重要舆论喉舌。《政论》栏目设置较简单，有"图画"、"论著"、"时评"、"记载"、"杂录"、"社报"、"讲演"、"来稿"、"批评"、"附录"。其中"论著"和"演讲"栏是该刊的核心和主体，集中体现《政论》的政治观点。"社报"和"附录"主要记载政闻社的活动。《政论》宗旨"以造成正当舆论、改良中国之政治为主"③，要求召开国会、成立政党和实行地方自治。

清政府宣布预备立宪之后，舆论宣传的任务，不再是宣传立宪取代专制的必要性、敦促政府选择立宪政体，而是在预备立宪的社会大环境下，为政府建言献策、推动政府加快立宪进程、唤起国民的政治意识。《政论》所刊"论说"和"演说"共 29 篇文章中，其中涉及国会问题的有 7

---

① 李剑农：《中国近百年政治史》，商务印书馆 1948 年版，第 288 页。

② 笔者见藏于中国国家图书馆和上海市图书馆者仅 5 期。

③ 《政论章程》，《政论》1907 年第 1 期。

篇次，政党议题有 5 篇次，关于地方自治的文章有 4 篇次，其他立宪问题 3 篇次，国家与国家前途问题 7 篇次，其他问题 3 篇。国会、政党和自治问题是《政论》宣传的核心，其余问题则是从别的方面推动立宪的进行。

1. 国会问题

需要指出的是，最早提出请愿开国会问题的是杨度。1907 年 1 月，他就主张把国民的主要注意力集中到请开国会上来。同年春，又强调开国会为当务之急，写信给梁启超要其一同鼓吹。说："夫政党之事万端，其中条理非可尽人而喻，必有一简单之事物以号召之，使人一听而知，则其心反易于摇动而可与言结党共谋，以弟思之，所谓简单之事，莫开国会若也。……弟意《新民丛报》及《时报》等（以日报为好）合力专言开国会事，事事挟此意以论之，如此者二三月，则国会问题必成社会上一简单重要之问题，人人心目中有此一物，而后吾人起而乘之，即以先谋开国会为结党之第一要事，斯其党势必能大张。盖先举事而后造舆论，不若先造舆论而后举事，此格兰斯登之法也。"① 梁启超对此深表赞同，从此，开国会成为《政论》创刊后极力渲染的主题。

《政论》第 1 号刊载梁启超所撰之《政闻社宣言书》中，明示了《政论》亟亟以求之目的便是"实行国会制度，建设责任政府"。梁启超对国会如此垂注的原因，在于国会是立宪国之重要标志。既然政府已宣布立宪，则国会制度不可缺席，应提上日程。因此《政论》发表《国会论》、《国会与政党》、《政治上之监督机关》、《中国之国会与贵族问题》、《中国国会制度私议》、《国会期成会意见书》等文章，对国会之性质、权限及国会与其他政治机构、政治组织和政治问题等的关系进行阐述。

立宪人士认为国会制度是立宪政治必不可少的内容，黄可权甚至提出："立宪政治者，即国会政治也"。② 言下之意，即没有国会的设立，就不是真正的立宪政治。国会为体现三权分立原则之一立法机关，行使监督行政权力的职能，是立宪民主政体赖以存在的基石之一。如文中所说："国会者，为制限机关，以与主动机关（国家元首）相对峙是已。……故

---

① 丁文江、赵丰田：《梁启超年谱长编》，上海人民出版社 1983 年版，第 398 页。
② 黄可权：《国会论》，《政论》1907 年第 2 期。

苟无制限主动机关之权者，必非国会。惟有此权者，乃为国会。"① 国会的意义，不仅在于它是立宪政治三权分立之一要素，而且国会的存在和对政治的监督还是政治良恶的决定因素，梁启超在《政治与人民》一文中说："凡无国会之国，其政治决无术以进于良；凡有国会之国，其政治亦决无术以堕于不良。何以故？以政治之良否，恒监督之者之有无。故而监督政治之实，非国会莫能举故。然则人民而欲求得良政治也，亦曰求得国会焉而已矣。"② 要想改变清政府贪腐无能的现状，只有设立国会监督机关，政治环境才得以净化，如果没有监督机关，良性政治无从谈起。无监督机关，则政治终无由进于良。因此，建设政治监督机关为当务之急，"务建设一由人民选举代议制之国会以为政治上巩固永续之监督机关。"③ 监督机关之设，意义重大，梁启超曰："建设监督机关，即政治革命也。"④ 他将创设国会之意义堪比政治革命。梁启超所言并不夸张，因为国会作为体现资本主义民主的机关之一，其存在本身就证明该政权性质已不同于专制，因此，无怪乎立宪党人亟切要求设立国会。然而，国会如何才能够有效地行使好监督权力，梁启超认为，监督权力的来源决不能来自于政府或君主，而必须使其来源于人民："故欲监督机关之有力，必当使其机关由选举而成立，非由任命而成立，必当使其权力之渊源在于人民而不在君主。"⑤ 来源于自身的权力不能有效地监督自身，外在的监督才能确保政治清明，此论有力地体现了"民主"的真正意蕴。于是，《政论》作了政治动员，呼吁："故今日我国民所当急起直追者，惟在建设政治上之监督机关而已，有监督机关与执政机关对峙，而崇君主于两机关之上，使君主为无责任者，执政机关为负责任者，监督机关为纠责任者，则三千年之宿题可以解决，政治可以日即于良，而国家可以与天同寿。嘻！此真今日我国民独一无二之责任也。"⑥ 对于国会的性质、组织等，《中国国会制度私议》一文有详细介绍，该文结合中国国情和现实，提出了详细的

---

① 实民：《中国国会制度私议》，《政论》1908 年第 5 期。
② 宪民：《政治与人民》，《政论》第 1 期，1907 年 10 月 7 日。
③ 宪民：《政治上之监督机关》，《政论》第 2 期，1907 年 11 月 15 日。
④ 同上。
⑤ 同上。
⑥ 同上。

国会组织原则及方法。

立宪人士一边利用《政论》作舆论鼓吹，一边积极争取国会的实现。对社会上发起的国会请愿运动，《政论》也撰文提出建议。如在《政论》第4号刊载《国会期成会意见书》，文章指出，请开国会运动此起彼伏，但仍未收成效，其原因在于各自作战，力量分散，所提要求无法对当局产生重大影响，因此，建议各省联合："迩来各省请开国会者接踵而起，然不相联合，则要求无力。旅沪诸君子联合大众组织一国会期成会，为各省请愿之总机关，此书痛言请开国会为今日急务，陈义详博，亟为录入，以广流传。"① 此后，各省请愿同志会联合起来，发起三次请愿运动，最终迫使清廷缩短预备期限，宣布宣统五年召开国会。

2. 政党问题

预备立宪时期，政党问题是各方政治力量都非常关注的问题。一旦实行立宪，政党就在国家的政治生活中发挥重要作用。黄可权认为，"立宪政治者，即国会政治也，所谓国会政治者，即政党政治也。"② 国会是立宪政治的体现，政党是国会政治的灵魂。持此论者，并非少数。张嘉森在《国会与政党》一文中，直接表述称立宪政治为政党的产物："立宪政治者，非政党之产物而何？"③ 政党和国会是立宪政治必不可少的政治元素，且与立宪的实现和国家的兴衰关系密切，"有政党然后立宪政治可以实行，立宪政治实行，然后国家可以去亡而即于强。"④

然而，什么是政党呢？蒋智由曰："政党者，一国政治上之明星也，指南针也，司令官也"；"政党者，一国人最高之一导师、而国家之福神也。"⑤ 政党之"明星"、"指南针"、"司令官"、"导师"等作用，体现于要求国会之时、选举代议士之时和国会已开之时。而在立宪将要实行尚未实行的预备时期，政党发挥着宣传、组织、运动国人的作用，"今日知国会之利益者，遍国中尚无几人，则所以博大多数之同情，而耸动天下人之

---

① 《国会期成会意见书》，《政论》，"来稿"，1908年第4期。
② 黄可权：《国会论》，《政论》第2期，1907年11月15日。
③ 张嘉森：《国会与政党》，《政论》第2期，1907年11月15日。
④ 日本宪政本党前总理伯爵大隈重信：《政论序》，《政论》第1期，1907年10月7日。
⑤ 蒋智由：《政党论》，《政论》第1期，1907年10月7日。

耳目者，非政党不为功。苟民间有大政治团体者出，以文字口说，鼓舞天下之人心，使其知今日之中国非国会不能生存，则不期年间，吾知必风发水涌，如日本之要求国会者，纷纷集于阙下矣，政府安所恃以与全国之人抗乎？"所以，"政党发达，而后国会能发达；国会发达，而后宪政能发达而已。"① 甚至，政党设立与否，关系到中国的前途："今后支那能振兴与否，视其能有完全政党发生与否以为衡。而完全政党能发生与否，视其组织若何以为断。"② 正是认识到政党政治对立宪政治的重要作用，因此，政党之设，愈益显得急迫。《政论》借日本著名政党领袖大隈重信之口表达中国舆论速设政党之要求："以今日之清国论之，则政党者，诚应于国家至急之要求，挟不得已之理由而其发生，虽日一不容缓者也。"③

3. 地方自治

地方自治是立宪政治的另一个重要内容。《政论》对地方自治问题讨论的文章有 2 篇 4 次，即熊崇煦的《论中国施行地方自治》和麦孟华的《论中央地方之权限及省议会之必要与其性质》，另外的一些文章在论述其他问题时，也间而有论。如黄可权在《国会论》中论及省议会的问题，一方面指出省议会是地方自治之机关，国民参政之起点，一方面也支持，在呼吁成立国会时，须先设省议会，以培国会之基："今日所为汲汲皇皇者，唯一国会问题。而于国会之外，有可以促其成立、植其基础者，即为省议会。省议会者，国民参政之起点，而地方自治最要之机关也。……其要求必与国会同时，而其成立必稍先于国会。盖二者同时解决，始有解决之效果也。我国今日救亡之要策，无有过于此者矣。"④ 麦孟华对省议会之性质、权责比较留意，强调省议会是作为地方国会而非一地方政府的咨询机关而存在："故吾党所主张之省议会，将以之为督抚之监督机关，而非以之为补助机关，其性质视各国之国会为近，而视各国之地方议会为远。"⑤ 即使国会已设，尤其不能忽视中央之外、地方政府中的监督问题：

---

① 黄可权：《国会论》，《政论》第 2 期，1907 年 11 月 15 日。
② 日本宪政本党前总理伯爵大隈重信：《政论序》（《政党组织之要领》），《政论》1907 年第 2 期。
③ 日本宪政本党前总理伯爵大隈重信：《政论序》，《政论》1907 年第 1 期，1907 年第 6—7 页。
④ 黄可权：《国会论》，《政论》第 5 期，1908 年 7 月 8 日。
⑤ 麦孟华：《论中央地方之权限及省议会之必要与其性质》，《政论》第 4 期，1908 年。

"我国人民行使之政治上监督权，不徒在中央，而当兼在地方。"① 避免以往注重监督君主而忽视对政府的监督问题，提醒国民监督权不应错漏。

政党、国会、地方自治是立宪政治的重要体现也是其重要内容。而达此目标的途径，立宪党领袖已放弃了破坏手段，而主张和平手段："盖在不变法之时代，虽用破坏的手段以求变法可也，至于法之既变，不可不舍破坏的而求秩序的。何也？用破坏的手段，则将并种种之新事业而俱破坏之故也。夫既不可破坏之，则其对于政府也，不可不一变而为监督的、参与的。立宪政党之事，由此其选也。"② 立宪人士依靠的阶层，在组织动员的对象上为士绅、知识分子和部分政府官员，但在舆论宣传上，其动员的是人民全体，并多次强调依靠国民的观点："改造政府，责在国民"③，担负立宪大事业的，其责任不可不在全体国民④，移监督君主之权于人民。⑤ 这无疑是对人民政治意识和主权地位的强力呼吁。民众应该切实认识到，立宪政体下，每一个国民个体都有改造政治与社会的责任，社会与政治进步，每个人都责无旁贷，这样地方自治才有依托，宪政才能够顺利进行。因此，民众之智识进步关系到宪政大业，关系到国家之进退。文中问道，"诸君其知否耶？使五年以后之中国尚如今日之中国者，则吾侪自今以往，至于世界末日，永堕畜生道而靡复人趣矣！"⑥ 如果国家至此地步，应归罪于以下诸人："专制政府之罪、国民之罪、鄙人与诸君之罪，又凡举国中先觉者之罪也。"⑦ 凡处此时代而未尽一己之力者，都应该对国家之坠堕担责。正是各报刊对国民、对政府、对政治团体以及对自身都寄予厚望，国民政治意识在报刊日浸月染的宣传中得以增长。

（三）《国风报》的宣传

《政论》被清政府查封以后的阶段，国内政治运动此起彼伏，国会请愿运动亦轰轰烈烈地展开，在此形势下，需要有新的理论报刊对立宪运动

① 麦孟华：《论中央地方之权限及省议会之必要与其性质》，《政论》第 4 期，1908 年。
② 《政论序》，《政论》第 1 期，1907 年。
③ 《政闻社宣言书》，《政论》第 1 期，1907 年。
④ 日本宪政本党前总理伯爵大隈重信：《政论序》，《政论》，1907 第 1 期，第 6 页。
⑤ 宪民：《政治上之监督机关》，《政论》第 2 期，1907 年。
⑥ 马良：《政党之必要及其责任》，《政论》，"演讲"，第 3 期，1908 年。
⑦ 同上。

给予指导，于是《国风报》得以创办。

1. 《国风报》概况

《国风报》一九一〇年一月十一日（农历）创刊于上海，出至一九一一年六月二十一日（农历），之后停刊，共发行 52 期。编辑兼发行人为何国桢，实际主持者为梁启超，"论说"、"著译"、"时评"栏的文章大部分都出自梁启超之手。在报刊中一贯占有重要地位的"论说"栏，是《国风报》的精神体现。其主要内容及目的为："凡论说，本报之精神寓焉。其对象，则兼政治上与社会上。政治上者，纳诲当道也，社会上者，风厉国民也。其选题则兼抽象的与具体的，抽象的者，泛论原理原则也。具体的者，应用之于时事问题也。凡政治上所怀之意见无不吐，而于财政及官方，特先详焉，救时也。凡社会上所觏之利病无不陈，而于道德风习，三致意焉，端本也。"① 梁启超在《叙论》中明确指出该报之意，欲于政治上纳诲当道，社会上风厉国民；旨在指导和监督官方，启发和诱导国民。另外，《国风报》强调舆论对于立宪政治的重要性，梁启超认为立宪政治者，质言之则舆论政治而已。舆论本身并不可贵，所贵者为健全的舆论，其贵在舆论的质量，其健全之为可贵。健全舆论与立宪政治相辅相成，二者彼此不可或缺："健全之舆论，无论何种政体，皆所不可缺，而立宪政体相需尤殷。"② 此话真实地表达了梁启超创办《国风报》的目的，在立宪时代，做监督政府的媒体，形成健全的舆论，辅助立宪之发展。梁启超认为，在立宪时代，政府大臣及一切官吏应明白国家职位之权责、勇于任事，以国家为己任。立宪国之国民，既行地方自治，行参政之权，以匡政府之不逮。然而，政府官吏及国民怎样才能各履其职？梁启超认为，须通过健全的舆论，即通过舆论促成宪政的实现。

与之前梁启超所主持的《清议报》和《新民丛报》在日本创办且被清政府查禁不同，创办于上海的《国风报》是合法报刊，领有"大清邮政局特准挂号认为新闻纸类"资格，在国内公开出版、发行、传播。《国风报》创刊后，多次重印，如宣统二年（1910）八月初一日出版的第 21号，至十月十一日两个月的时间已经发行至第三版，足见该报为时人欢迎

---

① 《叙例》，《国风报》第 1 号，宣统二年正月十一日，第 12—13 页。
② 同上书，第 4 页。

之程度。

2. 国会与内阁之请

呼吁实行国会制度，尽早召开国会，是预备立宪时代立宪人士报刊宣传的重要内容。《国风报》创办于国会请愿运动如火如荼开展的时期，其本身就是因应这一政治形势及时而生的产物。所以在宣传中，该刊对国会请愿运动的报道和对国会运动的理论指导文章，仍占相当重要地位。之所以对国会内阁有激切要求，是因为立宪人士面对国内形势产生了无以复加的危机感。梁启超称："今国事且益急矣，亡征且益著矣，从万死中以求一生，仍舍速开国会外无他术。"① 随着报界对立宪政治的多年呼吁以及清政府宣布预备立宪后以国家名义对国民发起的君主立宪政治动员，国民政治思想日渐发达，参政意识得到提高。然而，政治变革的速度和力度难以适应社会动员的力度。亨廷顿认为，社会动员速度较快而政治变革较慢的这种不平衡可以导致社会不稳定。梁启超正处在不稳定社会的风口浪尖，对社会变革中潜在的危机有极其清醒的认识。梁启超认为，设立国会和责任内阁，是化解各种严重危机的关键。

梁启超之《中国国会制度私议》无疑是着力最深的文章，他说："夫无国会固不成其为立宪，然非谓宪法未布以前即不能召集国会"②，言下之意，宪法制定颁布之前，可以先召集国会，梁启超为速开国会寻找依据。为什么要速开国会？因为速开国会可以救亡，而且，若能速开国会，可革一切贫弱之根源，他认为"国会一开，四海归心，国是大定，人人沐宪政之福矣。"③ 梁启超之所以要求速开国会，还在于，时下中国事实上有决可速开国会之理由。针对当时官僚认为资政院与国会相似，有资政院的存在则无须急开国会、人民程度不及和预备各事尚未完全这三个理由反对速开国会，梁启超对此逐一批驳，指出资政院实为专制政体下一议政机关，并不具备立宪政体下监督机关——国会的性质。至于预备各事尚未完全之说，梁启超认为，筹备宪政各事无所谓不完全之虑，不可等米齐了才下锅，就宪法、议院法、预算案、选举法者，可从速筹办于开国会之

① 沧江：《为国会期限问题敬告国人》，《国风报》第 18 号，宣统二年七月初一日，第 24 页。

② 沧江：《中国国会制度私议》，《国风报》第 8 号，宣统二年三月廿一日，第 28 页。

③ 《国会请愿同志会意见书》，《国风报》第 9 号，宣统二年四月初一日，第 72 页。

前，其余之事可筹办于开国会之后。梁启超针对政府借口人民程度不高，不能速开国会的谬论而撰写此文，指出人民与国会有密切关系，人民是议员的后盾，人民要有自主参政意识，养成有智力、德力、活动力的国民，以适应将来国会立宪之时代。

梁启超认为，因为中国国情特殊，我国虽没有特别阶级，但有蒙古、西藏两部，为保统一，必须补充民选方法中蒙古与西藏因民众程度落后而将被忽视的不足。再加上中国幅员大、人口众、行省多、选情复杂，中国将来之国会制度只应实行二院制。梁启超还对法国、德国、普鲁士、意大利、日本的上议院议员的选举方法、任期、人数等作了详细介绍，分析中国左议院代表之阶层，议员之人数与任期。梁启超还对将来中国选民选举资格、选举方法发表意见，对国会的职权也有详细阐述。

除了要求早开国会，梁启超对设立内阁的要求同样强烈，提出责任内阁的设立是宪政筹备之前提，非建设一有统率有责任之内阁，则宪政万无能筹备之时。他认为现政府机关无以堪筹备宪政之任，以行宪政，必须设立责任内阁。梁启超对立宪九年筹备案中没有明确说明设立责任内阁的时间非常不满，"原案所最可骇者，责任内阁以何年成立始终未尝叙也。"[①]，希望建立责任内阁的主张最快实现，并对政府推诿敷衍进行言论扑责。

立宪党人所亟求的内阁，只对于国家负责任。因为国家为法人，而君主、内阁及其行政官署、议会、法院，皆国家机关。所以，各机关只能"同对于国家而负责任，非甲机关对乙机关而负责任"[②]。由于君主不负责任，为虚君政治，内阁无须对君主负责。同西方国家内阁对议会负责不同，梁启超主张内阁对国家负责，而国家是虚化概念，如何对国家负责，是需要认真检讨的。

同舆论上吁请速立内阁国会相呼应，民间的国会请愿也在进行。对数次请愿难期成效的原因，梁启超分析，"政府之所以敢于稽延国会期限者，以请愿国会之辈人微言轻耳。诚得数省督抚联合上奏，以为国民请愿之后援，则政府固不得不慑"。在梁启超的指导和运动下，第三次请愿书中，

---

① 沧江：《立宪九年筹备案恭跋》，《国风报》第 1 号，"时评"，宣统二年正月十一日，第 6 页。

② 沧江：《内阁果对于谁而负责任乎》，《国风报》第 12 号，宣统三年五月初一，第 8 页。

有部分督抚大臣共同署名。表示"非设责任内阁，无以挈统治之机关；非开国会，无以定舆论之归宿"。各省督抚合词请设内阁国会奏稿，虽然不是和请愿代表一起，但是这时合词请设国会内阁，也起到动员清政府和声援请愿者的作用。政府终于在请愿的压力下，于1910年宣布提前召开国会，梁启超等主持的《国风报》舆论呼吁转变为现实。

3. 国民程度与立宪之期

立宪人士对人民程度问题前后态度并不一致。早在《清议报》和《新民丛报》时期，他们认为人民程度不高，普遍不具备立宪国民之资格，不足以担负建设立宪国之重任。基于这样的认识，梁启超撰文新民说，希望通过报刊开民智，鼓民力，以养成中国之新民。他认为在当时中国，万不可遽行立宪，并就此著文称："中国今日遂可行立宪政体乎？曰：是不能。立宪政体者，必民智稍开而后能行之。日本维新在明治初元，而宪法实施在二十年后，此其证也。中国最速亦须十年或十五年，始可以语于此。"① 他在同一篇文章中再次强调，"自下诏定政体之日始，以二十年为实行宪法之期。"② 当时梁启超撰写此文是在1901年，以20年之期的话，实行立宪政治则在1921年左右。后来在1906年《新民丛报》的《开明专制论》和《答某报第四号对本报之驳论》等文章中，梁启超也还在坚持这种立场。但是，随着清政府预备立宪诏旨宣布，立宪党人对人民程度问题的看法有了转变。杨度在《中国新报》中认为："吾人以为进行一步，即程度高一步。鼓其进行，即所以养其程度。若不进行而待程度之足，虽再历万年，犹将不足也。且中国人民之程度与中国政府之程度为对待，而非与各国人民之程度为对待也。今谓中国人民程度尚未足，而中国政府之程度，乃为已足，其理如何可通？自吾人观之，则非因人民程度之不足之故，而政府不必进行，实因政府之程度不足，故而人们不得不进行耳。"③ 以政府为参照系来衡量人民程度足与不足，在此问题上提出了全新的观点。既然人民程度是与政府程度相对而言，不能将其与西方国家之人民作对比，在政府能力尚且与西方有差距的情况下，人民的能力则

① 爱国者草议：《立宪法议》，《清议报》第81册，光绪二十七年四月廿一，第5096页。

② 同上书，第5097—5098页。

③ 饮冰：《新出现之两种杂志》，《新民丛报》第88号，光绪三十二年八月十五日，第39页。

可以与政府匹配，可以将权利赋之于民。因此，在政府程度本就不高的情况下，民众有相应的能力担当立宪重任。不过，杨度认为有能力之人，为程度比较高的汉人，而蒙古族、藏族等人民程度低下，不堪立宪之任，其理由曰：

> 盖人民程度之足与不足，非可虚揣臆测，必当有一物以为准绳，权然后知轻重，度然后知长短，理固然也。今谓人民程度不足者，不知以何物为权以何物为度？若持欧美人民之程度以衡吾民之程度耶，则吾国之国会，非以之监督欧美政府者，所谓不成比例。且返叩吾国官僚之程度，与欧美政治家之程度又如何乎？若持吾国官僚程度，以律吾民之程度耶？则吾侪纵不有意抑官而伸民权，然既同为一国之臣民，同受一国历史地理政教风俗之感化，未有朝皆俊杰野无贤才也。且吾国素非贵族政治，公卿皆出于韦布袞袞诸公，当其未释褐以前，及既解组以后，故纯系等诸齐民，前后犹是人民也，岂即入圣出狂、入主出奴耶？……若稍持人民程度与政府挈论长短，则万言难罄矣，兹择其概括者言之，则吾国之风气，原皆启发于地方而养成于士大夫。①

这里反问的两个问题就是批驳人民程度不足的要害：一是人民与官僚程度对等，人民程度不足，官僚程度足以为政府官吏吗？"程度不能为国会议员者，果能为政府官吏乎？"② 二是士大夫之程度原起于地方，议员为从千万人中选出者，能够胜任议员的少数人民还是绰绰有余的，因此何以说人民程度不足？各省议院的议员已经上了轨道，处理事务有条不紊，地方能够如此，为何国家不可以？《时报》也以民众对待和处理江浙铁路与二辰丸问题为例，指出"我国今日人民实完全具有立宪国民之资格"③。对人民程度的不同认识，影响到对立宪进程的设计与立宪期限的判定。在1906 年之前，梁启超一贯坚持人民程度不足，撰文宣传中国立宪需 10 年

---

① 《国会请愿同志会意见书》，《国风报》第 9 号，宣统二年四月初一日，第 82—83 页。
② 沧江：《论政府阻挠国会之非》，《国风报》第 17 号，宣统二年六月廿一日，第 45 页。
③ 《论我国人民有立宪国民之程度》，《时报》，戊申年三月九日。

到 15 年预备期，但是随着清廷预备立宪的宣布，以及选择不同的参照系来看国民程度，梁启超改变了口风，认为与政府官员相比，人民程度足以担负立宪国民之资格。这一立场的转变，也使据此而坚持立宪主缓的梁启超态度大变，转而要求清政府速开国会、速设宪法，缩短预备之期，且态度越来越急切，越来越激烈。在此情况下，他认为政府坚持原定九年之预备，是推诿拖延之举，一再表示对立宪的迫不及待："夫举立宪之实，则舍召集国会之外，宁有他事更急者？而政府之期以九年者，岂其实有见于筹备之必需而许时日？毋亦默揣其时，吾之人与骨皆已朽矣！"① 并就此警告说："夫必有国，然后有国会，吾敢断言曰，中国而欲有国会者，惟开设于宣统四年五年以前为能有之，过此以往，吾中国永永无开设国会之时矣。"② 梁启超还在《为国会期限问题敬告国人》一文中再次强调，如果不尽快召开国会，则各种难以调和的危机将导致亡国："吾常谓我国民所以汲汲请速开国会者，非骛此名义为高也，恐过此以往，吾国将永无开国会之时也。质而言之，则循现今之政治组织而不变，恐不待九年筹备之告终，而国已亡矣。"③ 在舆论如此激烈的要求下，民间和主张速行宪政的官员也积极运动，终于迫使清廷于 1910 年 11 月宣布缩短预备之期，定于宣统五年召开国会。

4. 宪政知识介绍

《国风报》也注重介绍宪政知识。以往国民对专制制度的惯性依赖与习惯，对立宪政体的疏离，皆因二者都有相应的精神相维系。因此，梁启超发表于第一期的《宪政浅说》，以浅显的语言介绍宪政知识，该报对立宪知识的传输，日日鼓吹，夜夜浸润，以使国民广被立宪之风，早日明晓立宪之精神，养成立宪国民之资格。

尽管立宪宣传了很多年，但是国人对宪政的认识程度仍不容乐观，国民对宪政了解现状是："今吾国人言宪政者，虽甚嚣尘上，而其能识宪政为何物者，度千百中不过一二，其余则皆耳食雷同，不求甚解者也。"④

---

① 沧江：《国会期限问题》，《国风报》第 3 号，宣统二年二月初一，第 25 页。

② 沧江：《论政府阻挠国会之非》，《国风报》第 17 号，宣统二年六月廿一日，"时评"，第 17 页。

③ 沧江：《为国会期限问题敬告国人》，《国风报》第 18 号，宣统二年七月一日，第 15 页。

④ 沧江：《宪政浅说》，《国风报》第 1 号，"附录"，宣统二年正月十一日，第 2 页。

尽管宪政呼吁一直进行，但能了解宪政实质的人数少之又少。国人对宪政知识的理解，要么只浮于表面之词汇概念，要么偏究宪政之一隅，大多不能把握宪政之实质及宪政之完整体系。即使有机会接触宪政知识之人，又往往惧其学理奥衍而不能潜心读之。对此，梁启超在文中曾直面这个问题："凡今之言宪政者，其汲汲然亟欲知宪政之为何物，度必有若饥渴之于饮食者矣。而国中先觉之士，于兹事寡所论述。藉曰有之，则或专明一义，偏而不全，或驰骛学理，博而寡要。夫天下事理恒相待而始成立，不举大体而欲专明一义，则并此一义而不能明，有固然矣。若夫佟陈奥衍之学理，则人将视为专门之业，望洋而叹，其能精读而彻解者，夫几人哉？吾国人所以不能得宪政常识，而立宪国民之资格久而不具者，皆此之由。"[1] 基于国人对宪政知识的匮乏和接受的不易，梁启超一方面继续利用报刊媒介传播立宪知识，另一方面从减少知识壁垒的角度，尽量用民众通晓的语言和表达方式介绍宪政知识，以使民众能够理解和接受，促其掌握宪政的实质，而具立宪国民之资格。在《国风报》上，梁启超亲撰《立宪浅议》的文章，即是用浅白语言传播立宪常识的尝试。

四 立宪与革命的辩驳

清末舆论中提供的政治变革方案很多，并非立宪一说。君主立宪、民主共和、社会主义、无政府主义思想都有不小的支持者群体。在这些思潮中，对立宪思潮发展构成最大冲击力的，无疑是民主共和方案。立宪人士的舆论宣传中，经常以自己的立场关照革命理论的合理性程度。二者在某些共同关心的问题上的分歧，导致双方在言论上展开了一场激烈论争。

（一）君宪与共和之争

君主立宪与民主共和是一组对应的概念，都属于资产阶级民主政治范畴，但作为不同的民主形式，二者存在差异，其最明显之差异即为是否保留君主，这是立宪与革命舆论之争的重要内容之一。

立宪人士认为，人民程度不足而不可立行民主共和。他们认为，"共和国民应有之资格，我同胞虽一不具。"[2] 并得出"中国今日万不能行共

---

[1] 沧江：《宪政浅说》，《国风报》第 1 号，"附录"，宣统二年正月十一日，第 2 页。

[2] 《政治学大家伯伦知理学志》，《新民丛报》第 38、39 期合刊 1903 年。

和立宪制"，"中国今日尚未能行君主立宪制"，"中国今日当以开明专制为立宪制之预备"的结论。"今日中国国民未有可以行议院政治之能力者也。吾于是敢毅然下一断案曰：故今日中国国民非有可以为共和国民之资格者也，今日中国政治非可以采用共和立宪制者也。"① 梁启超一再强调，由于国民尚不具备立宪国民的资格，因此当下中国只能缓行立宪而推行开明专制，至于民主共和制，更不合于当时国民之程度。除了国民程度因素外，梁启超还从西方各民主国发展的历史以及学理的角度阐述中国只能行君主立宪而不能行民主共和的原因。杨度则从中国民族程度不同的角度来论述。杨度认为藏、蒙等民族，文化上无法与汉人达成一致水平而又掌握有大量兵力，其没有能力行议员之资格但其权利又不能被忽略。如果实行民主共和，全民选举国家首脑、内阁和议员，蒙、藏人民文化水平太低则很难在民主程序中被选举到政权中来。这样一来，实行民主共和只会使蒙、藏部民离心，以至于叛乱，所以，中国需要保留君主作为维系各族的纽带。因此杨度认为，在此情况下，"若吾人所主张者，则以为今日中国之事实，但能为君主立宪而不能为民主立宪"②。

针对革命派宣传的民主共和政体优于君主立宪政体，人民在民主共和政体下得到的权利更多这一观点，杨度给予了理论上和事实上的否定。他说，立宪即包括君主立宪和民主立宪，在这两种政体中，所需国民程度之高低和所得国民幸福之多寡，并不以君主立宪或民主立宪而有差异。"其有异者，以宪而异而非以主而异也。"③ 两种政体之优劣，在于各国因宪法不同而赋予君主和国民权利大小。君主国民与民主国民幸福各有等差，但无法衡量孰优孰劣，"君主国民之幸福，有多于民主国国民之幸福者，如英之与法是也。民主国民之幸福，有多于君主国民之幸福者，如美之与德是也。同为君主国民而幸福之多寡有不同者，如英之与德是也。同为民主国民而幸福之多寡不同者，如美与法是也。此其所以异也。"④ 所以，上述情况说明民主共和政体并不一定优于君主立宪政体。《中国新报》以

---

① 《开明专制论》，《饮冰室合集》文集之十七，中华书局 1989 年版，第 67 页。

② 杨度：《中国新报叙》，《中国新报》，第 1 期 1907 年 1 月。

③ 同上。

④ 饮冰：《新出现之两种杂志》，《新民丛报》第 88 号，光绪三十二年八月十五日，第 37—38 页。

其理论和事实上有说服力的明证，对革命派的主张进行辩驳，赢得了不少东京留学生的赞同。由此还引起了革命阵营的戒备，组织力量对杨度及其《中国新报》予以反击。

君主立宪与民主共和，都属于资产阶级民主的范畴，二者在取代封建专制制度方面，其进步性是等同的。君主立宪制度在形成初期是与封建势力妥协的产物，但是，随着其自身不断发展完善，君主权力不断转移至议会和内阁，君主成为象征，君主立宪也便成为虚君政治，因此，不能因君主立宪制保留了君主而被看作落后于民主共和。当代世界主要资本主义国家中，保留君主实行君主立宪的国家依然为数不少，而且其民主的发展程度与共和制国家不分伯仲，因此，应理性地对待二者的关系而不以君主存在与否来过分夸大二者的鸿沟。

不过，通过这场论战，使论战双方的观点更加明晰，民众也受到政治文化的洗礼，于国民政治思想的开发与进步，具有很大的助益。徐佛苏认为两者舆论交锋"诚足以开我国数千年来政治学案之新纪元"。[1] 也促进了中国的先进分子更加深入地了解民主宪政的相关知识和理论，并更加深入地思考在中国如何建立民主宪政的问题。[2]

（二）手段之和平与暴力

立宪派一向主张和平手段，反对暴力革命，但在报刊宣传中不难看到立宪派的激烈言论，屡屡有号召推翻政府的宣传。其实早在《清议报》时期，梁启超、麦孟华等就曾言语激烈，倡导破坏主义，并认为破坏主义是历史进步的一个必然阶段："历观近世各国之兴，未有不先以破坏时代者，此一定之阶级无可逃避者也。"[3] 之后，这种宣传破坏主义的做法为康有为所纠正，梁启超等人在以后的舆论中注意同革命手段作切分，并随时对革命手段进行批驳。但即使在同革命派论战反对革命时期，立宪派的舆论中也一再出现推翻政府的宣传："此进一步，则彼退一步，有退让而无抵抗，今中国之权利，以政府之放任而遍地皆是，人们但群起而自取之，斯其势力已足于左右叱咤之声中，而促政府之倒矣。盖天下易倒之政

---

① 佛公（徐佛苏）：《劝告停止驳论意见书》，《新民丛报》第 83 号，1906 年第 66 页。

② 耿云志：《从革命党与立宪派的论战看双方民主思想的准备》，《近代史研究》2001 年第 6 期。

③ 任公：《饮冰室自由书·破坏主义》，《清议报》第 30 册，光绪二十五年九月十一，第 1929 页。

府，莫中国政府。若有武力固可，无武力，亦易易耳。"① 不仅号召民众推翻政府，而且告知民众推翻政府易如反掌。

梁启超在《中国前途之希望与国民责任》一文中，对政府失望至极，号召除去恶政府而改造一新政府，文中说："我国民未尝有一事弱于人也，而今乃至无一事不弱于人，则徒以现今之恶政府为之梗。我国民不并力以图推翻此恶政府而改造一良政府，则无论何政策、立何法制，徒以益其敝而自取荼毒。诚能并力以推翻此恶政府而改造一良政府，则一切迎刃而解。"② 不仅如此，他还告诫民众，推翻清政府易如反掌："我国民不欲推翻之则已，诚欲推翻之，稍一协力，则疾风捲陨箨，千钧之弩溃痈，未足以喻其易也。而我国民不闻惟此之图，则是国民放弃责任以促国家之亡，谓天亡我，天其任受乎？"③ 并预言，"全国之兵变与全国之民变，必起于此一二年之间。"④ 梁启超一语成谶，翌年各地民变蜂起，清政府统治瞬间土崩瓦解，两年内便下诏退位。

虽然言论激烈，但立宪派并不主张暴力革命，激烈反对革命派暴力革命以建民主共和之说，而且在宣传中对革命手段小心提防，处处批驳。早在《新民丛报》初期，康有为在《答海外华商论今日中国可行立宪不能行革命书》中阐述其主张曰："联合各省以行平和立宪而不主张各省分立以行破坏革命。"康有为明确表示立宪人士在立宪途径上的差别，而且，他还将立宪和革命问题看作是国人必须思考和面对的最大政治问题："夫立宪革命二者，孰可行孰不可行，行之而后来之结果如何，正今日我国之最大问题而所当研究者也。"⑤ 梁启超甚至认为："历史上久困君主专制之国，一旦以武力颠覆中央政府，于彼时也，惟仍以专制行之，且视前此之专制更加倍蓰焉，则国本其庶可定。所谓刑乱国用重典是也。"⑥ 在中国

---

① 饮冰：《新出现之两种杂志》，《新民丛报》第88号，光绪三十二年八月十五日，第40页。

② 沧江：《中国前途之希望与国民责任》，《国风报》第7号，宣统三年三月十一，第28页。

③ 同上书，第29页。

④ 沧江：《论政府阻挠国会之非》，《国风报》第17号，"时评"，宣统二年六月廿一日，第16页。

⑤ 《南海先生最近政见书》，《新民丛报》第29号，插页广告1903年。

⑥ 林志钧编：《申论种族革命与政治革命之得失》，《饮冰室合集》文集之十九，中华书局1989年版，第13—14页。

专制君主下，"革命绝非能得共和，而反以得专制。"①

反对暴力，但言辞激烈，甚至有推翻政府之语，这并不是立宪派主张的左摇右摆，而是立宪派宣传之策略，希图以激进之途径而至缓和之目的。梁启超在《敬告我同业诸君》中说得就非常明白：向导国民之诸君，"若欲导民以变法也，则不可不骇之以民权；欲导民以民权也，则不可不骇之以革命；当革命论起，则并民权亦不暇骇，而变法无论矣。若更有可骇之论，倍蓰于革命者出焉，则将并革命亦不暇骇，而民权更无论矣。大抵所骇者过两级，然后所习者乃适得其宜。某以为报馆之所以导国民者，不可不操此术"②。

（三）上风与下风

双方论战至1907年结束，《新民丛报》亦出版至当年十月后停刊。因此，外间认为革命战胜了立宪，立宪难敌革命败下阵来。其实，能不能下如此结论，是需要认真思考的。究竟是不是立宪派败下阵来？在下结论之前需要了解以下几点史实。其一，清廷已宣布预备立宪，立宪派对此抱有极大的热情与幻想。他们认为，这是"我国历史以来五千余年未有之盛举"，中国"自今以往，其必变专制而为立宪，已丝毫无所容疑"。③ 中国立宪在望，双方都认为"言论时代"已过去，"实行之时代"已来临。1907年梁启超从言论中退出，创立政闻社，以作政治运动。④ 同时，梁启超认为《新民丛报》结束了自己的历史使命，开始筹办新的刊物《政论》，以作舆论上之鼓吹。同盟会内部1907年6月发生分裂，梁启超自认为后顾之忧已经解除，开始投入实际的立宪运动，才与革命派停止论战，集中力量"开始全力对待政府"。另外，重要的是，两派在民主宪政的问题上方向是一致的，并没有本质的不同，因此，当立宪阵营通过徐佛苏向革命党人表示结束论战时，革命派的重要领导人宋教仁是同意的。⑤

① 林志钧编：《开明专制论》，《饮冰室合集》文集之十七，中华书局1989年版，第50页。

② 中国之新民：《敬告我同业诸君》，《新民丛报》第17号，光绪二十八年九月一日，第6页。

③ 《时报》，光绪三十三年八月二十二日。

④ ［日］佐藤慎一：《近代中国的知识分子与文明》，江苏人民出版社2006年版，第203页。

⑤ 《宋教仁日记》（1907年1月10日、11日），载陈旭麓主编《宋教仁集》（下），中华书局1981年版，第705—706页。

不过，我们应该看到革命思潮迅速发展的事实。然而，革命思潮不断发展，却不能以此证明立宪思潮的低落。相反，应该看到，高涨的革命思潮，固然有实行民主共和的政治诉求，但对于大部分人来说，其追求的仅在于推翻满清的种族革命，而对民主共和的理念丝毫不知。这一点梁启超在论战中即以指出，扬言革命者，多为意气用事或没有政治信仰和理论之人："今之中国，其能为无主义之破坏者，所至皆是矣。其能为有主义之破坏者，吾未见其人也。"①

五　革命后的立宪努力

1911 年 11 月革命爆发，是立宪思潮发展的一个分水岭，原来高涨的气势为之收束，但随着立宪思潮的强大惯性继续发展。在舆论上，立宪党人认为只有急行立宪才能解决危局。武昌革命后，《时报》发表社论《论政府处置鄂乱当为根本之计划》，其提出的治本计划为："夫治本之计划，不外于急颁罪己之诏书，急谋政治之改革；亲贵内阁，急须更改；皇族政治，尤应削除；四省干路国有之事，急须降旨交付资政院讨论；商股急筹十成还本，此次阁臣疆臣办理之不善，急应分别惩治以谢国民。夫如是，则天下人民知朝廷实心立宪，而愤气立平，革党已失其附从之俦侣，其势日即于孤危，将不攻而自败矣。"② 希望政府速速实行立宪政治以化解这场危机。辛亥革命爆发后，英敛之还在《大公报》上刊出"征文小启"："时事蜩螗，神州岌岌，挽回浩劫，舍破专制而改立宪，其道未由。今者专制之勒，已如距脱，立宪之基亦渐确定，所争者，在君主、民主两问题耳。然通观中国之历史、宗教、区域习惯各方面，较诸世界列强确有特异之点，究竟适用何种立宪政体，方足以拨乱反正，转危为安，光大国家，造福国民？热心志士主张君主者为一派，主张民主者为一派，各具理由，相持未解。本社同人，智识浅薄，孰得孰失，未敢辄下断语。然天下兴亡，匹夫有责，爰本此意，设题征文。敢云博诸意见，亦集思广益云尔。如蒙海内通人赐以伟论，但求意议晓畅，不计文字工拙，本社当次第刊登

---

① 中国之新民：《敬告我国民：癸卯元旦所感》，《新民丛报》第 25 号，"论说"，光绪二十九年正月十四日，第 8 页。

② 宣：《论政府处置鄂乱当为根本之计划》，《时报》辛亥年八月廿四日。

报端，以供世人之研究。"① 并列出"君主民主立宪问题之解决"这一征文题目，将获奖之征文自 1911 年 12 月 5 日起刊于《大公报》，征文得奖的前两名都以"君主民主立宪问题之解决"为题，认为在当时的情势下，君主立宪是上上策。署名"第三者"的文章，认为君主和民主，不过是"心理上之竞争不能解答，非事理上之竞争不能解决也。……所谓君主者，仅拥虚位而已，若必并君主之虚位而欲篡去之，则舍种族革命外，恐无正当之理由"②。指出了革命者推翻清政府，其目的和能力并不在共和，而在种族革命。作者还指出支持革命之群体的各种情状："此次乱局，除首倡诸钜子，或具特见，其他则强半近于盲从，试执附和之军民而诘之，其能语君主与民主实际上之利害者，盖十不一二。观至各省官幕士绅之昌言独立，或出于自保之政策，或激于极端之理想，或藉为投机之举动"③。由此可以看出，辛亥革命，不是民主共和对君主立宪的胜利，而是种族革命的胜利。作者得出结论："君位之宜保存，彰彰矣。虽然，予非谓民主制不良于君主制也，第以民主制不宜于中国，尤不宜于今日之中国；况已诏行有民主实际之君主立宪，乃必甘蹈种种亡国之显祸，此种族互残之血战，以争此民主之虚名，窃以为非计之得也。"④ 至辛亥革命爆发，依然有人认为君主立宪是最适合中国的政治选择，民主革命不适合中国国情。

与舆论上的呼吁相配合，立宪党人借革命所造成的形势要求政府尽快实行宪政以挽回民心。革命爆发后，张謇立即要求"请速颁决行宪法之谕"，之后又促请江苏巡抚程德全上了《奏请改组内阁宣布立宪疏》，要求"提前宣布宪法，与天下更始"，继续做要求立宪之努力。当然，清政府丧失民心既久，于复杂形势下亦未能作出高明决策，虽然于 11 月初发布《宪法重大信条十九条》，欲效仿英国君主立宪，但为时已晚矣。此后，立宪思潮在现实环境改变的情况下，才渐渐消退。

---

① 《大公报》，1911 年 11 月 26 日。
② 同上，1911 年 12 月 5 日。
③ 同上，1911 年 12 月 5 日。
④ 同上，1911 年 12 月 6 日。

第 四 章

各类报刊在立宪思潮中的作用

清末报刊数量庞大，类别多样。各报刊因其宣传内容和针对受众不同，对立宪思潮的生成和发展有不同影响。各报对立宪思潮所起助力作用的大小及其关系如图4—1。

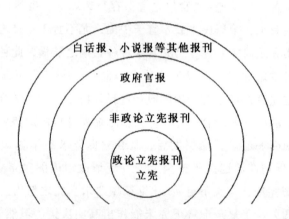

图4—1　不同报刊与立宪关系示意图

与立宪思潮关系密切的报刊主要有以下几类：康、梁等立宪派领袖所创办或主持之政论报刊、其他立宪人士所办报刊和非立宪人士创办的宣传立宪之报刊、预备立宪后的政府官报以及之外一些对立宪有所裨益的其他报刊。在这些报刊中，对立宪思潮发展起核心引领作用的是康、梁等立宪派领袖所主持的报刊，其他立宪人士创办的报刊或非立宪人士创办的宣传立宪的报刊对立宪思潮的持续发展起着拱卫作用。由于后一类报刊诸如《时报》、《大公报》、《东方杂志》等都是极有影响的大型报刊，有广大的受众群体和发行范围以及较大的发行量，它有效地扩大了立宪思想的传播范围，动员了更广泛的群体，促成立宪舆论的形成，对清末预备立宪进程亦有影响。而且，这类报刊与核心类立宪报刊关系密切，它们之间既有人脉上的密切联系，在舆论上也相互声援，是立宪思潮强有力的拱卫力量。清末报刊中的官报是另一个不容忽视的群体，尤其是清政府派遣五大臣考察宪政和宣布预备立宪之后，官方推行立宪的信息通过官报以国家意志的形式向外界传达，对立宪思潮走向高涨所起的作用不可低估。另外，还有白话报、小说报和学术类等报刊，它们也因各自不同的特点，从某些方面为立宪思潮的发展提供了些许助力。

第一节　政论报刊的核心引领地位

清末报刊的发展与知识分子以报刊为工具挽救民族危机的政治努力紧密相连，自此报刊被打上鲜明的政治性烙印。甲午战后出现了一批以维新和立宪为目标且较有影响的报刊，这些报刊以政论文章为主，在此将其称为政论报刊，如康、梁等主持的诸多报刊几乎全属此类。这些以呼吁实行君主立宪制的政论报刊，主导着清末立宪思想的发展和走向，是清末立宪思潮的核心引领力量。

康、梁等主持的立宪报刊，主要指以康有为、梁启超为首的立宪派人士所创办的报刊，包括梁启超主持的《时务报》、《清议报》、《新民丛报》、《国风报》，以及其他康、梁党人创办或主持的政论报刊，如《知新报》、《湘报》、《天南新报》、《新中国报》、《大同日报》、《政论》等等，这些报刊多是康、梁立宪派在不同区域的机关报，是宣传立宪思想的主要舆论阵地。我们知道，清末对政治变革的大力呼吁，始自甲午战后，康、梁等创办了《强学报》和《时务报》以鼓吹变法维新。自此之后，对资本主义政治制度的呼吁和对西方资本主义民主思想与民主理论的介绍成为报刊宣传的重要内容。而康、梁主持之报刊不仅率先对立宪思想加以系统介绍和宣传，对推动立宪思想的发展和传播，也功绩至伟。因此，讨论不同报刊对立宪思潮所起的作用时，应将康有为、梁启超等立宪派人士所主持的政论报刊作为一个类别专门加以重点探讨。下面就以梁启超主持的政论报刊为例，来分析它们在立宪思潮发展中的引领作用。

一 立宪思潮的发起者与引导者

中国近代政治思想的发展，康、梁之力功不可没。早在戊戌之前，康、梁创办《时务报》，作维新变法之鼓吹，突破了士人干政的禁区。在维新思想发展方面，康、梁突破了早期维新思想家要求政治变革的朦胧意识，提出建立君民共主政治制度的设想，并提出了开议院的政治议题。虽然，康、梁这一时期的思想也因难以突破传统文化的羁绊而将西方民主政治制度与传统政治文化过于纠缠，不过，在谈维新而色变的当时来说，他们宣传的政治变革方案仍可称得上是石破天惊之举。

戊戌政变以后，康、梁流亡国外，视野和社会环境都有了较大的变化，因此对中国政治变革的方向有了更清晰的认识。1901 年的《立宪法议》一文中，梁启超明确提出了实现君主立宪的要求。自此之后，对君主立宪的呼吁，成为《清议报》、《新民丛报》等康、梁立宪报刊宣传的重要内容。同革命派的一些报刊如《中国报》"因操笔政者短于欧美新思想,颇不为学者所重视"[1] 相反，由于梁启超逃往日本后阅读大量的西方书籍，《清议报》和《新民丛报》成为介绍西学及民主政治理论的重要阵地。其新学内容较多且识见高远，因此颇为世人喜爱。不仅阅者众多，且几人人手置一篇。[2] 梁启超的文集，"凡谈新学者，家必藏其书。"[3] 鼓吹立宪，宣传民权思想之《新民丛报》，竟至"国人竞读，风行全国，清廷虽严禁，绝不见效，每册一出，内地翻印辄至十数版，其影响之大，空前所未有。"[4] 其影响所及，不只一般的民众，官员也在《新民丛报》的影响下谈论诸如"民主"、"自由"的话题。乃至大吏之奏折，试官之题目，亦剽袭而用梁启超之"新译之名词，杜撰之语言"。[5] 民众和官吏受

---

① 冯自由：《革命逸史》初集，中华书局 1981 年版，第 11 页。

② 陈灜一：《睇向斋逞臆谈》，载章伯锋、顾亚主编《近代稗海》第 13 辑，四川人民出版社 1988 年版，第 355 页。

③ 王一心：《新闻文学开山祖梁任公》，载黄天鹏编《新闻学刊全集》，光新书局 1930 年版，第 331 页。《民国丛书》（2：48），上海书店 1990 年版。

④ 同上书，第 330 页。

⑤ 黄公度：《致新民师函文书》（光绪二十八年十一月），载丁文江《梁启超年谱长编》，上海人民出版社 1983 年版，第 306 页。

梁启超影响而心向民主，足见《清议报》、《新民丛报》之宣传之效。在《清议报》时期和《新民丛报》宣传初期，由于政治风气虽因清政府开始新政，稍有革新之相，但否定专制而倡导民权、自由的君主立宪学说，仍有一定风险。在日俄战争之前能够对立宪政治畅言无忌的，首在康、梁之报刊。在《清议报》和《新民丛报》的影响下，民心已动，民智稍开，报界亦逐渐以民主政体为诉求，纷纷拾梁启超之牙慧，视梁文为圭臬："数十年来，国人无不受其相当之影响。报纸今文体多奉梁氏为圭臬焉。"[1] 黄遵宪曾告慰梁启超说，"此半年中中国四五十家之报，无一非助公之舌战，拾公之牙慧者"。[2] 很能说明梁启超主持之报刊在立宪思潮中的发起和引导作用。民国史学家杨幼炯先生在其《中国政治思想史》中就对梁启超等主持的报刊倡导立宪思想并推动立宪思潮之力给予了肯定，认为梁启超"言立宪而不言民主，言政治革命而不言种族革命，与国民党为政敌，但时务、清议、新民诸报纸出世，其议论复偏于爱国自由诸学说。二十年前之维新思想实其提倡之功。"[3] 这里且不论梁启超是否"与国民党为政敌"，就其所说的提倡之功，便是就梁启超主持之三报于戊戌其间倡导维新和20世纪初年倡导立宪影响的肯定。

　　康、梁主持的政论报刊对立宪思潮的发起和引导作用，不仅体现在民众和报界对报刊中康、梁思想的接受，而且表现在《清议报》、《新民丛报》立论高远，对整个社会立宪思想的发展起到指引作用。如《清议报》和《新民丛报》对西方民主思想的介绍以及中国宪政制度的设计进程的安排，始终走在中国舆论界的前面。其他的报刊，便就康、梁等提供的政治方案加以宣传，如《大公报》宣传《清议报》之过渡时代论和《新民丛报》的开明专制论。另外在实现君主立宪政体的手段、途径以及立宪预备年限等方面，也不出《清议报》和《新民丛报》讨论的范围。

　　使《清议报》和《新民丛报》能保持引导作用的一个重要原因，主要在于报刊主持者梁启超本人，思想更新频繁。他能够汲新汰旧，时时与

---

　　①　王一心：《新闻文学开山祖梁任公》，载黄天鹏编《新闻学刊全集》，光新书局1930年版，第331页。

　　②　黄公度：《致新民师函文书》（光绪二十八年十一月），载丁文江《梁启超年谱长编》，上海人民出版社1983年版，第306页。

　　③　杨幼炯：《中国政治思想史》，商务印书馆1937年版，第319页。

旧思想决裂，他自称"所谓我操我矛，以伐我者也。今是昨非，不敢自默"，并声称"吾爱孔子，吾尤爱真理；吾爱先辈，吾尤爱国家；吾爱故人，吾尤爱自由。"① 正是梁启超能够时时更新思想，并以"真理"、"国家"、"自由"为取向追求，使得他本人及他主持的《清议报》和《新民丛报》能够为国民提供符合时代趋势的新思想，进而能保持在思想界中的领袖地位。

在清政府宣布预备立宪之后，康、梁主持之立宪报刊的鼓吹发生了变化，由推动政府实行立宪的呼吁改为监督政府落实预备立宪的承诺。因此，其引导作用体现在对国内舆论界和民间的宪政运动提供理论上的指导。如在各省立宪人士连续发起两次请开国会而无果的情况下，《国风报》撰文指出，这两次请愿运动之所以看似轰轰烈烈实际收效不大，在于没有政府大员的参与而无法对清政府施加更大的影响。因此建议立宪人士运动各省督抚联合奏请开设国会。之后，在孙洪伊所上第三次请愿书后，便附缀有主张速设国会内阁的各省督抚的名单，这次请愿，以清政府缩短预备年限，宣布五年后召开国会实行立宪而结束。另外，在地方自治和官制改革等等问题上，这类政论报刊也提出不少方案并见诸成效。可以看出，立宪派之《国风报》等立宪报刊在推动立宪思潮不断高涨方面起着关键性的影响。

二　君主立宪的理论供给

国内知识分子对君主立宪制的认识经历了由浅入深的过程。在梁启超于1901年系统阐述君主立宪制和明确提出"君主立宪"的概念之前，国内人士对君主立宪制度的理解尚停留在与中国传统文化中的君民共主历史阶段相比附的层面。梁启超主持的《清议报》和《新民丛报》在君主立宪制的理论供给方面居功至伟。

（一）"君主立宪"概念的提出

清末思想界最早提出"君主立宪"这一概念，是梁启超在1901年发表于《清议报》的《立宪法议》一文。在此之前报刊的宣传，诸如《时

---

① 中国之新民：《保教非所以尊孔论》，《新民丛报》第2号，光绪二十八年元月十五日，第72页。

务报》等，虽然有要求实行君主立宪制度的愿望，但在表达中，多以"君民共主"名之。前已述及，实际上这是两个不同的概念。在当时维新人士宣传中，他们对君主立宪制政体下运行的民主机构和民主原则还没有完整而准确的认识。而《清议报》1901 年之后的宣传，则一改之前介绍西方民主思想和民主制度时，将其与中国古代政治思想和政治制度相比附的做法，不再从中国古代的政治文化中寻找出路与合理性，而是将君主立宪制度放在西方民主思想发展的历史中来理解，从而对君主立宪制度有了完整和准确的认识，并在报刊宣传中着力于立宪理论和西方思想家的介绍，为清末立宪思潮提供了系统的宪政知识。《清议报》是这一思想变化的转折点。自此之后，关于西方民主理论的议题在梁启超等人主持的报刊中，得到了系统的阐述。

（二）选择君主立宪政体的依据

在 19 世纪末，中国面临严重的民族危机。国人认为只有进行政治改革才能免遭亡国灭种的危险。在当时可供选择的政治方案主要有三种，即君主专制制度、君主立宪制度和民主立宪制度。康、梁等人选择的是实行君主立宪制度。他们认为，君主专制是导致中国积贫积弱的根源及中国亟待摆脱的政治制度，是最落后的政体。在当时世界文明国家采用的民主立宪、君主立宪两种政体中，民主立宪因为存在种种弊端而不合乎中国。梁启超分析，其弊在于"其施政之方略，变易太太数，选举总统时，竞争太烈，于国家幸福，未尝不间有阻力。"[1] 虽然也是立宪政体，属于民主政治的一种，但有变数太多，易造成国家混乱的弊端。梁启超认为，只有君主立宪政体是最适合中国的选择。

君主立宪政体与民主共和二者之间，并不存在优劣高下之分，它们不过是立宪政治的两种形式。民主政治的本质在于宪法，在于宪法对国民和君主权利的分配，不在于"主"的形式。立宪派之所以主张实行君主立宪而不选择民主共和，是因为现阶段人民程度太低，没有行使民主权利的能力，需要用现存君主权威并争取士人赞助来推动宪政起步。[2] 而且，如

---

[1]　爱国者草议：《立宪法议》，《清议报》第 81 册，光绪二十七年（1901）四月廿一，第5089 页。

[2]　［美］萧公权：《近代中国与新世界：康有为变法与大同思想研究》，汪荣祖译，江苏人民出版社 2007 年版。

果没有君主形式上的象征意义，则容易造成中国的分崩离析。立宪派的这一主张尽管看起来貌似比较保守，却是基于中国国情的理性考虑。

（三）立宪政治安排

康、梁政论报刊对实现君主立宪制有一系列完备的构想，也就是说，他们所宣传的君主立宪理论是一个完整的体系。

根据他们的设想，将来之君主立宪政体下，宪法处于政治生活的中心。君主权力受宪法约束，实行内阁负责制，君主不负责任，为虚君政治。国民享受宪法赋予的权利也承担宪法的义务，其权利的实现，通过代议制，选举代表组成议院，由议员代表国民行使主权。根据中国的国情，中国应实行两院制。议院作为三权分立原则的体现机关，享有立法权。对掌管国家行政大权的内阁有监督之权，以及负责审核国家财政等职权。政党是民主政治的重要体现，内阁由竞选胜出之政党组阁，执行国会的决议。要实现上述之民主政治，民众需要具备一定的民主知识和民主能力。对于尚处在专制政体中的普通国民来说，当下尚不具备实行君主立宪制度的资格，因此，在实行君主立宪政治之前，需先行地方自治，以培育国民行使民主权力之能力。正是基于国民民主程度的不足，实行君主立宪须宽以一定年限。根据他们的设计，俟10年或15年后，始可以颁布宪法，行之君主立宪。在此之前，立宪事项要先行预备。诸事预备之顺序为：皇上降明诏，定中国为君主立宪之国，选派大臣出洋考察宪政，回国草拟宪法，经国民讨论通过始可颁行。下诏定政体后20年为预备期，在此预备立宪时期，即由专制向君主立宪制过渡之阶段，应行开明专制。

以上君主立宪的政治安排，经《清议报》和《新民丛报》等报刊的宣传，形成广泛的社会认同，清末政府从派遣五大臣出国考察到预备立宪的宣布等推行宪政的进程，基本上与立宪派的立宪政治安排相一致。可以看出，清政府推行预备立宪之受康、梁宣传的立宪思想的影响，是有迹可循的。

（四）西方民主思想与民主理论的大量引介

立宪派将政治学看作"立国之本原"，而国人言西学者对此又"绝无所知"，梁启超所主持的报刊，遂将西方著名的政治思想家、政治家、哲学家、社会学家等人的政治学说和政治思想大量刊载介绍，以使民众对其宣传的君主立宪思想能够有深刻的认识。《清议报》、《新民丛报》等政论报刊对西方政治思想家介绍的情况，以《清议报》为例分析（见表4—1—1）。

表4—1—1　《清议报》政治学谭（案）等栏目对西方民主思想的介绍

期号	栏目	题目	作者	内容
16、17、18、19、23、25、26、27、28、29、30、31	政治学谭	国家论	德国伯伦知理	伯伦知理之国家学说
25	本馆论说	饮冰室自由书	任公	约翰·弥勒的自由思想
32	本馆论说	饮冰室自由书	任公	介绍孟德斯鸠学说
96	政治学案	霍布士学案		英国政治学家霍布斯的主要观点
97	政治学案	霍布士学案续斯片挪莎学案		介绍霍布斯和斯宾诺莎的学说
98、99、100	政治学案	卢梭学案		介绍卢梭的生平简况及其学说主张。
100	广告	十八世纪欧洲三大家政治学说		介绍英国之陆克（今译洛克）、法国之孟德斯鸠、卢梭三人思想

资料来源：《清议报》各期。

以上文章涉及的西方思想家有7人，介绍卢梭的文章2篇4次，孟德斯鸠2篇，霍布斯2篇，斯宾诺莎1次，洛克1次，约翰·弥勒1次，伯伦知理1篇12次。介绍的学说有契约论、民约论、三权分立、自由学说、社会进化论、国家学说等。上表只是将专门介绍西方政治思想的文章和栏目作了简单的统计，其实在《清议报》中宣传的思想家和思想主张的内容，并不止此数。后起的《新民丛报》引介西学的力度有过之而无不及。仅在1902年，《新民丛报》发表文章共340多篇，其中评价或涉及西方资产阶级意识形态方面的文字，计180多篇，占53%以上；涉及的思想家有孟德斯鸠、卢梭、康德、达尔文、亚当·斯密、培根、约翰·弥勒、斯宾塞、黑格尔、伯伦知理、边沁、亚里士多德、洛克等。文章将他们的政治学说如三权分立、契约论、国家主义、进化论、功利主义、民富论、怀疑论、自由说、议院政治等作了详细的介绍。可以说，当时几乎西方所有的著名思想家、政治家以及西方重要的政治理论，在这一时期的报刊中都有介绍。根据梁启超等宣传者认为重要性的大小，介绍的篇幅和次数有所不同。宣传西方民主思想和介绍西方民主理论，是立宪思潮的一个重要内容。因为立宪和民主是在西方思想文化和西方历史上长出的花朵，如今嫁接到中国，要想使君主立宪制度能够在中国实现，必须培育适合该政体存活的土壤。梁启超对此有深刻认识，中国即使嫁接了西方的民主与自由，但如果没有制度上的保障来限制官吏对自由的侵剥，没有对人民进行自由与民主精神的培育养成独立人格，则民主与自由无以存活，无以长久。立宪宣传不仅是西方民主与政体的输入，更重要的是要引入民主思想，使民主与自由精神植根于中国社会，成为支撑民主制度的坚石。

　　被西方民主政治理论武装起来的梁启超，大约在 1902 年后，开始借用西方民主理论资源来论证其政治观点，如采用达尔文的社会进化论、赫胥黎的天演论来论证他的新民主张，利用约翰·弥勒的代议制论来论证立宪制，利用伯伦知理的国家有机体说和波伦哈克的国家客体说来论证他倡导的开明专制等等。他不仅为国民提供了解决中国问题所需要的理论和解决方案，也提供了以西方民主思想解决中国问题的新思路。

三　为立宪思潮积聚力量

　　立宪报刊宣传最有力者，当属梁启超主持之《清议报》、《新民丛报》无疑。其影响所及，非仅一人一地。李剑农对梁启超所主持的几份报刊的社会政治影响及梁启超的地位评价说："梁在日本所办的报刊，前后共有三个名目，从戊戌十月到辛丑叫《清议报》；壬寅以后叫《新民丛报》；庚戌以后叫《国风报》。若就他的思想议论在学术上的价值说，自然是后胜于前，但就他在中国政治社会上所发生的影响说，却是在《清议报》和壬寅癸卯间的《新民丛报》时代。这时代的梁启超，可算是言论界的骄子。报馆虽在日本，影响及于中国的知识阶级却是非常地大。"① 李剑农对梁启超主持的报刊在当时言论界中的地位和对知识分子的影响，尤其是《清议报》、《新民丛报》的历史地位和作用，给予了极高却客观的肯

---

　　①　李剑农：《中国近百年政治史》，商务印书馆 1948 年版，第 217—218 页。

定。这些报刊的影响，也可见诸不少史料细节中。各处学堂屡屡可搜查出《清议报》和《新民丛报》，颇能反映出学界对两刊的钟爱。据吴玉章回忆在1902年他也读到了刚创刊的《新民丛报》。他说："1902年，我又到威远继续求学，这时，《新民丛报》、《新小说》等都已经出版，我非常爱读它们。"① 值得注意的是，吴玉章所在的威远地方并没有，甚至整个四川都没有《新民丛报》的代派处，而刚刚到威远的吴玉章能读到《新民丛报》，这说明，吴玉章是受了别人的推荐而接触，这种因喜爱而互相推荐的方式非常常见，是《新民丛报》得以突破代派处的局限而影响他人的一种重要途径，也反映出推荐者对该报的认同。阅读《新民丛报》及喜欢此报，南京江南陆师学堂任职的汪希颜的家书中明确表示是因为对其内容的感佩。他在1902年3月写给其弟的信中谈及《新民丛报》时说："其宗旨在提倡一国之文明，其体例则组织学界之条理，中外双钩于笔底，古今一冶于胸中。吾谓学游六年，不如读此报一年；读书十卷，不如读此报一卷。此报一出，而一切之日报、旬报、月报，皆可废矣。何则？他报之能开风气者……而究未有本天演之公例，辟人群之义务，洞环球之全局，澈教育之根源如《新民丛报》者。凡兹所言，弟未之见，亦难深信，兄已屡读而亦不能殚述，故虽价目不廉，兄既自购一份，又为吾弟另办一份，负欠典衣，在所不顾，而此报终不可不阅也！"② 他对《新民丛报》评价如此之高，认为读书六年，不如读此报一年，这也从一个侧面看出《新民丛报》1902年刊载的大量西方民主思想对青年学生的影响，以至于对价格不菲的《新民丛报》购买双份，宁可"负欠典衣，在所不顾，而此报终不可不阅"，并极力向其弟推荐。这样，立宪思想动员的主体就不再是报刊和报人本身，被动员起来的读者也成为动员他者的重要力量，团结了更多的人士向立宪思想靠拢。

对梁启超及其文章的影响，时人孙宝瑄在日记中写道："凡居亚洲者，人人心目中莫不有一梁启超。"③ 人人心中有一梁启超虽有夸张，但足见梁启超在当时的影响。胡适也自述受梁启超呼吁国家思想、采补政治

① 吴玉章：《吴玉章回忆录》，中国青年出版社1978年版，第15页。
② 汪原放：《回忆亚东图书馆》，上海学林出版社1983年版，第1—2页。
③ 孙宝瑄：《忘山庐日记》（上），上海古籍出版社1983年版，第563页。

能力的影响①。另外，梁启超的文集，"凡谈新学者，家必藏其书"②，几人人手置一篇③，"《饮冰室文集》几家喻户晓也。"④ 鼓吹立宪，宣传民权思想之《新民丛报》，竟至国人竞读，风行全国。《饮冰室文集》为梁启超《时务报》、《清议报》、《新民丛报》等文章的结集，是报刊影响的延续，因此该文集家喻户晓也可等同认为是报刊宣传家喻户晓。如此等等表述，都是对梁启超主持的立宪报刊宣传效果的有力肯定。由于《清议报》、《新民丛报》、《国风报》为梁启超主持，其中论说栏，甚至其他多个栏目的众多文章都出自梁启超一人之手，梁启超文章的比例在这几个刊物的重要文章中都占半数以上。而且，西方民主思想的引介和立宪理论的阐述也主要出自梁启超之手，因此，在某种程度上说，梁启超就代表立宪，对梁启超文章和梁启超本人的接受，也是对立宪某种程度的认同。如此看来，梁书能人人手置一篇和家喻户晓，说明被梁启超动员的民众并不是一个很小的数目。这就不难理解《清议报》时期立宪思想能够迅速发展，再至《新民丛报》创办第一年之后的 1903 年短短的一段时间，立宪思想就汇聚成浩大的立宪思潮。

需要指出的是，这些政论报刊影响并不局限于在刊时间，即使在各刊停刊以后，仍存于世或被结集的报刊内容持续影响着后人，甚至在清朝覆灭后依然在发挥作用。如张友渔称，他读了康有为、梁启超不少政论文章，并接受了他们改良主义的思想，开始注意时事，用改良主义思想分析证据，忧国忧民。⑤ 此时，出生于 1899 年的张友渔可以阅读政论报刊的年纪，应当是已经到了民国。可见，康、梁思想的影响并不随着改朝换代而终止，反而继续影响着国民，而且还促成了民众思想的转变。这反映出立宪思潮也并没有因为清政权的瓦解而完全消亡，在以后的社会上仍可看到立宪思潮的影子。

---

① 胡适：《四十自述》，安徽出版社 2006 年版，第 53、58 页。
② 王一心：《新闻文学开山祖梁任公》，载黄天鹏编《新闻学刊全集》，光新书局 1930 年版，第 331 页；《民国丛书》（2：48），上海书店 1990 年版。
③ 陈灝一：《睇向斋逞臆谈》，载章伯锋、顾亚主编《近代稗海》第 13 辑，四川人民出版社 1988 年版，第 355 页。
④ 同上书，第 353 页。
⑤ 张友渔：《报人生涯三十年》，重庆出版社 1982 年版，第 2 页。

当然，这些政论报刊能实现有效的立宪动员，不能忽视梁启超文笔的魔力。我们知道，文章是思想的载体，文章语言是影响思想传播的一个重要因素。梁启超博闻强识，在社会中有很大影响，在一定程度上受惠于他酣畅淋漓、雅俗共赏的文笔。民国之吴其昌先生在对众大家文笔的评论和对比中，对梁启超的语言效果极尽之褒扬：

当时一班青年文豪，各家推行着各自的文体改革运动，如寒风凛冽中，红梅、腊梅、苍松、翠竹、山茶、水仙，虽各有各的芬芳冷艳，但在我们今天立于客观地位平心论之：谭嗣同之文，学龚定庵，壮丽顽艳，而难通俗；夏曾佑之文，更杂以庄子及佛语，更难问世；章炳麟之文，学王充《论衡》，高古淹雅，亦难通俗；严复之文，学汉魏诸子，精深邃密，而无巨大气魄；林纾之文，宗绪柳州，而恬逸条畅，但只适小品；陈三立、马其昶之文，桃祢桐城，而格局不宏；章士钊之文，后起活泼，忽固执桐城，作茧自缚。至于雷鸣潮吼，恣睢淋漓，叱咤风云，震骇心魄，时或哀感曼鸣，长歌代哭，湘兰汉月，血沸神销，以饱带感情之笔，写流利畅达之文，洋洋万言，雅俗共赏，读时则摄魄忘疲，读竟或怒发冲冠，或热泪湿纸，此非阿谀，唯有梁启超之文如此耳。[1]

当时最有影响的著名知识分子，他们的文体各有特色，各有长处，但从易于受众接受的角度来评判，梁启超的文字最易征服人心。梁启超这种"震撼心魄"、"雅俗共赏"的文笔使读者与文章共鸣，是一种成功的信息传播方式，也是传播者实现主观传播意愿的重要一环，更是清末不少读者追随梁启超的一个重要原因。民国史学家郭湛波就说，因其文笔生动，宣传力大。[2]

梁启超主持之报刊，因倡导民权、自由等新学为社会成员广泛接受，为立宪思想的发展争取到不少支持者。更因其文笔恣肆如江河之下，流利畅达又饱含感情，赢得了更多的受众，为立宪思潮的发展聚集了更多的力量。

---

① 吴其昌：《梁启超传》，百花文艺出版社2004年版，第23页。
② 郭湛波：《近三十年中国思想史》，北平大北书局1933年版，第53—54页。

第二节 非政论立宪报刊与立宪宣传

清末报刊众多，因其创办人立场和报刊宣传特点的不同，可以划分为众多种类。即使同为宣传立宪的报刊，除了康、梁立宪派领袖所主持的政论报刊外，还有同样主张实行君主立宪的一般立宪人士所办的报刊和非立宪派人士创办的宣传立宪的报刊。

这类立宪报刊为数众多，诸如《时报》、《大公报》、《申报》、《新闻报》、《中外日报》、《东方杂志》、《法政杂志》，香港《维新日报》、《实报》，在北京出版的《京话日报》、《中华报》、《宪法新闻》、《宪法白话报》、《北京时报》、《京都日报》、《国报》、《宪报》、《北京日报》，在天津创办的《天津日日新闻》，在广州出版的《时敏新报》、《羊城日报》，在汉口出版的《中西报》，在成都出版的《成都商报》等等，以及各地的立宪团体所办的报刊，诸如四川宪政会、法学研究会、保路同志会等团体主办的《蜀风杂志》、《西顾报》，贵州宪政预备会主办的《黔报》等。这些报刊，有日报有月刊或旬刊，其中不乏影响较大者，诸如《大公报》、《时报》、《申报》、《新闻报》、《东方杂志》等。它们不仅在全国范围内建立起庞大的发行和销售网络，而且有相当大的发行量，在当时的民办报刊中发行量位居前列，如《东方杂志》，根据 1910 年统计，每期销售数达 15 000 份[①]，是当时国内影响最大的杂志。《时报》和《申报》、《新闻报》则是当时上海影响最大的三份报纸。而且，这些报刊的创办人大多与立宪事业关系密切，其创办者或者报刊主编，不少就是立宪派中的著名人物，如主笔《东方杂志》的孟森、编辑《时报》的雷奋、《舆论日报》的狄葆丰，《羊城日报》的谭汝俭等，他们或是学界主张立宪的思想领袖，或是地方立宪团体的要员。他们主持报刊，确保了报刊舆论朝着有利于立宪方向的发展。另外，这些报刊与康、梁等主持的政论报刊多为旬刊或月刊不同，它们有不少是影响较大的日报，其发行频率高，发行周期短，有利于立宪思想的传播和立宪舆论的汇聚。这些报刊的存在，弥补着政论报刊立宪宣传周期长和发行频率较低的缺陷。因此，这

---

① 杨扬：《商务印书馆：民间出版业的兴衰》，上海教育出版社 2000 年版，第 52 页。

些为数众多且较有影响的非政论报刊的立宪宣传无疑是立宪思潮形成和发展并不断高涨的重要支持力量，对立宪思潮本身的存在和发展起到一定的托持作用。

一 立宪思潮的推动者

（一）其他立宪报刊的立宪宣传

在立宪宣传方面，这些非政论立宪报刊与政论报刊不同，它不像政论报刊那样每篇文章都从不同的侧面为实行立宪而立意，不过，要求立宪实现君主立宪政体也是非政论立宪报刊宣传的重要内容。下面以《时报》为例来看非立宪政论报刊对立宪的宣传情况（见表4—2—1）。

表4—2—1 　　　　　　　　　　《时报》"论说"栏内容分析

立宪	时局、政治	法律	外事	边务	教育、学界	军事、警务
50	166	27	50	20	86	44
经济	路矿、邮政	社会、风俗	报界、舆论	宗教	其他	总计
65	93	52	33	9	45	740

说明：表中数据依据光绪三十年四月二十九—光绪三十二年七月十三《时报》"论说"栏内容统计所得。

清末时期的各报首篇都设有"论说"。"论说"栏内容是报刊主旨的最突出体现，基本上代表了该报该刊的政治观点。因此，以"论说"栏分析《时报》的宣传情况，有一定的代表性，比较能反映该报的宣传旨趣。

上表中"论说"内容，时间从《时报》创刊的光绪三十年四月二十九日至清政府下诏宣布预备立宪的光绪三十二年七月十三日，也就是说，在时间的择取上，是考察预备立宪之前《时报》对立宪的宣传情况。从上表可以看出，在740篇次"论说"文章中，立宪内容占50篇次，要远远低于"时局、政治"的166篇次、"路矿、邮政"类的93篇次和"教育、学界"类的86篇次，甚至低于"经济"类的65篇次和"社会、风俗"类的52篇次。这样看来，似乎立宪并不是《时报》的最显著内容。不过有一些导致出现这一结果的因素需要加以考虑：其一，以上这些归类的划分，因为有些篇目内容有交叉，例如政府的法制改革，既可归于"政治"类，也可归于"法制"类，甚至也可以归于"宪政"类，但最终结果只能归于其中一类。这样就使得有不少与立宪有关的内容划归到其他类别中，这是导致"立宪"栏数据不高的一个影响因素。其二，此时为立宪思潮初步形成期，尚未发展到政府以国家意志推行立宪的阶段，对实行立宪的呼吁，在宣传形式上，直接阐述立宪必要性的文章较少，而是将实行立宪的必然性和必要性渗透在对国家时事的论说中。这样的文章不胜枚举。如果将其中要求实行立宪、实现民权等与立宪相关内容的文章也统计在内的话，那么立宪文章的比重会迅速占据第一位。其三，这些报刊同康、梁等人主持的政论不同，康、梁等以逃亡政治家的身份流亡国外，进行言论鼓吹不必考虑国内政府对其施行政治压力，而在国内创办并以国内为市场和宣传区域的国内各报，在言论的鼓吹上不可能像梁启超所主持的报刊那样可以畅言无忌。最后，毕竟这些报刊不是机关报，非宣传立宪的核心报刊，不必要承担政论报刊系统阐述立宪派政治主张的功能。另外，这类报刊中，多为"报"而非"刊"的形式，体现的是"报"的新闻性。长篇的理论阐述，适合于"刊"的形式，但不适合"报"的形式。

　　由此可以看出，在清政府宣布预备立宪之前，《时报》等非政论立宪报刊的宣传，在内容的分布上，立宪或许并不占最大比重，但由于其大部分文章中都渗透和暗含立宪主张，并且每天源源不断地向社会传递立宪的信息，这类报刊却对立宪思想的发展和对立宪思潮的生成起到至关重要的作用。预备立宪宣布之后，立宪为国家政治生活的重要议题，而日报类报纸则将清政府对实行宪政的谕旨或政策、措施等，都以"新闻"的形式予以报道，并在"论说"栏对清政府实行宪政的情况发表自己的观点。另外，随时报道各地立宪派的活动，尤其是请愿国会运动、地方自治施行情况、地方谘议局和资政院的情况，并且在舆论上予以声援支持，这都是报刊传播立宪信息的方式，而这些立宪信息的传播对立宪思想发展和立宪思潮的高涨同样起到不可忽略的重要作用。

　　非政论报刊对立宪的呼吁成为推动立宪思潮的重要动力。1904 年刚创刊的《时报》和《东方杂志》便不断撰文以立宪为吁请。《东方杂志》第 2 号的《朝廷欲图存必先定国是》一文，就警告清廷，实行立宪为民意所归、大势所趋："往事已矣，来犹可追，通国上下望立宪政体之成立，已有万流奔注，不趋于海不止之势，夫此不用，则犯滥为患，祸甚于昔之洪水也夫。"① 这些报刊宣传汇聚成的舆论，不仅有力地促成了立宪思潮的形成和立宪思想的高涨，也是促使清政府实行君主立宪的强大舆论压力。

需要指出的是，虽然各报总体上都赞成立宪，但在实行君主立宪的诸多具体问题上，包括康、梁主持的政论报刊在内的各报并不完全一致，甚至各报自身前后也有变化。宣传立宪的各报因立宪观点差异而有辩驳，不过这并非本质上意见相左，而是在实行君主立宪的前提下在具体问题上看法不同。如《中国新报》同梁启超主持的政论报刊《新民丛报》关于人民程度与立宪的问题，梁启超对于杨度认为人民程度不是行宪政的阻力，但在论述其他问题时又说满蒙回藏程度不足的观点，持保留意见。梁启超仍坚持人民程度不足是不能实行民主立宪的主要原因。人民程度之范围，亦包括蒙回藏满等族，不能分开。梁启超与杨度的观点都在于论述只能行君主立宪而不能实行民主立宪，在论述为何不能实行民主立宪的原因时观点有分歧，这一分歧只是看待人民程度问题的角度不同。所以，即使争论，也只能使宪政理论更有说服力，而不会分化立宪舆论。

同样，《时报》同康、梁的矛盾也属于立宪派内部的分歧，对立宪思潮的发展和立宪的进程并不会起到副作用。《时报》虽然与康、梁很有渊源，其创办既受保皇党经费的资助，也有梁启超的大力指导，主笔罗孝高为康有为得意弟子之一，狄楚青本人也是康门弟子。但是，《时报》的宣传，还是逐渐与康、梁疏远起来，而同江浙立宪派愈走愈近，在宣传上同康、梁的分歧自是不言而自明。然而，《时报》虽然不能为康、梁所用，但却成为江浙立宪分子宪政运动的重要喉舌，它于推动君主立宪制所起的作用，则远远不可低估。张朋园先生对此有较为中肯的评价，他说："《时报》在清季为维新派的喉舌，则不能不予注意。狄葆贤主持下的《时报》，虽然未能完全符合康、梁的要求，但是它的言论方向，从进取

---

① 《朝廷欲图存必先定国是》，《东方杂志》第1卷，第2期1904年。

的角度观之，其影响清季政治，远过于康、梁的要求。"① 这是对《时报》推动宪政进程作用的大力肯定。

在清廷宣布预备立宪之后，这些非政论立宪报刊一方面继续为立宪鼓吹，宣传立宪思想指导国民，另一方面，也对政府的行政行为和政府推行宪政的进程予以严格的监督。

（二）对清政府腐败和阻碍宪政进程的批评

《时报》等不少立宪报刊，其宗旨既为要求立宪，那么内容一定会专注于两个方面：一方面要宣传立宪知识以推动立宪思想的发展，另一方面也要排除和减少实现立宪的阻力。而实行宪政的阻力有两方面，一是政府官员，二是无知民众。两方面阻力的化解需要不同的应对方式。对民众应努力普及宪政知识，增长其立宪常识，使之具备立宪国民资格；对政府官员则在提高其宪政意识的情况下监督其行政作为，批评揭露并抵制其阻碍宪政及其腐败行为，努力推动官员向实现立宪的方向转变，以期政府人员能与立宪鼓吹者的思想保持同方向作用力。图4—2—1以《时报》之"时评"和"滑稽画"为例，看清末报刊对清政府立宪诚意及其腐败和拖延宪政进程的揭露与批评。

图4—2—1　《有口无心之立宪》

资料来源：《时报》，丁未八月十三，"滑稽画"。

---

① 张朋园：《〈时报〉：维新派宣传机关之一》，《近代史研究所集刊》第四册（上），1973年5月，第175页。

清政府宣布实行预备立宪之后，公布了政府各部及各省每年应行预备之事。政府在民间吁求立宪压力下所定的宪政时间表及宪政清单公之于社会，成为报刊媒介重点关注的焦点。但宪政清单中的事项往往在预定的时间内不能完成或实施效果低于民众期望，结果民间舆论普遍认为政府推行宪政之进程太慢，指责政府徒托预备之名，以行塞责立宪之实。上图《有口无心之立宪》（见图4—2—1），将"宪"巧妙地拆解，如果去掉下面的"心"，则"憲"字形似于"害"字，暗示了如果政府在立宪这个问题上有口无心，光口头安抚民众而无推行宪政的实际行动，则必会酿成大害。《时报》透过这幅讽刺画，简单明了地警告政府，如果敷衍塞责立宪将会带来严重的社会危害。

《时报》尽管对清政府实行立宪抱有很大的希望，但从清廷开始宣布预备立宪之时起，同时就对清政府抱有怀疑态度和警惕之心。它不断警告政府如果有立宪之名而不行立宪之实即政府假立宪，则会带来严重的后果，如《论假立宪之足以速亡》一文，认为政府"市立宪之口惠，逞专制之实威"，这样假立宪的情况国外已有过教训，它直接导致了土耳其、葡萄牙革命亡国。文章直白地指出，其所以亡者，"非立宪之过，乃假立宪之过也。"① 文中以实例证明假立宪足以导致亡国的严重后果，因此质问并请清政府反思当下所行之立宪，为真立宪还是假立宪，亦由此看出《时报》对清政府实行立宪诚意的怀疑。

对清政府宪政进程的不满，一直是报界攻击清政府的一个原因。《时报》屡屡撰文并刊载滑稽画讽刺政府宪政预备慢如蜗牛。在《忽又一年》（见图4—2—2）和《关于国会九年预备》（见图4—2—3）的图画中，表达了立宪人士对清政府推行宪政进程的严重不满。

清政府在预备年限中，各年应筹备的事项及实行期限和应达到的目标，均通过报刊公之于众。报界也因此对政府的宪政进程予以监督。如宣统元年十一月二十六日《时报》就质问政府筹备事项之进展如何，要求予以公布，并以之前的经验认定政府准备拖欠，因此要求政府归还宪政之债，兑现政府对国民的许诺："今岁筹办宪政事宜，尚有未发表者多项，或曰，年近岁逼，诸债猬集，政府所欠国民之宪政债，亦将还矣。曰：子

---

① 宣：《论假立宪之足以速亡》，《时报》宣统二年十一月三十日。

图4—2—2 《忽又一年》

资料来源:《时报》,丁未七月十三,"滑稽画"。

图4—2—3 《关于国会九年预备》

资料来源:《时报》戊申年八月初三,"滑稽画"。

少安毋躁,未到岁除,何急急为? 去年有老例也。"① 要求政府对宪政清
单进行偿还。对于清政府强行驱散留京之国会请愿运动之人,《时报》之
"时评"讽刺政府曰:

———————————

① 笑:《宪政债》,《时报》,"时评二",宣统元年十一月二十六日。

　　　　谘议局时代过矣，今年为资政院时代。铁路时代过矣，今年为借
　　　债时代。大操时代过矣，今年为购舰时代。拒款时代过矣，今年为破
　　　产时代。水灾时代过矣，今年为鼠疫时代。捉拿革命党时代过矣，今
　　　年为捉拿请愿国会时代。①

　　将清政府扣拿请愿代表的行为予以揭露和讽刺，也暗含对清政府宪政
预备时期压制民间请愿国会人士行为的嘲讽和不满。
　　报刊不仅对预备立宪时期宪政进程进行监督，对清政府腐败黑暗统治
的揭露，也是众报刊宣传的一个重要内容。下图《暗无天日》（见图4—
2—4），以日食的自然现象比喻中国政治黑暗的社会现象，既一目了然，
又别有新意，使读者对中国社会黑暗的情况有了深刻的认识。

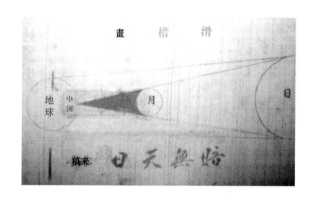

图4—2—4　《暗无天日》
资料来源：《时报》丁未年七月初四，"滑稽画"。

　　《好外交无面目》（见图4—2—5），以"好百姓无舆论，好官长无眼
耳好外交无面目"文字配插图的形式，将清政府钳民之口约束舆论，官
吏对民生疾苦、国家安危置若罔闻、不睹不闻以及政府外交丧权辱国的形
象刻画得入木三分。

───────────

① 冷：《今年之回顾》，《时报》，"时评一"，宣统二年十二月二十一日。

图4—2—5　　《好外交无面目》

资料来源:《时报》丁未年十二月初三,"滑稽画"。

一贯主张通过和平手段改良政治的立宪人士,寄希望清政府能刷新政治,减少实行君主立宪阻力。对清政府腐败的揭露,是暴露专制弊端的重要途径,也是为了割去阻碍清政府实行宪政的毒瘤。各报对立宪爱之愈深,对清政府专制与腐败的揭露便愈无情,对清政府拖延立宪行为的批评也愈加尖锐。

二　立宪舆论的营造者

非政论立宪报刊是一个庞大的群体,在清政府宣布预备立宪之前,它以要求实行君主立宪政体相呼吁。宣布之后,它们大多以监督政府、指导国民者自居,对清政府立宪之预备从舆论上加以监督,对国民传播宪政知识,加以宪政指导。例如以针对商界发行的《新闻报》也标明自己宣传立宪的立场,其主笔述其立宪立场曰:"会清季多故,各报记载议论益注重政治。迄清廷筹备立宪,本报尤鼓吹不遗余力。"①《新闻报》在宣传立宪方面的确有不俗表现,其所载之《尊权篇上》和《君权之界说》就被梁启超主持的《新民丛报》"舆论一斑"栏目采纳。作为上海三大报纸之一的《新闻报》对立宪亦极力鼓吹,自然为立宪思潮增力不少。另外,

①　张铁民:《报界十一年之经过谈》,《新闻报三十年纪念》,1923年。

这些报刊不像诸多政论报刊尤其是革命报刊那样旋开旋停，它们存在时间较长，立宪宣传能够持久，且具有连贯性。如《大公报》自 1902 年创办后，便从事立宪思想的鼓吹，并以每千号时举办以立宪为题的征文，引导立宪舆论的发展。《蜀报》则在第一期祝辞中标明其宣传旨在"创造舆论，指导国民"以"辅助宪政之进行"。①《东方杂志》自创刊起就显现出立宪的政治倾向性，对清政府的新政和预备立宪加以关注，时有报道和评述，1907 年还出了一期增刊《宪政初纲》。孟森主笔期间，增加了各栏目中有关立宪的内容，同时还亲撰《宪政篇》，以其亲身参与的立宪活动经历、谙习宪政的学识，对立宪综合叙述点评。孟森见于《东方杂志》的文章共 38 篇，1908 年 8 月至 1910 年 6 月间 32 篇，每篇文章皆关涉宪政。《东方杂志》每期约 180 页，《宪政篇》每期约 40 页，最多时达73 页，宪政内容所占比例几近全刊的五分之一至四分之一之间，足见《东方杂志》对立宪宣传的重视。"数年以来，朝野上下，鉴于时局之阽危，谓救亡之方只在立宪，上则奏牍之敷陈，下则报章之所论列，莫不以此为请。"②长期以来，"论列"以立宪为请的报章，指的不是为清廷所通缉的康、梁主持的报刊，也不是此时尚未创办的官报，而指的正是这些非政论报刊。由此可以看出，非政论报刊所构筑立宪舆论方面的力量。

这类报刊传播的地域非常广泛，有较大的受众群，因此在社会上有较大的影响。如《新闻报》每日平均销行份数，1900 年 12 000 份，1909 年14 486 份，1912 年为 19 418 份③；根据 1910 年统计，《东方杂志》每期销售数达 15 000 份④。《大公报》为当时华北地区一份最引人注目的大型日报，1909 年 7 月该报自傲地宣称："若说舆论是多数，然则本报销行，实算是京津第一。"⑤在清末时期，销售量能达到 10 000 份者屈指可数，其他民营报纸和一般的官报都难以取得这样的成绩。虽然还有其他的报刊

---

① 吴虞：《读〈管子〉感言以祝〈蜀报〉》，载赵清、郑城编《吴虞集》，四川人民出版社1985 年版，第 12 页。

② 《清末筹备立宪档案史料》上册，中华书局 1979 年版，第 25 页。

③ 《报学杂志》，第 1 卷，第 2 期，1948 年。

④ 杨扬：《商务印书馆：民间出版业的兴衰》，上海教育出版社 2000 年版，第 52 页。

⑤ 《试金石》，《大公报》，"白话"，1909 年 7 月 29 日。

偶尔会突破 10 000 份的数量，但不是常态，所以其影响自然不能和这些
报刊相提并论。与可观的发行量相媲美的是，这些报刊也建立了庞大的销
售网络，以《时报》为例，其设于全国的代派所多达 80 处左右，遍及上
海、江浙、山东、安徽、福建、广东、广西、江西、湖南、湖北、河南、
北京、重庆等沿海和内陆地区。由于邮寄业务的存在，其影响的区域不仅
仅限于已设代派所的区域，如《时报》在山东仅设烟台一处代派所，但
在山东青州教书的包笑天，就已经能读到创办不久的《时报》，虽然晚了
几天。另外，这些报刊面向的群体不同，例如《时报》针对的是学界和
教育界，在学界较受欢迎，如包笑天是山东青州的教师，他将《时报》
作为其精神食粮。① 《新闻报》面对的受众主要是商界，不仅上海的工商
界，大至工厂、公司、洋行，小至澡堂、理发店，都订阅一份，即江南各
县镇较大的商号，凡需向沪批发，要随时了解上海行情的，也都要订阅
《新闻报》。② 《申报》则主要面对政界及士绅阶层。这些报刊各自针对不
同的受众，同政论报刊主要影响学界相比，它们覆盖的受众群体阶层更广
泛。这些影响较大而又面对不同阶层的报刊，是构成民间舆论的主要力
量，它们又都以立宪为政治宣传目标，因此，立宪思潮的形成和发展就有
了强有力的依托。

三　与康、梁等立宪人士之联系

尽管各报都有不同的背景，或分属不同的立宪派别，但在舆论宣传上
和人缘关系上，立宪人士与报刊、报刊与报刊之间的联系非常密切。正是
因为立宪报刊与立宪人士彼此之间与各自内部之间错综复杂的联系，使得
立宪思想得以凝聚，最终交织形成声势浩大的立宪思潮。

（一）《时报》与康、梁的联系

事实上，《时报》有较深的康、梁背景。《时报》创办者狄楚青，在
戊戌之前，便已列名康氏之门墙，且与梁启超投契，为莫逆之交。③ 1904
年《时报》的创办，便有康、梁的大力帮助，不仅表现在《时报》创办

---

① 包笑天：《钏影楼回忆录》，香港大华出版社 1971 年版，第 312—313 页。
② 徐铸成：《报海旧闻》，上海人民出版社 1981 年版，第 37 页。
③ 张朋园：《〈时报〉：维新派宣传机关之一》，载《近代史研究所集刊》第四册（上），
1973 年，第 155—156 页。

时康、梁筹集十分之三的资本①，而且在宣传方面也有相互帮扶。梁启超在其主持的《新民丛报》上发文亲自为《时报》作介绍和宣传，并评论《时报》"可称今日中国报界之良矣"。②《时报》的体例也由梁启超亲自拟定，狄楚青曾在第三号上"诗界潮音集"栏发有署名"平等阁"的《燕京庚子俚词七首》和《杂诗四首》诗，与梁启超在报中诗文唱和。《时报》光绪三十年四月二十九（1904 年 6 月 12 日）创刊，该年五月初四第 6 号开始连载的《俄罗斯致败之由（一）（敬告中国当道）》乃转载自《新民丛报》光绪二十九年十二月二十九日第 46、第 47、第 48 号合刊中的文章，只不过标题稍微变化，将《俄罗斯致败之由》改为《俄罗斯致败之由（一）（敬告中国当道）》，加上了（敬告中国当道）的副标题。光绪三十年五月十五日《新民丛报》第 49 号刊载之梁启超的"论说"《论政治能力》，此为梁启超新民篇之二十四，亦刊载于《时报》之五月初一第 3 号、五月初二第 4 号，题名为《论中国当养成政治能力》。《时报》"论说栏"转载《新民丛报》大量的文章，不仅仅说明《时报》同《新民丛报》的关系密切，也说明《新民丛报》利用新创办的《时报》来扩大立宪思想的宣传。另外，《时报》对梁启超文章的多次转载，也说明《时报》在舆论宣传上同康、梁立宪思想保持了一致，尤其是在《时报》发展的前期。

（二）对康、梁立宪思想的鼓吹

对立宪的相互支持和声援，也表现在对康、梁立宪精神的鼓吹。如梁启超早在光绪二十七年刊于《清议报》的著名文章《过渡时代论》，详细阐述中国由专制制度到实现君主立宪制度，中间需要经过一个过渡期，即过渡时代。《大公报》不仅接受了梁启超这一提法，1908 年英敛之还专门撰成白话文《过渡时代》，告诫国民，中国正处于由专制向立宪转变的"过渡时代"，要大家切实做立宪国民，担负国家的责任。只不过，梁启超的文章是从理论上阐述过渡时代的性质及过渡时代为实现君主立宪必由之阶段，而英敛之等提及过渡时代，是将其作为解释政治事件或发起政治

①　包笑天：《辛亥革命前后的上海新闻界》，载《辛亥革命回忆录》四，文史资料出版社1963 年版，第 87 页。康、梁当面说所费二十五万。不管具体数额是多少，康、梁对《时报》注资是客观事实。

②　《中国时报》，《新民丛报》第 50 号，"介绍新刊"，光绪三十年六月一日，第 75 页。

倡议的时代背景而言之。由此可以看出，非政论立宪报刊在这里为梁启超政论报刊宣传的立宪理论提供了一个向下层民众传播的平台，在立宪宣传中扮演着立宪理论报刊和一般立宪报刊中间沟通者的作用。梁启超主持的报刊在宣传方面，多倾向理论，注重学理的阐发和立宪思想渊源的追溯，而缺少立宪知识的一般民众自然对这些理论理解和接受起来有一定困难，那么经过《大公报》、《时报》等的缓冲和处理，接受起来相对较容易一些。因此，《大公报》、《时报》等与康、梁等主持的政论报刊之间的联系，也是立宪思潮中不同层次立宪思想的自由衔接，是扩大立宪思想影响的途径之一。

与康、梁等立宪派关系不太密切的《申报》、《新闻报》，在舆论上与康、梁主持之报刊也互相借取。如上海之《新闻报》根据立宪国家之宪法介绍君权应受限制的文章《君权之界说》一文，就被《新民丛报》"舆论一斑"栏目转载。《申报》也受到康、梁宣传立宪思想的影响，改革后的 1905 年新年《申报》第一篇论说《述东瀛度岁之感以励中国前途》，"开宗明义即引饮冰室主人之言，意欲与昔日以叛逆目康、梁者示宗旨之迥不相同，所以为此矫枉过正之论调，无非使阅报者耳目一新，譬犹人患痿痹症，饮以兴奋之剂，庶几精神骤振而病势始有转还之希望，此实同人之苦心孤诣也。"① 社会上对于《申报》的锐意革新，"相顾惊奇，名誉鹊起，销数骤增至一万以外。"② 梁启超的文章能起到使《申报》形象马上得到改观，且发行量骤增至一万以外，则说明立宪思潮是不可逆之潮流，顺之则兴，逆之则败，也反映了梁启超之立宪思想在社会上被接受的程度。不过，这里更体现出民间报刊在舆论上主动与梁启超靠拢，梁启超主持的政论报刊与民间宣传立宪的报刊逐渐建立了联系。

（三）其他立宪报刊的人缘关系

有些非政论立宪报刊与康、梁立宪派关系密切，而有些则与其他地区立宪界的领袖交往甚密，或者创办者或主笔本人就是立宪界领袖，这些报

---

① 雷瑨：《〈申报〉过去之现状》，载中国人民大学新闻系编《中国近代报刊史参考资料》上册，1979 年，第 182—183 页。

② 同上书，第 183 页。

刊在立宪宣传中发挥着重要作用，这也是它们之所以在立宪思潮发展中应加以重视的原因。

首先，政论立宪报刊与非政论立宪报刊之间报人流动比较频繁，如1903年在《新民丛报》第25号上刊载《政党论》的罗普，1904年《时报》创刊后任该报主笔。吴冠英在《政论》上发表《中国之国会与贵族问题》、《关于立宪融合种族之方法》以及《论政治良恶与人才生存之关系》等文章，为《政论》的主要撰述者之一，1909年以后，任上海谘议局事务调查会事务所在日本东京创办的《宪法新志》月刊的主编。另外，这些非政论立宪报刊与江浙立宪人士关系也很密切，如《时报》的狄楚青是张謇任会长的教育总会的干事、预备立宪公会会员、谘议局议员。《东方杂志》的编辑、并经常为《时报》撰稿的孟森，是江苏立宪运动的领导人。《申报》与江浙立宪人士的领袖张謇关系也很密切，据说《申报》报头，"即出自啬公（张謇）手笔"。①

立宪思潮的立宪宣传，各报刊之间是互相链接的关系，无论从人事还是从思想承接和交集上，都不能做到完全切割和划清绝对的界限。正是各报之间、各报与立宪党领袖之间的错综复杂的联系，使得各报宣传得以凝聚成立宪的核心主题，各报立宪思想不同侧面和纬度的宣传和交织，最终使立宪思想汇聚成立宪思潮。立宪思潮又随立宪人士的活动和它们主持的报刊的宣传而向前不断发展和多层次延展。如果撤除了康、梁之外的其他立宪报刊这一部分，康、梁政论报刊与官报和白话报等之间的联系便脆弱得多，立宪思想便难以汇聚成立宪思潮。此类报刊不仅是立宪思潮的重要依托力量，也是维系立宪思想汇聚的纽带。

第三节　官报与立宪

官报是清末报刊中重要的一支，它与立宪之间亦有一定的关联，尤其是清政府下诏宣布预备立宪之后，官报成为政府推行宪政的载体。

---

① 《张啬公之谦亭杨柳诗》，载郑逸梅《梅庵谈荟》，黑龙江人民出版社1985年版，第28页。

一　清末官报发展状况

近代意义上的官报出现，始于官书局创办《官书局报》和《官书局汇报》的 1896 年。该报随戊戌思潮而设，以发挥开民智、通下情之功能。此时创设的官报，已与古代官报性质迥异，无论在体例还是内容上，都有质的不同。经历庚子之役后，清政府开始推行新政，此间有《北洋官报》创办。日俄战争之后，全国立宪风潮已起，清政府自此开始垂注报业，既鼓励民间报馆的发展，又要求各级政府创办报刊。尤其是清廷宣布预备立宪之后，清政府责令各级政府仿《北洋官报》体例创办官报，此后官报如雨后春笋般纷纷问世。自 1901 年清政府创办《北洋官报》始，之后仿效该报又创办了《政治官报》、《南洋官报》、《湖北官报》、《四川官报》、《安徽官报》、《黑龙江官报》、《江西日日官报》、《豫省中外官报》、《汉口日报》等报刊。至辛亥革命前，各行省基本都已经创办了本省官报。另外还有一些清政府各部创办的官报如商部主办的《商务官报》、学务部主办的《学务官报》等，也有各地方机构创设了自己的官报，如天津直隶学务处主办的《直隶教育官报》等。清末最后十年，清政府创办各种官报至少有 106 种①。中央各政府部门大都出版了官报，地方各省也相继筹设，这样形成了一个从中央到地方的比较完整的官报体系。

二　官报创设动机与刊载内容分析

值得注意的是，并非所有的清政府官员都像国人印象中那样全都顽固不化，思想开通且有进步思想者也大有人在。例如晚清大吏端方，官两江总督，其治下的思想政治环境颇为宽松。郑逸梅记载端方一事，文中说，"端喜阅报纸杂志，尝诏满学生曰：'当今之世，新报固不可不阅，而留学生所出之杂志，又不能不看，看愈多，则留学生排满之方法可以透澈，而吾可以思抵制之计。'"② 可以看出端方非常明晓报刊播扬舆论的功能，

---

① 李斯颐：《清末 10 年官报活动概貌》，载《新闻资料研究》第 3 期，中国社会科学出版社 1991 年版，第 129 页。

② 郑逸梅《梅庵谈荟》，黑龙江人民出版社 1985 年版，第 80—81 页。

对当时报刊舆论中传播的排满内容，端方嘱咐满族学生通过阅读报纸与掌握舆论，以寻找解决现实政治问题的途径。正是因为有不少官员像端方一样能够认识到报纸的作用，他们在创办官报方面颇为尽力。不过，他们创办报刊的意图或有差异，但目的都是为有一舆论机关，以充当自己的喉舌："官吏有知宣传之利者，或自出资创办报纸，或收买报纸以为一己之喉舌，此为半官报之滥觞。"①

但在清政府宣布预备立宪后，宣传和推动立宪成为官报的一个重要职责。1906 年 7 月 13 日清廷发布预备立宪上谕，此谕称"国势不振，实由于上下相睽、内外隔阂"，唯有"使绅民明悉国政，以预备立宪基础"②，次年 7 月又公布立宪实行方法谕，"立宪之道，全在上下同心、内外一气"，③ 强调朝廷上下立宪信息之沟通和对外之信息交流，这成为之后官报经营的主要宗旨。如《政治官报》就表示，敬体上年七月十三日上谕，要"使绅民明悉国政、预备立宪之意，凡有政治文牍无不详慎登载，期使通国人民开通政治智识，发达国家思想，以成就立宪国民的资格"。④ 明确表示为预备立宪作宣传为该报的宗旨。就"使通国人民开通政治智识，发达国家思想，以成就立宪国民的资格"的目的而言，官报表达的宗旨与立宪派报刊公示之宗旨几近相同。不过，官报与民报贯彻"使通国人民开通政治智识，发达国家思想，以成就立宪国民的资格"宗旨的表现形式不同，在栏目设置和内容安排上有很大的差异。官报内容情况（见表 4—3—1）：

表 4—3—1　　　　　　　官报各类内容所占篇幅百分比

内容\报名	谕旨、宫抄辕抄	章奏	论说	新闻		公文	新知实业	艺文	广告
				篇幅	条数				
政治官报	4.65	69.77	/	2.03	2.2	6.98	2.63	/	13.95

① 戈公振：《中国报纸进化之概观》，载中国人民大学新闻系编《中国近代报刊史参考资料》上册，1979 年，第 1 页。

② 《光绪朝东华录》，第 5563 页。

③ 同上书，第 5686 页。

④ 《开办官报章程》，《政治官报》光绪三十三年九月。

续表

内容 报名	谕旨、官抄 辕抄	章奏	论说	新闻		公文	新知 实业	艺文	广告
				篇幅	条数				
北洋官报	4.8	40.96	1.88	29.65	27.25	9	9.08	/	3.7
南洋官报	10.09	27.19	7.67	23.01	12.06	21.03	6.1	4.79	0.11
四川官报	8.09	22.47	5.06	16.63	32.91	41.85	4.72	/	0.96
江西官报	11.29	14.19	17.63	13.55	16.28	22.58	6.88	13.12	/
商务官报	2.3	17.2	10.93	3.12	7.86	22.46	41.07	/	1.29
学部官报	1.04	26.44	/	4.27	8.11	46.04	19.44	/	2.74

说明：此表的统计方法，日刊和双日刊取每月初一、十五或初三、十六两期，旬刊每隔 3 期取一期，样本缺失时以邻近一期替代。数据为算术平均数。该表引自李斯颐《清末 10 年官报活动概貌》，《新闻资料研究》第 3 期，中国社会科学出版社 1991 年版，第 137 页。略有变动。

　　以比较有影响且有代表性的《政治官报》、《北洋官报》、《南洋官报》、《四川官报》、《江西官报》、《商务官报》、《学部官报》为例，李斯颐对官报的各类内容在官报中所占的百分比情况作了详细的统计。尽管都是官报，但中央官报和地方官报以及各部官报在内容分配上有不小的差异。中央级的《政治官报》不设"论说"和"艺文"，很少关注新闻，以刊载"章奏"为主，比重高达 69.77%，这说明《政治官报》不以采择社会舆论为目的，章奏所占近 70% 的比例，说明官报以自上而下地宣达官方意志为主。中央官报之外的官报，比较重视新闻，但章奏所占的比重依然举足轻重。除此之外，公文也是官报刊载的重要内容。通过表 4—3—1 我们了解了官报的各栏目所占的比重，但无法了解官报的具体内容，立宪的信息比较模糊。因为知道官报是以"开通政治智识，发达国家思想，以成就立宪国民的资格"① 为宗旨，那么，宣布预备立宪之后的官报的宣传，其方向在于推进宪政，是毋庸置疑的。但其内容究竟如何，与宪政是否有关系，在立宪思潮蓬勃发展的时期，官报有没有为其提供助力，下面分别以《政治官报》（见表 4—3—2）和《内阁官报》（见表 4—3—3）的刊载内容情况来分析。

---

① 《开办官报章程》，《政治官报》光绪卅三年九月。

表 4—3—2　　　　　　　　《政治官报》内容统计表

内容＼指标	刊布数量	刊载总量	百分比
宪政类	626	15 997	3.5%
吏治类	5 669	15 997	34%
外事类	83	15 997	0.5%
民政类	616	15 997	3.4%
财政类	2 952	15 997	18%
礼制类	1 109	15 997	7%
学校类	1 093	15 997	6.3%
法律类	648	15 997	4%
军政类	1 632	15 997	10%
农工商政类	588	15 997	3.3%
广告类	425	15 997	2.5%
其他	1182	15 997	7.5%

说明：本表自光绪卅三年九月一日《政治官报》发报始，至宣统三年闰六月《政治官报》易名《内阁官报》止。资料来源：赖光临《中国近代报人与报业》，台北商务印书馆 1980 年版，第 474 页。略有变动。

从表4—3—2的统计数字来看，就具体的 11 个类项来看，"宪政类"共有 626 篇，占总数的 3.5%，所占比重并不大，远远在"吏治类"、"民政类"、"财政类"、"军政类"、"礼制类"和"学校类"等栏目的后面，如果仅从这一个数字来看，看不出清廷要使民"开通政治智识，发达国家思想，以成就立宪国民的资格"的首要努力。不过，预备立宪是一个系统的事情，绝不是颁布一部宪法那么简单，它牵涉政治、经济、财政、法律等方方面面，所以，此后推行的改革大部分也都是为立宪而预备，比如厘清各部职能以适应立宪政体的官制改革等，如果将这部分纳入"宪政类"的话，该类所占之比重要遥遥领先。与立宪关系密切的还有"法律类"，有 648 篇，占 4%，这两类合计占刊载总量的 7.5%，已经能隐现官报重视宪政之初意。

表 4—3—3 《内阁官报》内容一览表

名称	刊布数量	刊载总量	百分比	名称	刊布数量	刊载总量	百分比
法令	83	1 463	6%	交通类	11	1 463	0.75%
通行文件	113	1 463	8%	边务类	37	1 463	2.5%
宪政类	51	1 463	3.5%	实业类	21	1 463	1.5%
军政类	126	1 463	7.5%	叙官类	450	1 463	30.7%
民政类	84	1 463	6%	典礼类	38	1 463	2.5%
学务类	91	1 463	6.5%	掣签类	22	1 463	1.5%
财政类	202	1 463	14%	咨箚	10	1 463	0.7%
司法类	67	1 463	4%	示谕报告	57	1 463	3.7%

说明：本表自宣统三年始至同年十二月止。数据来源：赖光临《中国近代报人与报业》，台北商务印书馆 1980 年版，第 475 页。略有变动。

《政治官报》1911 年改名为《内阁官报》后，没有太大的变化，"宪政类"占 3.5% 的比例没有变化，"法令类"增加到 6%，另外还增加了"司法类"，刊布文章数量为 67 篇，所占比例为 4%。如果将三类合计而算，则与宪政关系密切的内容已占 13.5%，这一数字尚不包含其他类别中与宪政有关联的内容，如果将这部分内容也加进去的话，其比例要大大高于目前的数字。

另外，需要注意的是，《政治官报》本身即为筹备宪政实行之机关——宪政编查馆主办。至 1911 年新官制内阁成立，才将《政治官报》接收并改为《内阁官报》。由此可以看出，《政治官报》与清末宪政机构的联系何等密切。宪政编查馆在引介、整理西方宪政知识并将其转化为与中国现实结合的宪政实践方面所拥有的历史地位，任何采取客观眼光看待历史的人都不会抹杀。新内阁的构成即使未达立宪派的要求，但它体现了西方三权分立的政治原则，是按照西方民主形式成立的政治机关，虽然皇族成员人数较多，但成员都主张实行君主立宪的共同点是存在的，所以，隶属于新内阁的《内阁官报》其宣传的内容，多是政府在预备立宪时期的宪政成就，如资政院之筹设、宪法大纲之颁布、法律之修订，以及各省办理选举成立谘议局的情况，甚至立宪派发起的请愿召开国会运动等，在《政治官报》中俱大量刊载，单凭这一点，官报对立宪的作用就应该肯定。更何况，宪政编查馆之重大文牍，"大率秘密辗转请求（梁启超）先生代筹代疱。"① 与立宪更脱不了关系。

三　官报对立宪思潮发展的意义

史学界对官报研究不多，如果提及，也很少有人从正面肯定。笔者认为，官报的局限性固然存在而且很多，但其进步的一方面也不容忽视。

（一）官报推动了立宪舆论的高涨

清末官报，尤其是预备立宪诏宣布以后的官报，在某种程度上是清政府以官方意志的形式对立宪的推动。就官方背景身份本身，对立宪思想的影响，便可发微一番。民间宣传立宪，尤其是康、梁宣传立宪的报刊，自戊戌以来便被政府视为洪水猛兽，一直遭到政府的严厉查禁。对康、梁所办之报刊，民众欲接受该刊的宣传，首先要对政府加以防范，立宪思想和受众之间，横亘一道官方设置的障碍，而且这道障碍，使得不少人不敢或难以突破，结果会相应减小立宪思想的影响。而官员或官方创办报刊，尤其是官报对宪政的关注，便是对民间立宪宣传的肯定和鼓励，这不仅影响到立宪报刊的传播，也无形中消除了民众接受立宪思想与立宪政体的心理屏障，这是对立宪思想影响的一个重要方面。

另外，官方权威对立宪舆论的导向作用，无疑是立宪思潮持续高涨的重要原因。赖光临先生在对官报功效的评述中说道："清末官报之创办，或出于地方疆臣，或由政府中枢。专制之下，官威可畏；而朝廷尊严，尤为显赫崇隆。故官报有其无比拟之权威性，其创办发行，当产生某种功效"②。赖光临先生所说的"某种功效"有很多方面，对立宪进程的影响则是其中重要的一个。无论清政府是否真心立宪，但在其宣传机关中，已经将实行预备立宪的计划公诸世人，并动员国民学习宪政知识，做合格的立宪国民。在官报的宣传下，社会思想的变化，已为人所感知。赖光临先生说："《政治官报》既为国事公开与清廷立宪预备之表征，则对于喁喁期望宪政之国人，自易激起直觉之反应，产生精神上之激励。"③ "而尤以

---

① 赖光临：《中国近代报人与报业》，台湾商务印书馆1980年版，第482页。
② 同上书，第480页。
③ 同上书，第481页。

《政治官报》，具有中枢喉舌之地位，刊载有关宪政之上谕、奏折、章程，连篇累牍，最易激发国人之憧憬，而有以促进立宪运动之认识与开展。"①官报以其权威性和广泛的传播范围，对清末立宪思潮的发展所起的推动作用，是不容忽视的。

（二）官报补充立宪报刊传播的地域和阶层盲区

清末一百多种官报形成了一个上下多层次、空间分布较广的官报体系。上有中央一级的《政治官报》（《内阁官报》），下有各省官员所办的官报，诸如《湖北官报》、《四川官报》、《安徽官报》、《黑龙江官报》、《江西日日官报》、《豫省中外官报》等，清末22行省除新疆外都办有官报。也有州县地方官员所办的官报，如《汉口日报》等。另外，清政府还在东京留学生界也创办有官报。由此可见，凡是清政府设立政治机构之地，官报便创设或派销至此。所以，官报覆盖的范围，因可依靠行政力量的支持可以达到全国各个行省的各个州县。其传播范围之广，对立宪思想向各地的传播，无疑有不可取代的作用，尤其是对民间报刊力所不及的地方，对立宪思想发展是一个极大的补充。

官报面对的群体，理论上讲是全体受众，在实践上，由于其自身的种种原因，使得官报的阅读人群，主要为派销的对象，即下一级政府官员和学堂学生。而民众因为官报不及民报形式多样、内容新颖，对官报的兴趣远不及民报。虽然办得好的官报，也有读者踊跃购阅的情况，如江西巡抚奏报，说《江西官报》"现已出至第十期，购阅者颇不乏人"②，不过从总体来看，官报滞销者更为常见。《时报》对官报销售之窘态多有报道及辛辣讽刺，因此官报影响的主要群体还在于官界。由于鼓吹立宪最力的《清议报》、《新民丛报》等是"乱党"康、梁所主办，这些报刊在国内的传播已经为官方所禁，所以该报对官员的影响较为不易。这样，政论报刊对官员阶层的立宪动员就成为盲区。而官报的存在，尤其是政府推行宪政的谕旨、宪政理论知识、请愿运动等在官报的登载，则足以冲击广大官员的脑质，使之明晓立宪知识和立宪趋势。

---

① 赖光临：《中国近代报人与报业》，台湾商务印书馆1980年版，第481页。

② 江西巡抚《江西办官报奏片》，光绪二十九年；倪延年：《中国报刊法制发展史》（四卷）（史料卷），南京师范大学出版社2006年版，第54页。

官员是掌握国家政治资源的群体,他们的觉悟对国家的政治进程和社会变迁有巨大的影响。清末社会中的政治运动,不鲜见各级官员对立宪政治的追求,其君主立宪思想的源头有很多,而官报的宣传就是其中之一。

(三) 推动立宪思想向下层延伸

政府和政府官员所办之官报,比较关注底层民众民智不足的问题。针对尚不具备阅读能力的民众,如果要使官报对他们产生有效影响,必须寻找如何减少阅读障碍或解决阅读问题的途径。因此,政府和官报在以下两个方面作出了一定的努力:一是政府派宣讲员到基层宣讲官报。宣讲者有地方士绅,有时地方官也亲自上台演讲。如《河南白话演说报》创办后,即发派各州县派人宣讲,"陕州之陈太守则更于每月之逢五逢十等日,亲为择要督讲,并出示广劝四民往听云",[①] 地方官派人宣讲或亲自宣讲官报并不是个案,各地都有不少的例子,这种以官方宣传并演讲的行为,不仅带动有识字能力者,对于不识字的群体也会是不小的影响。由于清末将宣讲报纸作为一项新政来看待,并将其列入官员政绩考察项目,所以,官员对官报中预备立宪精神的传达,是有不少的努力。二是创设白话报。如1905 年 5 月山西省补用知府程太守拟办《山西白话报》[②],河南官界以官报程度太高,"不合下等社会之披览",于 1906 年 7 月创办《河南白话演说报》[③]。官办白话报的出现,使官报在文字语言层面,减小了文化水平较低民众对官报接受的障碍。

另外,官报同民间报刊发行方法不同,官报实行派销,由各级政府机关向下层层派送。其分送对象,以《政治官报》为例,按期分送京内各部院及各省督抚部门,派送各省首府厅州县,以及各局学堂,少量公开发行。费用主要来自官方,有些由地方政府或地方官员的养廉银中支取。这样一种发行方法,保证了官报的正常发行问题,得以维持固定的受众群体,但报刊购买若非主观自愿,这样报刊传播的信息就未必被阅者所愿接受。然而,这种派销的方式,也是政府强行向下输送立宪信息的努力,对

---

① 《时报》丙午年十一月五日。

② 徐载平、徐瑞芳:《清末四十年申报史料》,新华出版社 1988 年版,第 272 页。

③ 《时报》丙午年十一月五日。

立宪思想向下的延伸起到不小的作用。

　　（四）客观看待官报进步作用

　　对官报作用的认识，以往很多人是建立在对其详细情况未加了解的基础上，而以清政府腐败为前提，据此认为清政府所创办的官报也没有丝毫进步性可言。事实上，这种认识缺乏实事求是的科学研究。清末时期，官员中虽然有相当部分人对君主立宪和民主政治不太了解、不太认同甚至强烈反对，但随着立宪思想的传播和立宪思潮的发展，尤其是清廷宣布预备立宪之后，强烈反对者已经成为极少数，不少官员已成为实行君主立宪制度的推动者。政府和官员呼吁设立官报，正是因应立宪预备之要求。例如，御史赵炳麟于1906年10月奏求设立官报时说："朝廷立法行政，公诸国人，拟请参用东西各国官报体例，设立官报，以仰副七月十三日懿旨，使绅民明悉国政，为预备立宪之基础。"① 政务处的奏文也表达了开设官报以培养立宪国民之资格的愿望："预备立宪之基础，必先造成国民之资格，必自国民皆能明悉国政。东西各国，开化较迟，而进化独速。其宪法成立，乃至上下一体，气脉相通，莫不藉官报以为行政之机关，是以风动令行，纤细毕达。或谓英国人民政治知识最富，故其宪法程度最高，盖收效于官报非浅鲜也。……亟应兼综条贯，汇集通国政治事宜，由馆派员专办一报……从此传观研究，俾皆晓然于政令条教之本无不与民休戚相关，自然智虑开通，共识负担国家之意。"② 清廷创办官报之本意，在传播宪法知识，使国民能明悉国政，造成国民之资格，以共同负担国家。目的动机是为传输国政，唤起国民，其进步性不言自明。

　　尽管清廷对权力的放弃并非心甘情愿，但实行君主立宪以挽救清廷自身所处危局的诉求是毋庸置疑的。基于顺应时代趋势实行宪政可以改变清廷统治被动局面的设想，就是清廷推动君主立宪的主要原因。在此背景下清廷谕令各政府机关创设的官报，承载着清廷推动宪政的使命，因此，对于官报之于清末立宪思潮发展的重要意义，应予以充分的认识。

---

① 赖光临：《中国近代报人与报业》，台湾商务印书馆1980年版，第470页。
② 同上。

第四节　白话报及其他报刊的辅助之力

在清末众多的报刊中，除政论立宪报刊、非政论立宪报刊和官报其宣传主旨与立宪有密切关联外，还有其他诸如白话报、小说报等类型的报刊与立宪也有或多或少的关联，下面著文对此类报刊略作分析。

一　白话类报刊

就清末各类报刊针对的受众群体而言，无论哪个群体主持之立宪报刊还是官报，尽管它们都有争取下层民众的努力，但其宣传面向并没有以普通民众为主要受众群体，他们主要针对的是官、学、绅、商等具有一定学识并掌握一定社会资源的社会群体。对略有识字能力的普通民众加以特别关注的报刊，是另外特定的报刊群，即白话报。

（一）白话的重要性

知识分子对白话重要性的认识始于清末而非新文化运动时期。这种认识是基于清末中国的两个现实，一是传统语言艰涩，文字奥衍，在清末各报以开民智为目的的情况下，难懂的文言并不是有效的信息传递工具；二是民众识字能力较低，对知识接受的能力有限，对一部分受过一定教育但教育程度较低的民众来说，白话宣传不啻是一个上好选择。正因为如此，清末致力于创办白话报的裘廷梁早在戊戌时期就认识到创办白话报的必要性。他说，中国民众受教育者数量并不少，以无锡为例，总角读书，不独士族，商工农子弟都求学，以农人最少，十人中也有五六人，读书年数最少一二年。由于"文意太深"仍然不通古今，不知中外。要改变这种情况，裘廷梁认为，语言"设法浅之则可"。① 白话报则是"浅之"的具体方法。《京话日报》也说，"开民智必得立学堂，学堂的功效不如报馆，文话报不如白话报。"② 其实，清末很多报人都意识到报刊宣传和民众认知能力的矛盾，因此在报刊宣传过程中尽量使语言通俗易懂。《时务报》就提出"多以官话创为书报，使凡稍识字者，读而知之。不识字者，宜

---

① 《时务报》第 61 册，光绪二十四年四月一日。
② 《京话日报》，380 号，"演说"。（原报现在无法借阅，无法查找具体时间）

闻人说而知之",① 以求 "人人皆可以知时事矣"。为达此目的,清末不少人还提出文字改革,使用简化字等方案,然而,语言文字改革是一个系统且需时长久的工程,并不能解决当下报刊宣传亟需字简意浅的问题。所以,即使戊戌时期就有人提出对新闻内容"用土音改正,以便土人观读"等等策略,但都不是最好的解决途径,而只有以白话为宣传工具最为可取。因此,清末时期用白话宣传的报刊,既有专门的白话报刊,也有设有白话栏的非白话报刊。仅就白话报刊而言,清末时期已为数不少。据方汉奇先生统计,维新时期,国内白话报刊有五种,② 从 1900 年到辛亥革命前夕白话报刊多达 140 多种。这在清末一千多种报刊的总量中,并不是一个很小的数字。如果再加上非白话报所设的白话栏,清末的白话宣传就更加不容忽视。

（二）白话报宣传旨趣与作用

甲午之后,便有维新志士热心倡导白话。早在光绪二十三年,裘廷梁曾力邀汪康年创设《浅报》,由于汪氏太忙而没有办成,后来他和同乡顾植之、吴荫阶等人创办了《无锡白话报》。此后,《苏州白话报》、《杭州白话报》、《扬子江白话报》、《安徽俗话报》、《演义白话报》与《京话报》等纷纷问世。在民间知识分子努力的同时,政府在启发下层民众方面,也没有缺位,不少地方政府都在自己辖治内办有白话报。袁世凯1907 年在天津举办地方自治时,则"遴派曾习政法、熟谙土风之士绅为宣讲员,周历城乡,宣讲自治利益,复编印法政官话报分法津属州县,以资传习,并将自治利益,编成白话,张贴广告,以期家喻户晓,振聩发聋。"③ 袁世凯将实行地方自治的好处以白话文形式张贴,推动地方自治的实行。河南官界则于丙午年七月办《河南白话演说报》报,月出六册,还命各州县派人宣讲,并受到地方政府的重视:"如陕州、封邱等县均纷纷来省,请额外添寄十分,以资分派各乡镇绅董宣讲,而陕州之陈太守则

---

① 《时务报》第 47 册,光绪二十三年十一月十一日,第 1a 页。

② 方汉奇编:《中国新闻事业编年史》第一卷,中国人民大学出版社 1996 年版,第 784 页。

③ 袁世凯:《奏报天津试办地方自治情形折》,载廖一中等整理《袁世凯奏议》下册,天津古籍出版社 1987 年版,第 1520 页。

更于每月之逢五逢十等日，亲为择要督讲，并出示广劝四民往听"。①
1905 年山西省补用知府程太守欲创办《山西白话报》，并在价格、发行传
递等方面提供方便。甚至一些偏远的省份也创办了白话报，如 1907 年四
五月间驻藏大臣联豫和帮办大臣张荫棠创办《西藏白话报》，以"爱国尚
武开通民智"为宗旨。清末时期各省及地方纷纷创办白话报，白话报的
内容，很明显，其主要功能是开通民智，所关注的问题不少也与宪政有密
切联系。以《安徽俗话报》（见表 4—4—1）为例，其"论说"栏宣传的
主要内容有：

表 4—4—1　　　　　　　　《安徽俗话报》"论说"栏内容统计

题目	期号	刊载篇次
瓜分中国	1、	1
论安徽的矿物	2	1
恶俗篇	3、4、6、7、12、20、21 和 22（合刊）	7
说国家	5	1
亡国篇	8、9、10、13、15、17、19	7
论戏曲	11	1
说爱国	14	1
再论婚姻	16、18、	2

资料来源：《安徽俗话报》第 1—22 号，"论说"。

从表 4—4—1 来看，《安徽俗话报》发行的 22 期中，刊发"论说"
文章 8 篇 21 次。这些文章中，对亡国危机的关注较多，有 2 篇刊载 8 次。
宣传国家学说倡导爱国的文章有 2 篇次。这样，有关国家问题的文章共有
4 篇 10 次。占其"论说"栏目文章总数和刊发次数的 50%，据首要地
位。该报对国家问题的格外关注同该报所处的历史时期和白话报的主要功
能有关。《安徽俗话报》创办于 1904 年，时值日俄战争，直陈民族危机
严重唤起国人的爱国意识是各报的重要职责，《安徽俗话报》也不例外。
需要注意的是，该报在宣传中注意向国民介绍国家学说，将近代国家的概

---

① 《时报》丙午年十一月五日。

念和内涵加以宣传，指出国家由三要素组成，即土地、人民、主权，三要素缺一，则不可成国家。这篇《说国家》，尽管它关于国家理论的内容没有系统的介绍，对于国家之性质、精神、作用等丝毫没有涉及，谈不上是对国家学说的完整介绍，但其重要的意义在于，该报的话语来源，不是传统政治文化，而是西方民主理论体系。这一转变很重要，因为，他们将问题置于不同的分析场域，向受众提供了一个全新的分析中国政治问题的思路。既然国家是由土地、人民和主权构成，而不再被看成君主的私有物，那么，人民和君主在国家中的地位就应该重新认识。不过，《安徽俗话报》没有将这个问题进一步阐述，这或许会引起一部分受众对这一问题继续思考。我们知道，国家学说是清末立宪思想的理论根基，只有在国家理论的前提下，君主立宪等民主政体的各种构想才得以在国家内安置。所以，对国家学说的宣传，就为立宪思潮的发展提供正向作用力。不过，也应该看到，《安徽俗话报》宣传的国家思想，是基于强烈的亡国危机意识，主观目的主要在于唤起国家三要素之一的"人民"，以保卫"土地"和"主权"不再丧失，而不是为了在本民族的地理疆域上建构体现民主精神的政权。除了关于国家问题的讨论外，关于社会风气的宣传占 2 篇 9 次，对改良社会风俗的呼吁正应合了立宪派要求正风俗以新民的要求。另外，尚有《论戏曲》一篇，该报认同戏曲的社会改良功能。而《论安徽的矿物》体现该报同仁的爱乡意识，也是立宪思潮中爱国意识的一种具体化。

虽然白话报中的立宪思想呈现在极其浅显状态，单纯依靠白话报并不能使民众产生明晰的立宪思想，但是，它对开启下层社会民智的作用正可弥补其他类报刊对下层宣传的不力，其动员的受众或可成为潜在的接受宪政的群体。不过，白话报一般发行量较小，如《安徽白话报》第 6 号载有销售 1 346 册字样，第 12 号载有销售已增至 3 000 份。没标明是单期销售量还是累计销量，信息有点模糊。即使从最乐观的角度看，将这一数字看作是单期销数，这仍然不是十分可观的数字。而且，白话报的影响范围有限，一般局限于当地的区域。综上而言，在宣传立宪方面，尽管白话报之影响则远不及政论立宪报刊、其他立宪报刊和官报，不过，它已然为立宪思潮发展提供了一定的助力。

（三）报刊中的白话栏

上述所及，既然白话宣传如此重要，为何清末影响力较大的报刊不都采取白话呢？这是因为，白话报有易于民众接受报刊宣传信息的优点，但却不具备文言阐述理论的长处。即使是后来经过新文化运动时期白话文运动洗礼后的报刊，也依然没有完全采用白话文，其中原因，张友渔在《报纸何以不完全用白话?》一文中给出了回答："一、用白话打电报，字数比文言文多；二、用白话记载新闻，字数也比文言文多，占篇幅太长。"① 从节省成本和尽可能增加报刊信息的角度，白话文不如文言可取。另外，文言有言简意赅、语句凝练和适合严肃性理论性内容的表达等长处，所以文言依然在报刊中占据不可撼动的主要地位。不过为了使报刊信息能够被更多的受众了解，非白话报刊也通过增设白话栏或刊载白话文的方式，深化受众对报刊立宪文本的理解。比如立宪党人宣传立宪思想的重要舆论阵地《国风报》，是严肃的政论性刊物，其预期之作用欲起到"向导"政府和国民，"浸润"风气，以求"下逮"。宣传内容使民众稍有知识即可明晓，此所以"向导"民众之一策略。在力达上述目标的方法上，梁启超也尝试过用通俗的语言宣传立宪思想，特在《国风报》辟有"政治浅说"栏。其寓意与目的所在，梁启超曰："文约义丰，语长心重，俗儒咋舌，老妪解诵。"② 他希望以深入浅出之形式，将政治学理浅化为识字民众能够接受的知识，以使立宪思想浸润于下层民众，真正做到"下逮"，令"俗儒咋舌，老妪解诵"。该报第1、第2、第4、第6号的"附录"栏，刊发沧江（梁启超）的《宪政浅说》一文。在论述时，梁启超"惟务以至浅之文达至深之理"，将国家、政治、宪法、君主、国民、国会、政府、政党、职官、立法、司法、行政、预算、自治等与立宪政治关涉的重要议题，用浅白文字详细论述。读及此文，略微通晓文字者即可对立宪思想有全面的了解。在肯定此类报刊中白话文作用的同时，也应注意到《国风报》等理论型政论报刊的受众群体是教育程度较高者，对于普通百姓而言，未必会有阅读兴趣，因此，这类白话文章影响的群体，也只

---

① 张友渔：《报纸何以不完全用白话?》，载《报人生涯三十年》，重庆出版社1982年版，第133—134页。

② 《叙例》，《国风报》第1册，宣统二年正月十一日，第12页。

能是有一定文化素养者。它所起的作用，在于会令读者更易于接受立宪知识并强化立宪意识。

《大公报》等影响力较大的日报，其语言不同于学术类或理论性的报刊，已经半通俗化。尤其报中设立的白话栏之语言，其通俗程度与日常话语几无二致，如1908年英敛之所撰白话文《过渡时代》，文中说：

> 中国如今本是个过渡时代，怎么讲呢？就是从这边岸上，要渡过那边岸上去。就说立宪罢，中国为什么要立宪呢？是因为这全地球上的各国，没有专制政体的国了，就剩下我们中国一个国，还是专制政体呢！你们看看，立宪各国，是贫穷软弱的样子吗？我们中国改为立宪政体，叫大家伙儿担点国家的责任，都齐心努力的要些强，好保护着在这块地球上站住了脚跟呀，要不这样大家还如同散沙子似的，各人顾各人，浑吃闷睡不顾大局，就恐怕将来弄得国灭家亡，当了奴隶，作了牛马，大家也不过就落个干瞪眼睛，白白的受苦罪，也没有一点好法子呀。[1]

此文用极其浅显的白话文进行劝导，使国民理解自己所处的时代是由专制向立宪的过渡时代，明白立宪政体下国民应担的责任，以及如果放任责任将导致亡国的后果。此文文字极其浅显，基本就是口头语言的文字化，使阅读该报的读者，即使没有很高的文化素养，也可以明白中国必须要变，变革方向就是君主立宪。文章还告知国民，世界各国的政体都与中国不同，中国的落后与他国政体作一对比，更反衬出中国实行君主立宪制的必要。

因为日报发行量较大，覆盖的地域较广，不限于特定的群体，与百姓生活更为相关，日报中的白话宣传的立宪信息更容易被接受，会影响到更广泛的区域，更大的群体。

不过，总体来看，白话报中每篇文章所含的立宪思想信息有限，其影响辐射能力较弱，对受众的影响也不够深入和持久。另外，由于中国民众大部分还不识字，纵然是极浅的白话，只要不是用口说，而是用笔写，他

---

① 《过渡时代》，《大公报》1908年5月22日。

们便没有方法来领教。即使有白话报呼吁的地方，立宪思想也并不一定能植根于心。只有当这种宣传和其他类型报刊共同起作用时，所发挥的作用和起到的影响才会大过自身单独的呼吁。

二　革命报刊

清末报刊中，革命报刊也是重要的一个群体。革命报刊宣传的革命思想与立宪思想在舆论上有过激烈的交锋，且对立宪思潮的发展产生重要的影响。这影响，既有正面的，也有负面的。首先，就其正面影响而言，无论立宪和革命，二者都是对专制制度的否定，宣传的都是民主政治形态。尽管具体的方案不同，民主共和和君主立宪，其背后的民主思想渊源是同一的，其民主精神实质是相同的。因此，尽管在舆论上论争很激烈，但是在各自的报刊中宣传的宪政知识本身是没有党性的，对立宪思潮的发展并不起任何阻碍作用，相反，却可以提供正向作用力。

如革命报刊《浙江潮》第 1 号刊载《论日本近时政府与政党之冲突》一文，有感于"吾国民政治思想不普及，政治知识不养成，痛苦在身，不知呼吁；束缚待毙，不求摆脱"[①]，因此该作者"欲以他国之内政刺激吾脑"，而他选择的不是实行共和制的法国，而是实行君主立宪制的日本。文章介绍说："日本者，新造出一于世界之一等国，而其政体则所谓立宪也。立宪政体有二：一，君主国体立宪，一，民主国体立宪。日本则所谓君主立宪也。"[②] 之后，详细地介绍了立宪政体下，立宪、国会、政党的关系，并对立宪政体的运作以及政党情况作了一些介绍，成为清末时期对立宪思想宣传的有益补充。

再如该刊第 10 号支那子所作之《法律上人民之自由权》一文，则是对立宪政治下宪法赋予国民权利的介绍，包括权利的定义及权利的种类，尤其详细介绍了国民的八种自由权，即居住及转移之自由、身体保全之自由、住所安全之自由、书信秘密之自由、集会结社之自由、思想发达之自由、所有之自由、信教之自由等。民主权利和自由都属于资产阶级民主的范畴，性质中立，体现不出是民主共和还是君主立宪的立场，或者既体现

---

① 《论日本近时政府与政党之冲突》，《浙江潮》第 1 号，癸卯年正月二十日，第 1b 页。

② 同上。

了民主共和也体现了君主立宪。对于革命派和立宪派来说，关于民主宪政的宣传，使民众的民主政治意识增长，对于双方皆有助益，从这个角度来讲，革命派的民主宣传对立宪思潮的发展并不是一件坏事。

另外，就民主共和与君主立宪来说，也存在着灰色地带，许多革命党人在宣传过程中，很少关注政体本身的性质，其重点强调的是革命手段本身，如《浙江潮》之《俄人要求立宪之铁血主义》等文章便明显地关注手段而不是政体。陈天华在《论中国宜改创民主政体》这篇文章中表示"欲救中国，惟有兴民权、改民主，而入手之方，则先之以开明专制，以为兴民权、改民主之预备"，① 他同立宪派所倡导的开明专制理念是一致的，并将其看作实现民主政治必经的过渡和预备阶段。侯宜杰先生认为，革命派和立宪派所宣传的民主共和与君主立宪，"只有程度之差，并无本质区别"，② 也就是说，二者在反专制和实行民主的方向上是一致的，革命思潮的发展对立宪思潮的影响，是共进的关系，所以在革命思潮不断发展的情况下，立宪思潮得以继续高涨。而且由于革命手段对清政府造成巨大压力，促使后者走上推动宪政进程的道路，这对立宪思潮的发展无疑有较大的影响。

就负面的影响而言，革命思想导致了民主力量的分流。革命毕竟与立宪的政治主张有不少的差异，正是二者差异形成的张力，造成了二者关系的紧张。两者之间长达一年多的论战，是对民主力量的损耗，革命的发展，则无形中减少了部分潜在的立宪受众。另外，很重要的是，正是二者的正向性和本质一致性以及存在着灰色地带，所以立宪思潮发展和深化的成果也可以为革命所用，例如立宪派长期以来从思想和舆论上对清政府统治根基的动摇，也可以成为革命成功的前提，辛亥革命便是如此。立宪思潮发展的结果，并没有实现君主立宪的政治目标而促成了共和。

三 小说、小报

清末小说迅速崛起，在一切文化都泛政治化、都可以担负救亡职责的时代，用小说表达政治，也是一个值得关注的现象。

---

① 侯宜杰：《新民时代：梁启超文选》"前言"，百花文艺出版社 2002 年版，第 9 页。
② 同上书，第 11 页。

　　清末著名的小说报有《新小说》、《绣像小说》、《雁来红丛报》、《小说七日报》、《游戏世界》、《月月小说》、《著作林》、《小说月报》、《娱闲报》、《国魂报》、《上海白话报》、《阳秋报》、《鹤立报》、《天趣报》等，总数在 30 种以上。① "以梁启超主编的《新小说》、李伯元的《绣像小说》、吴趼人主编的《月月小说》和许指严主编的《小说月报》影响为最大。"② 小说在揭露封建专制制度的弊端和清政府的腐败方面，影响不可小觑。1903 年《世界繁华报》连载李伯元的《官场现形记》和吴趼人的《二十年目睹之怪现状》，将清末官场中的种种腐败面相揭露得淋漓尽致。而有些小说则在宣传君主立宪方面表现不俗，如梁启超的《新中国未来记》，反映出立宪派既羡慕革命的成就但又不能无视革命的代价而反对革命的心理。正如方汉奇先生所说，这些小说为预备立宪涂脂抹粉，成为立宪派报刊宣传战线上的一支别动队。③ 此论正是对某些小说类报刊之于立宪宣传意义的肯定。

　　另外，从清末面向底层百姓的小报中，也可以看到立宪的痕迹。清末小报的数量，据阿英统计，有 32 种。④ 尽管这些小报大多是一些"风月"、"勾栏"之类的黄色小报，但有时也刊载一些讽世小说。小报以一种低俗的方式反映下层民众对时政的看法。如小报界鼻祖南亭亭长李伯元，设《繁花报》，作《官场现形记》"说部"刊诸报端，因其"为文典赡风华，得隽字诀；而最工游戏笔墨，如滑稽谈、打油诗之类，则得松字诀。又擅小说，形容一人一事深入而能显出，罔不淋漓尽致，是又得刻字诀"⑤，该报"购阅者踵相接"，开辟了小报界极盛时代。

　　与那些"风月"、"勾栏"类的小报不同，清末时期也有刊载新闻、传播知识的小报。如创刊于 1905 年冬的《婴报》。该报为内蒙古喀喇沁右旗世袭札萨克多罗都棱郡王，兼卓索图盟盟长贡桑诺尔布所创，隔天出

---

　　① 参见阿英《晚清文艺报刊述略》，转引自方汉奇《中国近代报刊史》，山西人民出版社 1981 年版，第 590 页。

　　② 方汉奇：《中国近代报刊史》，山西人民出版社 1981 年版，第 590 页。

　　③ 同上。

　　④ 阿英：《晚清小报录》，载中国人民大学新闻系编《中国近代报刊史参考资料》上册，1979 年，第 61 页。

　　⑤ 孙家振：《退醒庐笔记》（民国史料笔记丛刊），上海书店出版社 1997 年版，第 62 页。

报一次，所刊内容有国内外重要新闻、科学知识、内蒙各盟旗政治形势动态以及针对时局的短评等。发行主要靠送报员投送，不收报费，深受百姓欢迎。《婴报》前后发行了约六七年之久。① 需要注意的是，创办人贡桑诺尔布与严复、梁启超等人关系甚密，"他每年一定要由旗内运来大量奶制品分赠给这些人。他常年写字作画的湖笔，都是严复送给他的"。② 由此可反映出其思想的进步和立宪的政治倾向，1910 年贡桑诺尔布成为代表卓索图盟的钦选资政院议员。《婴报》作为内蒙古地区有立宪背景的小报，在宣扬新政、启发民智、开通新思想方面有一定的作用。

小报的流行情况反映出民众对小报的接受程度，只不过，由于大部分小报主要是为底层民众提供娱乐信息，立宪思想的政治宣传并不是其首要目的而只是兼采，或是作为一个题材而为之，立宪思想的信息在小报中的比重较小，所以，小报虽然也能为立宪思潮提供一定的补助作用，但不是太大。在立宪思潮的熊熊大火中，小报只是众多柴草中的一根，它不是助燃剂。

---

① 白拉都格其：《辛亥革命与贡桑诺尔布》，《清史研究》2002 年第 3 期，第 85 页。

② 吴恩和、邢复礼：《贡桑诺尔布》，载《内蒙古文史资料》第 1 辑，内蒙古人民出版社1962 年版，第 115 页。

第 五 章

报刊的传播与立宪的播布

如果不考察报刊传媒的传播机制和受众的接受情况，而对立宪思想宣传的效果和立宪思潮发展产生的社会影响下结论，是不太合适的。因此，本章旨在探讨报刊传媒与立宪思潮的传播机制及传播对象——受众情况，通过这一分析，从而了解媒介传播的社会思想在多大程度上可以播及民众及民众思想能否与传播者的主观意图完全对接，力图从事实上见证传媒对立宪思潮发展的影响。

第一节 传播的路径与覆盖范围

一 报刊传播依赖的基础设施：铁路与航运

（一）铁路

报刊传媒和以此为载体的社会思潮，其传播的受制因素很多，而道路交通则是影响传播速度和传播地域的重要因素。尤其是在中国铁路发展之前，交通传递不便，阻碍着报刊媒介的发行和传播。一则制约了报刊媒介发行的区域，二则拖延了报刊运达的时间，降低了报刊的时效性。梁启超在主持《时务报》时期，就因"内地道路未通，邮递艰滞"[①]而苦恼。沿海通商口岸因为地理上的优势，邮政可以抵达，报刊与思想传播的交通阻力相对来说较小，而广大的内地，尤其是山区，报刊媒介则尤难以抵达。如豫西灵宝县，"山岭重叠，川流纵横，交通最感不便。除城东二十余里平原可以行牛马大车外，其余均系山僻小路，逼窄异常，一切耕田、

① 梁启超撰：《萃报叙》，《时务报》第33册，光绪二十三年六月二十一日，第3a页。

转运多用驴力。……灵邑今日，至无人不以驴耕，且有欲买一驴数年不得者，其转运、耕田至纯用人力，苦中之苦，非目睹、亲受者不知也"①。此为民国时期豫西交通不便情状，清末时期行动条件则更差。在以畜力和人力为主要交通工具的地方，报刊信息传播相当不便。

随着 19 世纪末 20 世纪初列强展开对华资本输出在中国投资铁路，中国铁路业开始加快发展。20 世纪初年，中国民族资产阶级收回利权运动的开展，中国民族资本也投入铁路，从而使铁路在 20 世纪头十年有较大发展。铁路延伸，邮路便拓展。凡铁路开行之处，其邮递必然盛行，铁路无疑为邮政之辅。1876—1911 年期间，清政府总共建成铁路 9 100 千米。火车邮路已达 8 500 千米。② 利用火车运送邮件开端于 1888 年。火车有固定的发车和停靠站时间，所运送邮件的寄取都有了时间保证。因此，铁路的发展，改变了部分地区信息传递只靠畜力人力的情况，客观上促进了传媒和思潮的发展传播。而且，铁路与邮政的结合，对利用邮政系统发行报刊的清末传播业是个相当大的促进，也是清末报刊业发展迅速的一个重要的客观条件。

由于铁路和邮政之间业务繁多，1903 年 4 月 13 日，大清邮政局与铁路公司互议章程，将邮政和铁路双方活动置于法律的规范之下。该章程将邮政官局利用铁路运送邮件合法化；同时，铁路运输给予大清邮政局的优惠权利，也在该章程第三、第四、第五等条款中予以确保。诸如章程规定了方便邮局向车站运送和接取邮件的第三条：

> 午前往来津、榆、卢汉各处暨午后开行之火车，应每日二次备有合用专间，以便邮政局员运送寻常邮件。此两次火车开行时刻倘有改易，须于前二日向邮政局声明，以便早谕众知。③

火车运输中邮政有专用车厢，在资费上也从免或从廉收取：

---

① 民国孙椿荣修，张象明等纂：《灵宝县志》，成文出版社 1935 年版，第 103—104 页。
② 尹铁：《晚清铁路与晚清社会变迁研究》，经济科学出版社 2005 年版，第 300 页。
③ 同上。

邮政局运送寻常邮件备用专间，铁路应不收费。至有另用专车之时，其专车之费照各国向例必须格外从廉（此项从廉之费，另行酌定）。①

为了便于邮政员工因工作需要上下火车，章程中第五条规定，铁路方面给予其凭免票上下车的便利：

邮政员役因工上下火车听其自便，不得挡阻，惟须携有免票为凭。倘无免票即照常人一律看待。其免票由各邮政司向铁路局声领转发。②

清政府在铁路方面给予邮局的种种便利，主要是对以邮政为主要发行渠道的报业提供支持，以减少报刊发行成本，缩短报刊发行周期，增加报刊传播的实效。

利用铁路邮寄，大大缩短了报刊发行和思想传播的时间。从北京至各地的时间，由于铁路的开通，都大大地缩短："向来由京至开封、西安、兰州、须搭轮船经过上海、长江以达大陆。本年（1904 年）借重铁路，其至开封仅两日半，至西安不过十天，至兰州不过二十一日。由京至太原，前数年总需半月，近则不过七天。"③ 宣统二年（1910 年）由于铁路的延伸，上海、贵阳转寄信件所需之时间，由三十日减至十八日。④ 报刊运送时间的极大缩短，不仅保障了报刊传播信息的时效性，也确保了报刊送抵日期的确定性，从而也提高了报刊信息传播的效率。

（二）航运

除了铁路之外，内河航运也是报刊发行、传播所依赖的一种重要运输方式。中国航运业在洋务运动时期已经开始起步，内河航运中运用小轮船从事寄送报刊业务已很常见，如著名报人雷瑨对以往报纸发行情况的记述

①　尹铁：《晚清铁路与晚清社会变迁研究》，经济科学出版社 2005 年版，第 300 页。
②　同上。
③　仇润喜主编：《天津邮政史料》第二辑（下），北京航空学院出版社 1989 年版，第 541 页。
④　同上书，第 707 页。

中，这样说道：

> 当时火车未通，发行外埠的报纸，都由小轮船及信局脚划船递送，在午间寄出；惟苏州有当天的新闻报可看到。则由馆主斐礼思特出心裁，雇用一批报人，每晚十二时后，将已印好的明日报纸，先发若干份，捆作两大包，挑送至南翔镇河滨，预经雇有脚划船一艘，载报入船，漏夜开驶，次日午后，即可到苏，由都亭桥分馆当日批售，必立时购取一空。苏州既有当天的报，无锡、常州、镇江等处，由苏寄出，亦可较它报为早。因此，苏、锡各埠，当时《新闻报》销路独广，至一九〇六年（清光绪三十二年）沪宁锡段通车后，始将此举废止，然新闻报已地位巩固，至今都亭桥分馆，仍销数较旺。①

在有航运条件而火车未通的地区，对于远距离的报纸发行，由小轮船或划船递送是一个不错选择。上文中在上海刊发的《新闻报》正是有效地利用了航运，才在河道四通八达的江苏站稳了脚跟，直到 1906 年沪宁铁路通车，原先依靠航运的做法才被废止。可以看出，航运业的发展，亦可推动报刊媒介连同其承载的立宪思想的在内地的散播。

二　报刊埠外的发行渠道与立宪思想的传播路径

（一）大清邮政

清末国内报刊的发行，主要是利用大清邮政系统。到 19 世纪末，仅为官方服务的驿邮已经不适应社会政治经济发展的需要，逐渐被裁撤，取而代之的是 1897 年起建立的新的邮政系统。大清邮政发展迅速，到清朝覆灭前的宣统二年，其邮路里程已增至三十五万二千里。② 各地邮政局所逐年递增，并遍布中国的大部分行省。关于邮政局所的分布情况，详见表5—1—1：

---

① 雷瑨：《〈申报〉过去之现状》，载中国人民大学新闻系编《中国近代报刊史参考资料》上册，1979 年，第 190 页。

② 仇润喜主编：《天津邮政史料》第二辑（下），北京航空学院出版社 1989 年版，第 701页。

表5—1—1　　　　　　　　　　1901—1911年邮政局所统计

局别/年别	1901	1902	1903	1904	1905	1906	1907	1908	1909	1910	1911
总局/副总局	30	30	34	40	41	38	44	44	47	49	49
分局/内地局	134	263	320	352	396	484	509	548	605	736	908
代办所	12	153	609	927	1 189	1 574	2 250	2 901	3 606	4 572	5 244
合计	176	446	963	1 319	1 626	2 096	2 803	3 493	4 258	5 357	6 201

资料来源：孙君毅：《清代邮戳志》，中国集邮出版社1984年版，第60页。表格有所修改。

从表5—1—1可以看出，清政府在推行和发展邮政方面，做了大量工作。从新政开始的1901年到清朝覆亡的1911年，这11年间，全国邮政总局/副总局、分局/内地局和代办所总体上是逐年递增。总局数量变化幅度不大，分局/内地局较总局/副总局增幅较快，数量增长较多，而代办所的增幅和增量又远远高于前两者。这说明，清末时期，邮政点的密度越来越大。这种情况对于报刊媒介的传播来说，邮政点密度的增大，以邮政为载体的报刊媒介发行可延伸的区域也相应拓展，思想传播与民众接触地域也增幅不小。

从表5—1—1可看到邮政点的增长情况，但不能反映出其区域分布。从实际情况来看，邮政点布局并不平均，而是自西向东逐渐偏重。仇润喜主编的《天津邮政史料》中刊载有至光绪三十年十一月二十五日已开各局简要清单[1]，该清单中记录了各地邮界和副邮界的情况，根据这一清单，可以大体呈现邮政点的空间分布。由于邮界副邮界所辖区域与省界并不吻合，一个邮界的总分各局和代办的数字是兼有两省或三省的，因此，无法精准地统计出各省代办所数。不过，可以依此整理出部分省份邮政代办所的大致数目详细如下：广东多于153个，山东多于64个，浙江64个，福建51个，北京51个，河南多于40个，山西40个，甘肃陕西两省38个，天津24个，云南18个，江西15个，东三省共14个，贵州4个，西藏、新疆、外蒙等地邮政尚未建立，代办所为零。从这组数字看，邮政

----

[1] 仇润喜主编：《天津邮政史料》第二辑（下），北京航空学院出版社1989年版，第521—523页。

代办点的分布与经济发展有一定的关系。在经济比较发达的沿海地区，所设邮政代办点较多，如广东一省就达 153 个以上。山东、浙江、福建三个沿海省份数目也在 50 个以上，而内地省份，则都在 50 个以下。除了河南因地理位置比较重要且交通比较便利和山西比较接近京畿而达到或多于 40 个外，其他省份邮政代办点数目则峻减。边远省份更少，东三省共 14 个，贵州仅 4 个，而更偏远的新疆、西藏和外蒙则一个没有。邮政代办点的分布正吻合了中国报刊传播的大体特点，即在东部沿海地区报刊发展较快，社会思潮于当地社会影响也较大。而越往内地和边远地区，报刊传媒势力渐弱，社会思潮之影响也渐远渐小，以致渐消。原因不难理解，因为邮政体系的东密西疏，沿海多边远地区少，则邮政体系为报刊媒介传播提供的支持力大小因地区不同而存在差异。

以上是 1904 年的数据。从邮政的发展情况看，以后的邮政代办点也有大幅增加，如 1907 年河南"该省之内业有邮局一百七十一处，是以各大市镇均可通邮"。① 与三年前的四十多个相比，增幅达四倍。不过，这仍满足不了预备立宪时期对开风气、启民智和传播新思想的要求，时人正是认识到邮政对书刊传播的便利，因此要求不断扩充邮政分局，因为这样"不独私信、公文递寄称便，即内地各种报章及时务有用之书皆易输入，民智日开，风气自变"。② 之后的邮政局所继续快速增加，通邮的地点不断增多，报刊可寄达的区域也在持续扩大，邮政体系为传媒发展提供的便利作用不断增强。从邮政系统业务量的不断攀升也可以证明这一趋势。

清末邮政系统的一部分业务是邮递报刊，这是毫无疑问的。在清政府文件中，不时可见关于报刊、新闻纸的内容。早在 1878 年，海关邮政服务的项目就列明了包括新闻纸、刊物等；1897 年服务项目又增加了书籍。1905 年 4 月，开始办理新闻纸挂号及立券，并确立第一、第二、第三类

---

① 仇润喜主编：《天津邮政史料》第二辑（下），北京航空学院出版社 1989 年版，第 604 页。

② "光绪三十四年七月初六津海关道蔡绍基致津海关税务司辛盛 482 号文"，天津市档案馆天津海关全宗第 2509 卷，载仇润喜主编《天津邮政史料》第二辑（上），北京航空学院出版社 1989 年版，第 64 页。

新闻纸名称。① 邮政系统对新闻纸类的邮寄越来越规范化。新闻纸本来属于重件，最初每周封发一次。但随着对报纸启迪民智作用的认识和铁路发展交通条件的具备，日报改为每日封发一次。由于铁路和邮政能够将当天的报纸运往埠外各销售地点，报馆乐意将报纸交由邮局寄递。1896 年天津局投送的本埠邮件主要有："一是天津报馆发行的大部分《快报》，按专门安排每年固定收报馆 75 元的投送费；二是本地商号寄出的通知单和帐单；再有就是每周出版一期的《京津时报》。邮件每天投送三次。"② 可以看出，报刊已为天津邮局主要的投递业务。因此，邮局的扩展在一定程度上可以认为是报刊传播区域的扩展。下面我们从表 5—1—2 来分析邮政服务中的书刊业务。

表 5—1—2　　　　　　1907 年各邮政局共收寄信件入出数目清单　　　　　单位：件

类别		入	出	共
信件类	洋	685 367	736 681	1 422 048
	华	495 028	536 401	1 031 429
新闻纸	洋	486 025	501 664	987 689
	华	43 861	44 350	88 211
书籍类		41 391	46 093	87 484
包裹		45 158	49 943	95 101

资料来源：天津市档案馆河北邮政管理局全宗第 2834 卷。仇润喜主编：《天津邮政史料》第二辑（上），北京航空学院出版社 1989 年版，第 13 页。表格为整理后所得。

从表 5—1—2 中反映的数据来看，1907 年邮政局所新闻纸和书籍的收寄数量为 1 163 384 件，约占总收寄量的 45.6%，其中华人新闻纸 88 211 件占总收寄量的 2.4%。华人书籍和新闻纸共占 5%。可以看出，华人收寄的书刊和新闻纸占的比例较小，但书籍新闻纸总数则在总寄递量中竟占到 45.6%。在洋人新闻纸的数字中，很有可能包括海外留学生和海

① 《现代邮政》第二卷第四期，第 40—41 页，载仇润喜主编《天津邮政史料》第一辑，北京航空学院出版社 1988 年版，第 167 页。

② 天津市档案馆河北邮政管理局全宗 1878 年第 2 卷，载仇润喜主编《天津邮政史料》第一辑，北京航空学院出版社 1988 年版，第 327 页。

外华侨及康、梁等人创办报刊向国内发送的数量。清末东京留学生甚众，日本是海外报刊的重要集中地，如梁启超创办的《清议报》、《新民丛报》和《国风报》，蒋智由主持的《政论》，杨度的《中国新报》，革命派的《民报》、《河南》、《云南》、《四川》等，都创办于日本。除日本之外，南洋一带和美国等地也有华人创办的报刊，而且这些海外报刊，除了向当地人宣传之外，主要销向国内。但由于来自国外，很可能这种报纸被划归到了"洋"的类别。如果这样理解是事实的话，那么邮局近一半的业务都是报刊的收寄。如果这结论成立，那么从邮局每年邮递包裹的总量，就可以看出书刊收寄的数量，这是从邮政渠道观察报刊流通传递情况的很好视角。

在国内邮递业务中，报刊是重要的一部分。官报、部分各埠新闻纸及部分海外报刊都会通过邮局寄递。20 世纪初年兴起的官报就由邮局代售，光绪二十二年管局供事规则中第一百五十八条说得明白："代售官报。如有人呈请在邮局购买某项官报，须详请该管邮务总办核示办理。"① 1904年"邮局承寄报纸为数甚多……而各种官报亦甚盛兴，其中有南北洋官报三项，系奉准免费代寄，并代向阅报人收取报资。"② 大清邮政为同民信局竞争，1905 年同《南洋官报》（南京出版）、《北洋官报》（天津出版）等协议，由邮局窗口办理代售工作，初期还给这些报纸以免费邮运利益。大清邮政对各报刊订立了优待办法，从收寄、运输、取费、投递等方面，尽量给出版社以便利。③ 据档案记载，1908 年 6 月"天津至济南之间，除了原有的昼夜快班邮运外，现还有一个每日重件邮运。由于官报交寄量增大，重件邮运由原隔日班改为现每日班"④。官报不仅由邮局代售，而且每日一次封发，提高了邮寄频率，如果路途短时间允许的话，官报当天就能达到寄递点。邮寄频率的提高，也就缩短了信息传播的周期。

官报之外，其他报馆也在利用邮局的快递业务。邮政部门的文件中对整批报纸交邮时应做事项规定："整批邮件：登记按以下方式定期收取的

① 仇润喜主编：《天津邮政史料》第二辑（上），北京航空学院出版社 1989 年版，第 396 页。

② 同上书，第 546 页。

③ 邮电史编辑室编：《中国近代邮电史》，人民邮电出版社 1984 年版，第 36—37 页。

④ 天津市档案馆河北邮政管理局全宗第 20 卷，载仇润喜主编《天津邮政史料》第二辑（上），北京航空学院出版社 1989 年版，第 186 页。

邮费，即按照合同，将报纸捆扎成捆或装入筐中成批交给邮局，随同大清邮局的邮件到寄达地后，交给相关报馆指定的代办处。（第 122 号邮政通令）"① 1905 年天津就有 8 种报刊在天津总局注册按立券邮件办理，如表5—1—3。

表 5—1—3　　　　　1905 年 3 月、5 月份利用邮政的天津报刊

执照号	签发日期	报纸名称	发行地	出版期
1	1905—3—8	中国评论	天津	日刊
2	1905—3—16	天津日日新闻	同上	日刊
3	1905—3—17	中外实报	同上	日刊
4	1905—3—23	京津报	同上	日刊
5	1905—3—23	京津报	同上	周刊
6	1905—3—23	中国时报	同上	日刊
7	1905—3—25	大公报	同上	日刊
10	1905—5—1	中国青年报	同上	

资料来源：仇润喜主编：《天津邮政史料》第二辑（上），北京航空学院出版社 1988 年版，第 299 页。略有改动。

不仅天津如此，上海、北京、广州、汉口等地也有不少报刊利用邮局邮递。但官方统计的数字并非全部，因为有部分报刊由于种种原因而不到邮局注册。另外，即使注册的报刊，其通过大清邮局寄递的也只是部分，另有部分会走客邮，或利用信局。这一点会在后边的内容里有介绍，此处不多赘述。

由于"邮局承寄报纸"都属"内容大抵登载新学新理，藉开风气"者，官方基于推广新学和开启民智的目的，对报刊的运输提供各种便利，以缩短报纸的发行周期。如新闻纸类，原本七日以内发寄一次，书籍则超过七天，但"缘中国阅报者无多，发寄之期不能过促，而报纸又关乎开民智，故七日之期必须宽展。本年所改章程，即将新闻纸之期展为一日，以便刷印之件多可扩于其中。但此等报纸必须先在邮局挂号，否则即按书

① "第 161 号邮政通令附件 2"，天津市档案馆河北邮政管理局全宗第 2836 卷，载仇润喜主编《天津邮政史料》第二辑（上），北京航空学院出版社 1989 年版，第 489 页。

籍类取资。……此外保管又因寄费稍重，请为另定专资，于是本邮署遂设
有立券邮件之法。其法系令报馆赴局订立合同……每结预赴邮局完纳，即
可代为寄投。经过各局但须加盖立券戳记，即可畅行无阻。"① 另外，对
于报刊的邮递资费，邮政与铁路方面也尽量减少。因为运费的提高会增加
报刊的成本，价格的提高则影响消费者对报刊的购买，进而影响到报业的
发展。1898 年韬明的报告中提到这一情况，正反映出邮政与报业的密切
关联，邮政资费高低对报业发展的严重影响：

> 一八九七年的第一个月，因为递报邮费的增加，支出陡行庞大，
> 而贵东们雇客，却有许多停止了定报，尤其是外埠的定户，遂使贵东
> 们的事业受到一个无情的打击。幸而把这种困难情形呈明邮政当局
> 后，邀得谅鉴，将报纸视作货样类，核减寄资……销数旋亦渐渐地复
> 原，并且确实是增加了。②

清末邮政系统的管理人员中，洋人占绝对优势地位，即大清邮政
系统为外人所控制。以大清邮政总署主管人员为例，从 1896 年到
1911 年共有 93 人次，共 33 人。其中担任该职的中国人有 4 人次，共
3 人，为盛宣怀、李经芳和吴□□，任期从 1908 年 3 月到 1911 年 5
月。其余时期皆英、比、法、荷、美、德等外国人担任此职。③ 从
1896 年到清亡的 1911 年这 16 年中，中国人担任大清邮政总署主管一
职仅两年，其余 14 年皆为外人控制。这种情况，说明了中国邮政管
理主权的丧失。不过，外人控制下的邮政系统，却为被政府查禁的报
刊和书籍的传播提供了一定的便利条件。由于洋人不受清政府制约，
当他们对清政府以行政力量干涉新闻传播自由和思想自由的做法不以
为然时，会有抵制清政府干涉的行为。对清末中国海关和邮政有很大

---

① 仇润喜主编：《天津邮政史料》第二辑（下），北京航空学院出版社 1989 年版，第 546
页。
② 胡道静：《〈申报〉六十六年史》，载中国人民大学新闻系编《中国近代报刊史参考资
料》上册，1979 年，第 173 页。
③ "邮传部所管邮政题名录"，天津市档案馆河北邮政管理局全宗第 2975 卷，载仇润喜主
编《天津邮政史料》第二辑（上），北京航空学院出版社 1989 年版，第 304—312 页。

影响力的赫德就说过，"在没有可靠的证据能证明邮件内确有邮政规则所禁寄的物品的情况下，我们是不能仅凭印象去询问邮件的来源和邮件的内容。"① 这种对清政府查禁邮件行为的抵制，客观上有利于报刊信息和思想的传播。

当然，邮政部门毕竟是大清国的政府机构，清政府对其仍有一定的管理权，清政府的法律和一些行政命令仍会对邮政系统有影响。如清政府实行的新闻纸挂号制度，不仅是对报刊邮运的管理，同时也有便利政府对报刊控制的作用。1905 年 2 月 1 日邮政总办帛黎第 120 号通令，其附件 1 的新闻纸挂号规则规定：

> 一、凡经审核在国内出版的被称为新闻纸或期刊的出版物，不论中文或外文，由设在中国境内知名的出版机构发行，每发行期不超过一个月，印有发行日期和连续出版期数、全部为印刷纸张组成……的，都可在出版地之总局申请作为新闻纸挂号。
>
> 二、申请挂号应先由出版机构给邮政司写信说明：（一）报纸名称（中文或外文）；（二）编辑姓名；（三）发行地点；（四）发行周期；（五）每期发行的实际份数；（六）如出版物已出版，应提供一份或数份样本②。

报刊之出版发行必须到当地邮政总局申请为新闻纸挂号，申请挂号时，需要提交报纸之名称、发行地点、发行周期、编辑姓名及报纸样本等详细信息，尽管有利于政府对报纸的管理，但政府对报纸信息的掌握便利了政府对报纸的控制，新闻纸挂号制度无疑为清政府查封报馆和查禁报刊提供了客观条件上的便利。另外，清政府对报纸内容也表现出相当的紧张，所以清政府规定，对不确定内容之邮件，要求"新闻纸、刷印物、书籍等类，其封裹之法，勿将该件盖严，以便易于查看。倘封装严密，必

---

① 1896—12—22 "海关总税务司赫德致津海关代理税务司安格联第 1967 号文"，天津市档案馆河北邮政管理局全宗 1878 年第 2 卷，载仇润喜主编《天津邮政史料》第一辑，北京航空学院出版社 1988 年版，第 326 页。
② 天津市档案馆河北邮政管理局全宗第 2832 卷，载仇润喜主编《天津邮政史料》第二辑（下），北京航空学院出版社 1989 年版，第 367 页。

须开拆方可辨认者，即照信件类索取邮资。"① 对不确定内容的邮件，在邮寄时不准包裹封死以便其查验，而对于可疑的邮件则又有专门的条款规定："形式可疑之邮件。遇有不拘何项邮件，即信件、新闻纸、包裹等类，如疑其中装有违犯邮章或律例所禁之物件者，须将该件扣留，禀请该管邮务总办核办。"② 清政府对所认为的可疑邮件不仅要检查，而且有权扣留，这的确是对报刊发行和传播的一个威胁。不过清政府这一规定，弹性很大，宽严的尺度也没有一定的标准，诸如《清议报》、《新民丛报》等被清政府严厉查禁的报刊却仍能通过邮政的通道，在内地播布流传不已。

需要说明的是，尽管邮政有对可疑包裹和报刊信件查禁的规定，但在现实中被清政府在邮政运送环节查禁的报刊并未见史料有很多记载。这情况大约存在两种可能，一种是事实存在而资料记载较少，故难以阅见。另一种可能的情况是，清政府通过邮运渠道查禁报刊的行为本身并不多见，因此未见于史书。前一种情况存在的可能，我们可以从海关或铁路部门查禁包裹的情况侧面否定。在天津档案馆所存的铁路和邮政史料中对上述部门查禁包裹的情况并非讳于记载，因此如果有报刊被清政府查禁的情况，其相应的查禁时间、查禁数量等相关信息在档案资料里应有蛛丝马迹的记述，现在之所以很少见到这方面的内容，只能理解为清政府通过邮政运送寄递环节查禁的行为并不多见或查禁效果并不明显。另外，这里需要将清政府通过邮运渠道对悖逆报刊的查禁行为同大清邮政查禁民信局包裹中的报刊的行为相区别。在邮政史料中提到已被查出报刊，基本上都是针对民信局违反清政府规定而私运、偷运行为惩罚的结果。大清邮政建立后清政府规定民信局必须向邮局注册以及寄递包裹必须通过大清邮政。信局为了降低运营成本和争取生存空间，往往采取不注册或不通过邮局寄递包裹的私运、偷运行为，这一行为被清政府视为非法，因此屡屡采取措施予以打压。在严查民信局的过程中，查出不少私带包裹中的报刊。这结果不能作为清政府查禁报刊的证据，它是清政府打压民信局的铁证。

---

① 天津市档案馆河北邮政管理局全宗第 4 目第 192 卷，载仇润喜主编《天津邮政史料》第二辑（下），北京航空学院出版社 1989 年版，第 529 页。

② 仇润喜主编：《天津邮政史料》第二辑（上），北京航空学院出版社 1989 年版，第 397 页。

（二）信局

清朝的邮政系统建立较晚，在此之前担负现代邮递业务的有两大系统，一是驿邮，一是民信局。驿邮只为官方服务，大清邮政系统建立起来以后，驿邮业务划归邮政，全国的驿站予以裁撤，驿邮寿终正寝。而百姓的信件往来和银票汇兑则依靠民信局，其扎根民间的业务网络，为民间收发信件和包裹提供了极大方便。晚清时期《纽约时报》的记者观察并记录了信局在服务百姓方面的灵活做法：

> 在这些都市和商业城镇里建起了民间票号，负责转寄信件和包裹，以方便那些银行家、商人和普通百姓。在大城市里，通常有几家这样的私人商号，导致了激烈的竞争。其结果出现了世界上其他地方看不到的情况，即"邮差们"到顾客住宅门口去收集邮品，而不是顾客把信件或邮包送到邮局。邮品经由信差传送安全和迅速。这种私人邮政很好地满足了社会的需要。信件和邮包的传送就像我们自己携带着它们一样安全可靠。尽管稍稍慢了点。①

这种做法无疑使民信局能够吸收民间大量业务，信局也因此长期以来都占据着民间的大量邮递市场。20世纪初，正当中国民办报纸勃兴时期，全国大中城市共出版报刊两百余种。这些报刊的运输原来都在民信业手中，② 该项业务为信局所独揽。上海当时的报纸，由于"当时火车未通，发行外埠的报纸，都由小轮船及信局脚划船递送，在午间寄出"③。19世纪90年代的《国闻报》曾刊登启事，希望信局代其发售，并许以二成酬劳："售报章程划一如左：如各处信局行店愿代本馆收报至二十分（份）以上者，一概二成酬劳。其间非本馆所素悉者，须由担保或先寄报资。"④其他诸如《清议报》、《新民丛报》、《时报》等著名的报刊，有不少的代

---

① 《大清国邮政专述》1896年9月13日，载郑曦原编《帝国的回忆：〈纽约时报〉晚清观察记（1854—1911）》，当代中国出版社2007年版，第66—67页。

② 邮电史编辑室编：《中国近代邮电史》，人民邮电出版社1984年版，第36页。

③ 雷瑨：《〈申报〉过去之现状》，载中国人民大学新闻系编《中国近代报刊史参考资料》上册，1979年，第190页。

④ 《时务报》，光绪二十三年八月十一日，第38册。

派所本身就是信局。如 1904 年《时报》刚创办时就有安庆全昌仁信局、镇江全昌仁信局内胡春记、胡万昌信局吴春记、芜湖全泰盛信局四个信局代派。

邮政机构建立起来以后，邮局试图将民信局的业务收拢过来，但遭到力量强大的民信局的抵制。当然邮政取代信局终归是种趋势，大清邮政在清末的最后十年，邮政部门以揽运报纸杂志、开办快递业务、开发昼夜兼程邮班、增加本埠投递班次等措施，与民信局展开竞争，逐渐蚕食信局的业务范围。另外，大清邮政还从立法上规定铁路运输只能承运邮政官局的邮件，将信局不通过邮局运送书报、包裹的行为视为非法。1903 年大清邮政与铁路当局（当时已有铁路长 8 300 华里）拟定章程，规定铁路只允中国邮政官局运送邮件，民信局邮件"概不准运送"。不仅不准民信局利用轮船、火车运送邮件报刊，而且一经查获还要罚款。这样一来，大批报刊的运寄业务，就由民信局转到邮政官局。① 邮政不仅挤压信局的生存空间，而且提高其运营成本，在这种情况下，民信局的发展呈现颓势。以广州为例，广州"是年省城之民局歇业者共有五家，计四家专走上海及沿海通商各口，其余一家专走香港、澳门，而省城挂号民局现存者不过九家而已。其广州邮政司所辖全境之内，往时共有民局七十一家，今则只余三十四家，足见该处民局大有退象"②。

对邮局的挤压，信局也以注册而不交付邮件、不注册偷运或私自携带的方式，应对邮政的压制。在天津邮政管理局 1904 年的报告中提到："从 5 月 30 日起，民局开始经我局运送寄往北京的邮件，但数量却极其少。因此，我怀疑他们仍把大批邮件私自运走，而把少量邮件交给我们，藉以蒙蔽我们的耳目。'老福兴'、'三盛'和新注册的'胡万昌'这三家民局到目前为止还没向我局交过任何邮件。"③ 而一些不买账的信局则根本不到邮局注册，这样的信局似乎还为数不少。从铁路和邮政部查获的信局和包裹的报告中，经常可以看到信局和邮政、铁路部门玩捉迷藏的游戏。

---

① 邮电史编辑室编：《中国近代邮电史》，人民邮电出版社 1984 年版，第 37 页。

② 仇润喜主编：《天津邮政史料》第二辑（下），北京航空学院出版社 1989 年版，第 606 页。

③ 天津市档案馆河北邮政管理局全宗第 20 卷，载仇润喜主编《天津邮政史料》第二辑（上），北京航空学院出版社 1989 年版，第 66 页。

1904 年天津查获的六家信局，对违反运输章程的行为并不认罪："截至呈送本文时为止，三盛、杜记和义兴三家虽然答应今天前来交纳罚款，但均未露面。而福兴润、全盛泰、协兴昌三家民局在确凿证据面前仍顽固抵赖，拒不承认私运邮件。"① 尽管对信局课以重罚，信局私运邮件之事屡见不鲜。光绪三十三年九月二十一日津海关道梁如浩致津海关税务司墨贤理第 419 号文中抱怨说："1907 年因查获民局通过铁路私运邮件而收罚金700 多元。……现在仍有人带运包裹。"② 天津信局如此，它处也常见。如镇江、北京、牛庄、滦州等地的信局，都有私带包裹的情形。铁路和邮政部门的惩罚并不能遏制信局的私带行为："巡察供事在滦州火车站查获了一件寄给牛庄的民局总包。牛庄局通知我说，这已是同一民局第五次违犯规定了。"③ 同一信局五次违反规定，足见信局私带邮件情况的严重。滦州信局五次被查依然采取这种方式运输，说明由于或是经济或是政治等原因，使民信局在诸多运输方式对比中认为私带包裹即使被罚仍然是上选之策，因此各局私走之事，益见增多，虽吊销执照，勒令闭歇，亦难阻止。

民信局的抵制手法不一而足，让铁路和邮局防不胜防。如 1907 年天津城区管局司事阿林敦说，谁也不知道他们（信局）又采取了什么新的方法："本月 26 日，将有人把大批邮件从天津私运往北京"，"结果发现袋内装的是分属七个民局私运的信件和包裹"。"据报民局为私运邮件，已决定改变以前的做法，但谁也不了解他们采用什么新的手法。"④ 七个信局合伙私运信件和包裹，说明信局业界抵制政府打压的常态。而天津管事抱怨"谁也不了解他们采用什么新的手法"，却说明了即使对信局严查也难保信局能被查到。

信局能够顽强支撑，除了它自身的顽强抵抗外，也与它在当时仍有广

---

① 天津市档案馆天津海关全宗第 36 卷，载仇润喜主编《天津邮政史料》第二辑（上），北京航空学院出版社 1989 年版，第 69 页。

② 天津市档案馆天津海关全宗第 20 卷，载仇润喜主编《天津邮政史料》第二辑（上），北京航空学院出版社 1989 年版，第 72 页。

③ 同上书，第 67 页。

④ 天津市档案馆河北邮政管理局全宗第 36 卷，载仇润喜主编《天津邮政史料》第二辑（上），北京航空学院出版社 1989 年版，第 68 页。

大的市场分不开。一方面,新兴的报刊和书籍的运送,尚需要信局,尤其是报业最发达的上海,有为数不少的新闻纸,报馆愿意交付信局寄递:"上海报馆林立,颇有发寄之新闻纸张,既不报验,亦不交付邮局,但装货篮由民局搭附轮船运送。"① 在铁路部门查获的信局包裹里面,不少是报纸:"18 日铁路方面又查获了一捆违章偷运的报纸。这些报纸没写收件人姓名、地址,到目前尚无人认领。"② 另一方面,大清邮政的触角延伸不到的地方和一些服务领域,民信局组织依然根深蒂固。

"据报四川境内民局蔓衍全省,其承办既久,故能蒂固根深,而且经理完善,运赴陕西、甘肃及远西各地方,均有极妥之组织。""除民局外,更有信客三百五十名,由上海至尚无民局地方往来带寄书信。""查民局、信客确有令人注意之处,其一切组织及收信办法,均适主顾之意。"③

可以看出,正是民信局既"经理完善",又"适主顾之意",所以,尽管受清政府打压,信局依然根深蒂固,屹立不倒。到清末宣统二年,虽然大部分省份或城市的民信局数量和业务都有减少,但也有维持原状或坚不可摧者,如上海和四川,民信局的力量依然强势。清末宣统二年各地民信局总体状况如表 5—1—4。

表 5—1—4   1910 年各地民信局数量

地区	北京	烟台	汉口	宜昌	长沙	常德	南京	镇江	厦门
信局数量（个）	14	6	23	3	4	3	16	29	18
地区	云南府	重庆	万县	苏州	上海	广州	梧州	北海	琼州
信局数量（个）	4	23	6	27	86	24	4	1	5

资料来源:根据仇润喜主编《天津邮政史料》第一辑,第 100—103 页整理所得。

尽管信局数量减少,从中可以看出清末民信局发展的颓势。但从信局

① 仇润喜主编:《天津邮政史料》第二辑(下),北京航空学院出版社 1989 年版,第 546 页。

② 天津市档案馆河北邮政管理局全宗第 20 卷,载仇润喜主编《天津邮政史料》第二辑(上),北京航空学院出版社 1989 年版,第 66 页。

③ 仇润喜主编:《天津邮政史料》第二辑(下),北京航空学院出版社 1989 年版,第 639 页。

递交包封总量变化来看，形势并没有那么悲观（见表 5—1—5）。

表 5—1—5　　　　　　　1901—1911 年民局包封信件数目

年份	1901	1902	1903	1904	1905	1906
民局包封信件（件）	7 300 000	8 000 000	7 267 000	8 300 000	8 896 000	7 892 000
年份	1907	1908	1909	1910	1911	
民局包封信件（件）	6 363 000	8 042 000	8 411 000	7 409 000	5 913 000	

数据来源：仇润喜主编：《天津邮政史料》第二辑（下），第 537、564、602、627、690 页。

从表 5—1—5 数据可以看出，从 1901 年到清朝灭亡的 1911 年，信局包封总数在前六年大体平稳，1907 年有大幅跌落，但次年便强劲回升至原来七八百万左右的大致水平，之后三年总量保持平稳，1911 年才因为革命的动荡锐减至约 591 万。这说明清末十年民信局在寄递业务方面发挥的作用，仍然不能小觑。尤其重要的是，信局的业务并没有因邮政的急剧扩展而退出。

清末信局的存在，对于清末报刊的发展和思想的传播有较为重要的意义，它同大清邮政系统一样，担负着传播思想文化的重要载体——报纸书刊的邮运工作。而信局在某些方面还别具意义：一方面，筹建较晚的大清邮政系统尚不完备，还不能覆盖全国所有的地区。以火车、轮船为主要交通方式的邮政体系受到铁路、航运和公路的制约，难以抵达边远地方和山区。在这些现代交通无法通达的地方，以脚力和畜力为递寄方式，将业务覆盖到这里的民信局则起到了补充的作用。另一方面，民信局私运邮件，本身即为非法行为，自然对清末政府所禁书刊的寄送不会太多顾忌。正是因为社会中尚存在这样一种跨越官方的私对私的邮寄方式，为清末时期言论激烈的政论报刊的发行提供了一个可行的传播方式。

（三）客邮

所谓客邮，指清末列强在华建立的邮政系统。清末时期的中国，处于半殖民地半封建社会状态，列强不仅控制着中国海关，把持中国邮政，而且，他们在各自的势力范围内，又建立自己独立的邮政体系——客邮。清末客邮在中国发展情况见表 5—1—6。

表 5—1—6   清末客邮统计表   单位：个

年份/国别	英国	法国	美国	帝俄	德国	日本	总计
1897	8	2	1	5	2	7	25
1906	14	14	1	5	14	17	65
1907	12	15	1	5	13	21	67
1913	14	13	1	18	12	129	187

资料来源：邮电史编辑室编：《中国近代邮电史》，人民邮电出版社 1984 年版，第 17 页；仇润喜主编《天津邮政史料》第一辑，北京航空学院出版社 1988 年版，第 106—107 页。数据为整理所得。

    表 5—1—6 说明，列强在华的客邮数量，以日、法、英、德为多，尤其是日本，增长最为迅猛，这同 20 世纪初日本在华势力的扩张和两国间交往的频繁密不可分。20 世纪的前十年，中国留日学生数量庞大，再加上留日学生及康、梁等中国流亡政治家创办的众多报刊向国内发行，客观上都催发了日本在华邮政的发展。另一方面，客邮的地点，都以东南沿海、北京和各自势力范围为主，在中国广大的内地，鲜有客邮。客邮存在的地方是中国最富庶的区域，交通四通八达，不仅邮程里数很长，邮件发送的频率和密度也高于内地。又加上客邮游离于清政府的管辖之外，不受清政府制约，这在客观上为中国报刊传媒的发展提供了一定的便利，尤其是为因宣传政治变革被清政府查禁的激进报刊向国内输入和在国内传播提供了助力。事实上，除了不少商号和个人"喜欢利用'客邮'"[①] 外，不少报刊也利用客邮这种发行方式。《浙江潮》的告白中说："每期出版后，留置若干册，分送在东同学并欧美及南洋各埠，外统寄交申、杭两总发行所，由该处分配各代派所，以规划一。近内地各处，多有来函嘱迳寄者，同人原可照办，惟邮费过重，日邮未通之地，每册有增至八分者，此后各代派所不如就近向总发行所订购为便，至各代派所东京订购。"[②] 告白中将有没有设日邮的区域分别对待，说明《浙江潮》报纸的派发，是利用日邮的。在国内创办的其他报刊也有利用客邮的情况。而创办于日本的

---

① 尹铁：《晚清铁路与晚清社会变迁研究》，经济科学出版社 2005 年版，第 300 页。
② 《本志简要告白》，《浙江潮》第 3 号，癸卯年三月二十日，1983 年影印本。

《清议报》则在各册屡登"日邮已经设置之地"和"日邮未经设置之地"的说明，从这一信息中可以窥见，《清议报》对日邮非常重视或者非常依赖。《新民丛报》情况也大抵如此，每期后面所附"报资及邮费价目表"的广告中，有"日本各地及日邮已通之中国各口岸每册一仙"的邮资说明，正好告诉我们《新民丛报》报社对日邮的借重，而且也可以推断该报向内地的发行，依靠的就是日邮。因为康、梁为朝廷擒拿要犯，《清议报》和《新民丛报》都被列入严厉查禁的报刊，利用不受清政府控制的日邮向内地传播，不仅便利而且也没有政治风险。因此尽管《清议报》为政府所禁，但在内地依然风行。它们之所以能够广泛传播，恐怕有客邮的因素。《清议报》和《新民丛报》等报刊在发行、传播中借助日邮的情况，从张之洞同日本领事交涉禁送《清议报》等的折文也可进一步得到证实。

需要注意的是，报馆利用客邮是客观事实，但在涉及政府查禁的报刊时，报馆走客邮有时也会受到清政府的干涉。清政府往往通过外交途径向客邮所在国施加压力，迫使他们对被禁报刊的递送和传播采取措施。如光绪二十五年正月二十一日张之洞在发致总署文《告日领事禁分送清议报并力商速遣康党》中就提到，他已经告知日本驻上海领事小田，"不准日本人在汉口分送此报"，而且日本"领事已允"，① 同意了张之洞禁止《清议报》在汉口传播的要求。这种政府通过外交干涉对客邮递送被禁报刊成功地施加影响的情况，往往是偶尔并且是短暂的。尽管《清议报》利用日邮受到了影响，但也仅仅局限于汉口，而对于其他区域的邮运寄递，张之洞便力所不能及了。因此，除了特殊情况下的外交交涉，客邮中包括被禁报刊在内的报刊邮运通道是畅通的。

三 报刊埠内外发行销售

（一）报刊的销售与出租

代派处 由于清末时期邮政体系尚不完备，各报刊如要运行，都需要自己建立发行网络。影响较大之报馆，其代派处数量较多，分布区域较广。规模较小的报刊，代派所数量相对来说较小，且分布的区域也比较

---

① 赵德馨主编：《张之洞全集·奏议·电奏》（四），武汉出版社，2008 年第 476 页。

小。以《时报》为例，在创刊初期，其代派所的数量就很大。代派所的业务，一是负责报刊的征订，二是负责报刊的收发寄递，三是负责报刊的销售。所以，代派处的分布和多少反映了报刊的传播范围和报刊的影响，也影响着报刊的销售量，因此，各报馆在经济实力允许的基础上，很重视代派所的设立。

不论清末报刊的性质如何，其创办目的不外乎启迪民智、输入新知、宣传政治思想。欲达其宣传目的，其传播的对象便是有一定知识积累的知识分子群体，因此，不少代派所就是与知识分子联系比较紧密的场所。下面以《新民丛报》和《国风报》为例来分析代派所的性质特点，见表5—1—7。

表 5—1—7　　　　　　　　　　《新民丛报》代派所性质

报馆	书局	个人	商号	社团	其他	藏书楼	学校	信局
15	11	19	11	7	7	2	1	1

资料来源：《新民丛报》第 8 号，光绪二十八年四月十五日，第 121 页。

在《新民丛报》第 8 号刊载的 74 个代派所中，15 个是报馆，都是宣传立宪的报纸。7 个社团，都是立宪的团体。明显与立宪和知识分子都有密切关系的代派点占 36 个，反映了报刊宣传的主要对象和重点以及该报传播依赖的群体。

《国风报》1910 年第 8 号载明该刊共有 45 个代派所。其中 22 个是书社、书局、书庄，3 个图书馆书楼，10 个报社，1 个个人代表，2 个公司货店，其他有 7 个。其中面向知识分子群的代派所达 35 个以上，这种代派所的设立说明该刊的受众基础为知识分子，也显示出该刊针对知识分子进行民主思想动员的目的。

外埠的报刊发行和销售主要通过代派所得以实现，但也有相当一部分报刊的销售是报馆直接开设个人征订和发售邮寄业务，这是每一个报馆都有的一项重要工作。以《时报》为例，报馆经常刊载声明，要征订者详细写明自己的住址，以免难以寄达。但在邮寄过程中，仍然经常有难以寄达的订户。因此，《时报》不得不另辟栏目，专门刊载无法投递寄信人名称和地址。戊申年正月十二日就登出 88 个大清邮局无法投递的邮件，之前和之后的各期中都公布不少这样的名单。如果再加上地址正确和邮递可以通达的订户，那这就意味着，个人直接向邮局征订数目相当可观。以天津为例，1900 年 5 月份天津城内的 9 个信柜投递书刊数目为：第 2、4 信柜，书各 1 本；第 6 信柜，报纸 100 份；第 7 信柜，报纸 2 份，书 1 本；第 8 信柜，报纸 2 份；报纸共 104 份。① 不仅信柜收寄的几乎都是书刊、报纸，而且报纸占了相当大的分量。需要注意的是，1900 年大清邮政刚筹建不久，邮政系统尚不发达，民众还没有很强的利用邮政的意识，在这种情况下已可窥见个人征订和邮寄报刊的端倪，此后邮政发达和报刊蓬勃发展的时期，其数字要远远不止这些。

贩报　上海是清末报刊发展最繁盛的地区，其埠外发行靠邮政、信局等邮递寄发，而本埠的发行权则由报人直接递送。张静庐在书中曾有记载说，报刊的本埠销售一直就操在捷音公所会员手里，凡持有该公所编号的"派报袋"者，可以直接向报馆营业部订购；非会员（没有派报袋）只能向会员转批（但不许转送订阅户），批价比报馆趸批每份加一二厘不等。本埠读者不论订阅或零购，都是通过报贩，从没有向报馆直接订阅而由报馆直接派人专送的。陈白虚编"老上海"，有述报贩生活说："恃卖报纸为生活者，谓之报贩，亦有团体，有机关，有首领。其法每日天明即携现款至各报馆，计取报纸之多少以付值，不能拖欠分文。取报之后，即折叠成份，由报贩之伙友或家人，急足分送阅报订户，至月终收值。盖阅者皆不直接与报馆订报，必向报贩定阅，以报馆所定报价不能贬损，而由报贩送至者，必较定价少四分之一。……故有人直接到报馆定阅，报馆亦不能不雇用许多使役为之专送也。"② 不过长白山人说法则相反，他说："原送报者，为山东人所开六家报房。彼等结为团体，非山东人不用。报馆兴，各报亦由彼等六家分送。彼时之报价，大报每月八吊文，小报三吊文，送报人按三成提账，报房尤以为未足，报费竟有压至三个月不付者。且付钱时，专付砂片钱，各报社皆感于不便使用之苦。然又不敢得罪报房，一有不和，报房便不代送，报即无行停刊。……《京话日报》与《公益报》

① 天津市档案馆河北邮政管理局全宗第 20 卷，载仇润喜主编《天津邮政史料》第二辑（上），北京航空学院出版社 1989 年版，第 98 页。（数据为整理而得。）

② 张静庐：《上海的报贩生活》，载中国人民大学新闻系编《中国近代报刊史参考资料》下册，1979 年，第 756 页。

联合，雇用北京人专送此两报。此风一开，各报社纷纷顾人专送本报。"①
在其文中还提到社会热心人士义务宣传和行销彭翼仲的《北京白话报》
之事。文中说："彼时有志士二人，一为醉郭，一名巨云章，每日持报沿
街叫卖，并在人多处讲解，以故闾阎之中，行销甚广"。② 胡政之也提到，
因为贩报能得红利之六，因此"报贩之以致小康者比比也"。③ 初来上海
的济川"走过一爿茶馆，进去歇歇脚，见有卖报的，济川买了个全分，
慢慢的看着消遣。"④ 居省会首县的长洲县姚老夫子带着他的几个学生初
到上海，见有卖报的吆喝着《申报》、《新闻报》、《沪报》，一路喊了过
来，姚老夫子便向卖报的花了 12 个钱，买了一张《新闻报》阅看。这些
对当时社会的记载，都说明在大都市的公共场所贩报，不仅不足为怪，而
且已是司空见惯的事了。

　　租报　除了销售，还有一种介于购买和免费之间的方式，那就是租
报。这种方式在报刊业发达的上海比较常见，租报制度十分流行，一半的
公共场所都有报可租，诸如茶馆、报摊、浴室等处。⑤ 陆士谔的小说里记
载，初到上海的梅伯，见卖报人挟了许多报纸走来，便说道："我们买一
张瞧瞧。"对上海社会异常了解的雨香道："不消买得，茶馆里可以租来
瞧的。全上海大小各日报，我们统统瞧了，只要给他二个铜元就是了。"
梅伯道："这真便利极之了。"遂租了十多张报纸，慢慢地瞧阅，阅到一
张时报，忽见标题异常惊眼，有很大的几个二号字，道："宁垣官场现形
记"，忙着瞧下去。⑥ 租报较买报便宜得多，据卖报者说："我把这些报通
统借给你看，随便你给我十几个钱儿。等到看过后，仍旧把报还我就是
了。"⑦ 这种比较经济的办法，在清末一般民众尚没有能力支付购买报纸
费用的情况下，这种方式倒是比较划算，且能获得较多的信息。虽然报馆

---

　　① 长白山人：《北京报纸小史》，载中国人民大学新闻系编《中国近代报刊史参考资料》
下册，1979 年，第 775 页。
　　② 同上书，第 760 页。
　　③ 胡政之：《中国新闻事业》，载黄天鹏编《新闻学刊全集》，光新书局 1930 年版，第 247
页。
　　④ 李伯元：《文明小史》，上海古籍出版社 1997 年版，第 152 页。
　　⑤ 洪煜：《近代上海小报与市民文化研究》，上海书店 2007 年版，第 108 页。
　　⑥ 陆士谔：《新上海》，上海古籍出版社 1997 年版，第 77 页。
　　⑦ 李伯元：《文明小史》，上海古籍出版社 1997 年版，第 93 页。

的销售额会受到冲击，但对扩大报刊阅读面来讲，则有不小的意义。尤其是租报场所多为一般民众聚集之地，如茶馆、浴室甚至市面等处，这无疑扩大了报纸与民众接触的机会，有利于报纸文本思想的传播。

（二）政府行为与社会力量对报刊与思想传播的推动

随着新式学堂在全国范围内开办，学堂图书馆也得以设立。虽然学堂图书馆的规模、藏书量和功能不能与现代图书馆相提并论，但图书馆收藏报刊供人阅读，无疑扩大了报刊的利用率，也可以扩大报刊的受众群体。图书馆的出现，在报刊媒介的传播和思想播布方面，发挥着一定的作用。

图书馆 中国长期以来并没有图书馆，只有藏书楼。藏书楼虽然藏书甚丰，但因为它不面对社会公众，除了在保存中国文化方面贡献卓著外，对文化的传播和普及则影响甚微。外国人在华建立图书馆的社会作用也与古时藏书楼类同，但图书馆已开始有条件地开放。随着报刊的出现，报纸逐渐成为藏书楼的收藏对象。据记载，外国传教士建立的徐家汇藏书楼，不仅藏书甚丰，而且也收藏"报章杂志"，"任人选阅"[1]，具备了一定的开放性。1893 年上海图书馆也"订购周报十五种（包括四种美国的），其中极普遍者七种，订有双份，以便利陈列于阅览室之桌上"。[2] 报刊成为图书馆重要收藏内容的一部分。但因为徐家汇藏书楼是服务于耶稣会会士研究参考之用，而当时的上海图书馆也"完全向中国民众封闭"，对市民并不开放，因此，外人在华立的图书馆收藏的报章杂志，还没有起到影响中国民众、向中国民众传递知识信息的作用，对早期立宪思想的传播也无甚瓜葛。

而戊戌以后中国图书馆的建立，则逐渐改变了这一情况。维新知识分子为了维新事业，深感学会、学堂、报馆三者重要性，在全国建立了 87 所学会，各地的学会都积极"开大书藏"。如苏学会、强学会等，这些学会筹建的图书馆，所采书籍不少是西学西政方面，并且设有阅览室，供阅览使用。成立于 1898 年扬州的匡时学会，在其会章中说，"本会购买书籍外，各种报章皆宜广搜博采，以新耳目而开智慧，如《昌言报》、《中外日报》、《农学报》、《蒙学报》、《申报》、《新闻报》俱各备一份；置诸会

---

① 谢灼华主编：《中国图书和图书馆史》，武汉大学出版社 2005 年版，第 277 页。
② 同上书，第 280 页。

中，公同浏览"。① 这些报刊，大部分都主张维新，发展至以后也宣传立宪。张元济与陈昭常、张荫棠、何藻翔、曾习经、周汝钧、夏偕复等发起的通艺学堂也设置了图书馆、阅报房，其章程规定，该馆所藏之书，"专拣有关政艺者"。制度、思想变革是社会之显态要求，因此图书馆的关注点也聚焦于此。安徽图书馆非常注意报章的收集和购买，《皖省藏书楼章程》规定"本楼图籍之外，旁及各报，无论旬报、日报、但非浅鄙狂妄之说，均当全年订阅，免蹈知古昧今之辙弊"，② 也较保证报章数量和种类，其目的非常明显，免蹈知古昧今之辙弊，期图用当时报章宣传的思想，将世界与中国的发展现状输入民众的脑质，构筑国人的新世界观。

　　新政推行以后，尤其是随着立宪的进行，设立图书馆成为衡量各级政府新政成就的一项内容。罗振玉 1906 年奉诏入京，主持学部，在《京师创设图书馆私议》一文中，主张在全国范围内建立各级图书馆："至京师图书馆以外，各省城亦应各立图书馆一所，以为府、厅、州、县之倡。"③ 学部更于 1909 年要求，"京师开办图书馆……宣统二年……各省一律开办图书馆"，④ 要求各图书馆必须于宣统二年建立起来。再加上时人认识到图书馆对知识传播的作用，地方上也聚积社会力量发展图书事业，如主张立宪而长期负责筹办自治设各省谘议局的张一麐，己酉间"移家南下，就苏城筹建图书馆"，⑤ 他自己也回忆说，于前清宣统间不自量力，拟在课桑园旧址议设图书馆，自捐千元。⑥ 商务印书馆孙君伯恒（壮）不仅向图书馆捐赠书刊，并积极筹款增购。⑦ 在政府官方和地方民间人士的共同

---

① 谢灼华主编：《中国图书和图书馆史》，武汉大学出版社 2005 年版，第 296 页。

② 《皖省藏书楼开办大略章程十二条（光绪二十七年）》，载李希泌、张椒华编《中国古代藏书与近代图书馆史料》，中华书局 1982 年版，第 108 页。

③ 李希泌、张椒华编：《中国古代藏书与近代图书馆史料》，中华书局 1982 年版，第 124 页。

④ 《分年筹备事宜章》，《中国古代藏书与近代图书馆史料》，中华书局 1982 年版，第 126 页。

⑤ 黄炎培：《张仲仁先生传》，载张一麐《心太平室集》，1947 年线装本影印，《民国丛书》（3：82），上海书店 1991 年版，第 2 页。

⑥ 《致图书馆函》，载张一麐《心太平室集》，1947 年线装本影印，《民国丛书》（3：82），上海书店 1991 年版，第 11 页。

⑦ 金梁：《光宣小记》，载章伯锋、顾亚主编《近代稗海》，四川人民出版社 1988 年版，第 301 页。

努力下，各地的图书馆相继建立起来，1901—1911 年间大致建有图书馆 40 多所。其中公共图书馆有国家图书馆 1 所，省级图书馆 17 所，市、县级图书馆 4 所，公共藏书楼 5 所，阅览室 2 所；学校图书馆 9 所，专门图书馆 3 所。藏书机构的名称逐渐以"图书馆"取代了"藏书楼"。

因为图书馆的作用是让更多的识字者自由阅读书刊，所以图书馆大多采取自由借阅的方式，没有太多的繁文缛节条款加以限制，不仅如此，在各地的图书馆章程中，还有保障自由借阅的条款和专门规定。李端棻1906 年提出并通过"妥定章程"，用制度来保证"许人入楼观书"。要允许包括"寒畯"的"好学之士"在内的所有人都享有利用图书馆的机会。① 安徽图书馆也是如此，1901 年皖省藏书楼成立后，又附设了书报社，陈列新的时务书刊，供人阅览，藉以开通民智，② "任人抄阅，不取分文。"③ 何熙年也提到皖省藏书楼"多储经史，广置图籍，以拓心胸，旁及各报，以广见闻"。④ 另外，圣公会举办的公开群众阅报所，它"购各种新闻杂志及新书，任人入览，以瀹进知论"。⑤ 可见，图书馆已突破"藏书"的单一职能，重视书刊知识的传播，并为社会提供自由阅览报刊的条件，使民众从图书馆阅览报刊而开启立宪思想成为可能。

公共图书馆的存在，使得社会上具备一定文化素养、希图通过书报了解新知而又无力购买书报者，有了阅读报刊的机会。尤其像安徽等比较贫瘠的内地，图书馆的设立作用更加明显："皖省地瘠民贫，生计窘乏，而士林尤甚。踌躇屡旬，而不能购一书，拮据终岁，而不能阅一报。"⑥ 在这样的情况下，图书馆的公开借阅，对于经济不太富裕的知识分子利用图书馆接触报刊有较大意义。

值得注意的是，学校图书馆不仅对本学堂内部人员自由借阅，外人也得享一阅，条件是"在外同志愿来馆读书者，应请同学作保，再由本馆

---

① 程焕文：《晚晴图书馆学术思想史》，北京图书馆出版社 2004 年版，第 202 页。

② 蒋元卿：《辛亥革命前的安徽藏书楼》，《图书馆工作》1987 年第 3、4 合期，第 71 页。

③ 《皖省藏书楼同人广告本省宦绅公启》，《汇报》第 281 号，光绪二十七年。

④ 何熙年：《皖省绅士开办藏书楼上王中丞公呈》，《中国古代藏书与近代图书馆史料》，中华书局 1982 年版，第 107 页。

⑤ 欧阳瑞骅：《武昌日知会纪念碑文（摘录）》，《中国古代藏书与近代图书馆史料》，中华书局 1982 年版，第 180 页。

⑥ 蒋元卿：《辛亥革命前的安徽藏书楼》，《图书馆工作》1987 年第 3、4 合期，第 71 页。

赠一凭单者，本馆一律优待。"① 由此可见，图书馆为报章书刊思想传播提供了地点和阅读平台，在一定程度上有利于报刊和思想文化的传播。图书馆所藏书刊供多人重复阅览，无疑扩大了报刊的利用率，扩大了受众面，也使得报刊宣传的立宪思想得以向民间浸渗并广泛传播。

阅报处、讲报所等　阅报处的大量出现，与日俄战争后有识之士要求动员民众推动改变国体、实行立宪的社会思潮有密切关系。清政府宣布实行立宪后，为将来立宪之预备，启发民众智识，政府也努力推动阅报处的设立。时人认为阅报所对于宣传立宪非常重要，曰：

> 预备宪政的开展，"灌输新智识于一般国民，寔为筹备立宪最切要之一着。……敢献二策，顾我上下其注意焉。……一为广设阅报所也。阅报之益，尤较阅书为大。故设立阅报所，亦较图书馆为要。而其设置则较易，就一邑而言，宜于四门各择一公共地方，设备椅桌，购置各种日报，任人观览。余如各地所出之旬报、月报，亦宜酌量购办。其隔日无用之报，可粘于木板、悬诸门首，以便行路之人无意阅报，亦得寓目。此项报纸，只可用二三种，并只可用首页，余均不列，以免累赘。凡隔三四日者，又可粘附版面悬于热闹街市之紧要处所，或悬于酒馆茶楼之间，官长告示，每有粘于酒馆茶楼者，因其为多人聚集之所也。粘示报纸，即仿此意。乡镇之间，亦宜同时举办。应由乡董任其事。……按阅报之益甚多，一可见政府官吏及地方绅士之设施，一可知各地各国之要事，自能化其愚昧固执之见，且晓然于国家发政施令之所由。则此后凡关于宪政事项之实行，人民必舞蹈以欢迎之。……藉报纸以开通国民之智识，亦不得已之末策耳。然其事成立较易，而所收之效亦较大，不可谓非且要之图也。"②

从上文可以看出，时人出于对阅报于立宪有益的肯定，而倡设阅报处。作者将阅报处设立的地点、所设报纸的数量、类别、栏目、更换周期

---

① 谢灼华主编：《中国图书和图书馆史》，武汉大学出版社 2005 年版，第 296 页。

② 《论广设图书馆及阅报所为预备立宪之要着》，《时报》宣统元年三月二十一日。

及应推广范围和负责人等相关事宜给出建设性的意见，并指出设立阅报所为借报纸开通国民智识、开展宪政事业之要图。

清末社会进步，报人借报纸鼓吹功不可没。然其宣传之思想向民间传播，多赖官方令各级地方政府设立的阅报处及社会上有识之士自发设立的阅报处、宣报处对思想向下层社会延伸给予的有力支持和推动。民初报人长白山人对此深有感触，他说："各报（20 世纪初北京各报——笔者注）相继出版，报人尽属有志之士。各报各有立场，各有目的，然于开发民智，指示政治社会之良否及得失，概属同一步骤。对于各级官府之督责，能代人民鸣不平，大为人民所信赖。报纸虽少，而其精神则充溢于北京以故各街市之有识之士者，纷纷设立阅报处。阅报之家，多将报纸贴于壁上，以供行人阅览。北京民智之开，政治日进于新，是时之报纸厥功甚伟。"① 北京阅报处开设不算太早，迟至 1905 年才出现了第一个公共阅报社，还是由书局、报社发起组织的。但是自从第一个出现后，很快形成热潮，并迅速在京津地区普及开来。② 本年北京四城设置四十多个阅报社、讲报处③，有的群众自愿捐贴报纸，有的义务担任讲解员，一位叫刘瀛东的读者，一人就"出资设立贴报牌 30 处，分布于内外城各通衢要道"。④ 一家开办说书馆的小业主，不但主动为讲报处腾地方，而且还"外送茶水，不取分文"。⑤

其实在此之前，1902 年天津出现了由私人在自宅开办的阅报社，只不过影响甚小，没有起到带动的作用。阅报处的开设不仅仅限于京津，其他大中城市和乡镇也设有很多。

阅报处设，沿海为多，内地为少，城市为多，乡镇较少，分布并不平衡。徐铸成就说自己家乡不仅订报者少，阅报处亦少设："在我们的小城中，大概没有几家订报的，更没有什么贴报的地方，只有城隍庙对过的育

---

① 长白山人：《北京报纸小史》，载中国人民大学新闻系编《中国近代报刊史参考资料》下册，1979 年，第 761 页。

② 刘志琴主编：《近代中国社会文化变迁录》第 2 册，浙江人民出版社 1998 年版，第 87—90 页。

③ 梁漱溟：《记彭翼仲先生》，载《文史资料选辑》第 4 辑，辽宁人民出版社 1963 年，第 124 页。

④ 同上书，第 119 页。

⑤ 《京话日报》1905 年 5 月 8 日。

婴堂大门上，贴了一个纸条'公共阅报处'"。① 阅报处只有一间，其间情形为："中间一张长方桌，四面有条凳，桌上放着报纸，只有一位戴着眼镜的老人，正手执一张报纸，凑近着看。我也就大胆坐了上去，看看桌上有大约十来张报纸，其时只是两份报——《申报》和《新闻报》。"② 根据报载内容分析，徐文所记，大概已是民国时期，其间情形，与清末时期相差不多。在内地风气未开的地方，清末有识之士便通过设立阅报处以达其开通民智和风气的目的，《时报》载："有萧君达庭者湖北夏口人也，因见湘省风气闭塞，拟集同人广筹资款设一阅报公所，备购各种新出书报陈列其中，任人继观，不取分文。"③ 其实在此之前，戊戌前后，已有一些知识分子组织的阅报会，"将各报备齐，以供众览，并备茶水以为消遣之资"，也因为各类报刊名目繁多，"寒士无力购取，未易全览。故创设一会，将各报每种购全十数份，借人观阅"④。福州、苏州、桂林的阅报所还附设蒙小学堂和简字班免费授课，四川绵竹的益闻阅报公所低价售报，南昌的普爱阅报社另备书籍七百余种以供阅览，⑤ 各处都尽最大所能地扩大了阅报、讲报活动的功能。有些阅报处很简单，仅仅是在人流较多的闹市，将报纸张贴以供路人浏览而已。霸州知州钱亮臣就请求《京话日报》社寄送《京话日报》四份，以便其"在当地张贴，以开民智"。⑥ 有的社会贤达干脆出资买报并把报纸张贴在闹市，以至于"来往观看者甚伙"⑦。哈尔滨和浙江新城的阅报所还将文言报刊中的时务要闻衍成白话文张贴。

　　阅报社为民众提供了看报的机会，自是不言而喻。阅报所规模大小有一定差异，较小者仅张贴一两份报纸，有些具备一定规模的阅报社，提供的报纸数量和种类就相当可观。如《大公报》1903 年 5 月 5 日载，山东一阅报社的报刊有：《论折汇存》、《阁钞汇编》、《时事采新》、《中外日

①　徐铸成：《报海旧闻》，上海人民出版社 1981 年版，第 114 页。

②　同上书，第 115 页。

③　《拟设阅报公所》，《时报》第 38 号，"各省新闻"，光绪三十年六月初七。

④　《时务报》第 62 册；《时务日报》1898 年 7 月 18 日。

⑤　李斯颐：《清季末叶的阅报讲报活动》，《文史知识》2002 年第 7 期。

⑥　《来函》，《京话日报》第 375 号。

⑦　《大公报》1905 年 4 月 27 日。

报》、《政艺通报》、《北洋官报》、《顺天时报》、《新民丛报》、《经济丛编》、《启蒙画报》、《新小说报》、《农学报》、《蒙学报》、《外交报》、《教育报》、《新闻报》、《大公报》、《大陆报》、《中国报》、《胶州报》、《电报》、《直报》、《申报》、《苏报》、《选报》、《画报》、《新世界学报》、《湖北学术界》、《天津日日新闻报》、《法律政治编译丛刊》①。可以看出，报刊数量可观，种类繁多，宗旨各异，受众水平要求不一，故阅者自可各取所需。另外，对已阅之过期报纸，"分别装钉、积月成本、积年成部，有愿赁回阅看者，每种一本，先交大钱若干文，并押租大钱若干文，限十天送还。如有污毁报章等事，即将押租钱扣除"。只需要交押少许钱两，便可租回阅看。阅报所还注意吸纳新出版报刊，声明"如有新出者，随时添购"。因为社会上宣传立宪和宣传新知的报刊为数不少，尤其是《新民丛报》这样鲜明的立宪报刊购置于阅报社，可以看出，通过阅报社向下延伸的信息不仅仅是启蒙知识，还有立宪思想。

从阅报所的创办时间分布来看，在李斯颐先生所统计的 220 余家阅报、讲报所中，最早的兴办于 1901 年夏，最晚的是 1911 年夏，而高峰期是 1904 年 7 月至 1908 年 6 月。创办于此高峰期的占了总数的 91.63%。②我们从这组数字可以看出它同立宪思潮的密切关系。1901 年，经历过庚子之变后，意识到腐败的清政府不足恃，时人以报刊为武器宣传立宪，要求实行君主立宪国家。以《清议报》为核心的维新人士亦转变为立宪分子，宣传和推动君主立宪思想。至 1904 年以后，有识之士从日俄战争中看到君主专制对立宪政体一败涂地，认为只有实行立宪政体才可以救中国。立宪需要"使绅民明悉国政"，应作政治变革的民众动员，阅报处或讲报所遂纷纷设立。阅报处骤然增多的事实，也是立宪思想正在聚发而为思潮的一个表征。而 1908 年 6 月以后数量的减少，李斯颐先生认为主要是因为官绅开始普遍投入地方自治活动，宣讲自治逐渐替代了阅报、讲报。1906 年《学部奏定劝学所章程》中还将组织阅报所、宣讲白话新闻作为任务之一，但是到 1907 年 10 月，在预备立宪公会致各地书中就只提

① 《大公报》1903 年 5 月 5 日。
② 李斯颐：《清季末叶的阅报讲报活动》，《文史知识》2002 年第 7 期。

宣讲政法书而不再提报刊了①。

　　阅报处之外，还有不少讲报处。因为清末时期识字民众数量有限，大部分不识字民众无法阅读报章所载的信息，即使阅报处提供了接触报刊的机会，立宪思想的影响也无法波及他们。为了使这部分民众能了解世界大势、国体政情等，一些士绅、学生、开明人士等免费提供讲报服务，分赴茶肆市井演讲。往来之农工商贾，听讲者颇不乏人，观其环立旁听，大有闻所未闻之状。

　　阅报和讲报的内容，服务于提高国民素质的目标。当时各地阅报、讲报中使用的报刊，以白话报、政论报、时政新闻报和官报四类为主。如光绪三十年五月十日《时报》载："定海义学书院总董戴颂仙广文于去年创设阅报所，拨书院余款购买《外交报》、《新民丛报》、《大陆报》、《选报》、《中外日报》、《申报》，并奉杨厅尊赠来《农学报》、《南洋官报》及二十四史等书，按月订期俾肄业各士子阅看，以开风气而长智识。由王子舟、张心水两茂才专司其事。"② 主要取各报介绍朝廷新制要政、国内外大势和社会改良的重要内容，同时也比较广泛地涉及西方政治学说和社会制度。即使革命派在华中、华南办的几家阅报所，公开活动中也只能是"倡导改革社会风气"③，提倡启迪民智，甚或援引周礼倡导地方自治等。

　　从阅报处和讲报处设立的效果来看，阅报处和讲报处都非常受欢迎，定期给妇孺念报，"往听者颇不乏人"，"每日听阅者击毂摩肩"④，常有"阅报者联肩而至"，"往来之农工商贾，听讲者颇不乏人，观其环立旁听，大有闻所未闻之状"，"下流社会已渐见开通"之类的记载，屡见不鲜。济南在"四关四隅分设阅报处八所"后，"因阅报者日多又添设三处"⑤ 即为明证。然而，对阅报处的意义，仅仅看到其受欢迎还很不够。阅报处将清末崛起的报刊媒介与广大的普通民众结合了起来，使报刊所宣传的思想得以延伸到最底层的民众，甚至不识字的群体，使受传者群体得以扩大，增强了报刊的覆盖能力。通过阅报处和讲报所这样的

---

① 李斯颐：《清季末叶的阅报讲报活动》，《文史知识》2002 年第 7 期。

② 《提倡阅报》，《时报》第 12 号，光绪三十年五月十日。

③ 徐泳平：《革命报人别记》，1973 年版，第 290 页。

④ 《大公报》1906 年 7 月 12 日、1906 年 12 月 31 日。

⑤ 《学务处添设阅报所》，《时报》1906 年 5 月 20 日。

形式，将思想传播者和各个层次的受传者连接了起来，增强了报刊媒介的传播效果和功能，也使得报刊承载的立宪思想不再局限于上层知识分子阅读、思考和认同，也使下层民众萌发宪政思想和产生民主观念成为可能。

　　其他传播方式：翻刻、政论结集发行、赠送、传阅、游戏　除了正常的发行和销售，书报还有许多流向民间的渠道。虽然通过这些途径向社会传播的书报不是常态，所占比例不是很大，但这些渠道也不能忽视。

　　如果是比较有影响、销量很好的报刊，如《清议报》和《新民丛报》等，要研究它的影响，仅仅从发行量、代派所及报馆针对个人的邮寄业务来着眼研究还远远不够。由于《清议报》和《新民丛报》等在当时很受广大学生及知识分子欢迎，而该报的发行量远远不能满足民众的需要。康、梁等报人以戴罪之身，国内政治环境对他们而言异常险恶，上有清政府严加缉拿，下有急于邀功之徒，日夕寻机捕康、梁以求荣，如天津探访局总办杨以德"苟可以邀功者，虽诬其父为贼，亦所不顾。……其室中罗列孙、康、梁启超、麦孟华、章炳麟、邹容诸肖像，日夕谤视，自谓捕得其一，京堂可操左券矣"，[1]　其所办之报刊亦被视为洪水猛兽，予以严查。这样，导致《清议报》、《新民丛报》因清廷查禁而传递不便。在这种情况下，各地以翻刻应之。虽没有具体的文字记载这方面的数据，但是从官方对此事的紧张程度，足见此事存在的事实以及翻刻数量的可观。赖光临对此有记述："清廷下令通缉康、梁，严禁《清议报》入境，刊物改以秘密潜运各省，翻刻流传。"[2]　比较重要的而且有市场的报刊往往成为谋利的对象，在内地多次被翻刻，这种情况对时人来说，丝毫不足为怪。李伯元还将翻刻其书籍的书局诉诸公堂。由于其书《官场现形记》被佳惠书局翻刻，李伯元遂将该书局控至工部局，与店主席伯君对簿公堂。[3]此处亦可看出翻刻书刊之常见。

　　另外，分析报刊媒介的传播和影响，还应注意到报刊文章的结集再版情况。例如梁启超发表于《清议报》的《戊戌政变记》就作为单行本发

---

① 孙静庵、胡思敬：《栖霞阁野乘·国闻备乘》，重庆出版社1998年版，第25页。
② 赖光临：《中国新闻传播史》，三民书局1978年版，第75页。
③ 《翻刻被控》，《时报》第81号，甲辰年七月二十一。

行流传，因其受欢迎引起了保守者的恐惧，后者遂请求官方予以查禁："梁逆更作《清议报》、《戊戌政变记》，暗中出售，以讪宫闱，司马昭之心，路人皆知。清议报馆虽已被火，而《戊戌政变记》分售于沪上者仍复不少。若竟任其狂噬，势必无识者被其蛊惑，而谣言之起，更无已时。"① 由统治者的紧张可以反观出该书在社会上已经产生了不小的影响。梁启超所撰的诗文、函札，也大都结集出版。最早结集是 1902 年何擎一（天柱）编的《饮冰室文集》，1903 年由广智书局出版，辑录梁氏 1896—1902 年在《时务报》、《清议报》及《新民丛报》头几个月的论著。1910年广智书局又重印此集，并增订补编四卷。与此同时，广智书局又将《饮冰室文集》分类编辑，于 1905 年出版《分类精校饮冰室文集》，约近两百万字。1916 年商务印书馆印行《饮冰室丛著》收录 1902—1915 年的学术专著。同年，中华书局出版《饮冰室文集》48 册，大都是 1902—1915 年间的政论和学术文章，与商务印书馆版《饮冰室丛著》各有所重。② 约 1903—1905 年瞿先生的书箱里就收藏有梁启超的《饮冰室自由书》③。这些结集的流传虽非报刊的样态，但仍是报刊的内容，而且是辑录者认为能集中体现作者思想且在社会上有受众群的内容。结集之书，其流传的范围则逸出报刊常规的发行网络，其思想影响更少受报刊发行网络的制约，是对报刊思想传播的有效补充。这些集子被购买、阅读、收藏，无疑可以反复而持久地对受众产生影响。

此外，民众接触到报刊媒介和立宪的途径还有很多，比如报刊的相互传阅观看，一个订阅报刊的读者就形成报刊四散传播的节点。浙江的一个城市的几个士绅每月订阅《万国公报》六七份，轮流在这个城市的一些官员和士人中间传阅。④ 另外，各报社或书局还有赠阅活动，一种报刊可以带动其他报刊的传播。如《时务报》在 1897 年第 33 册的首页便印有"本期附送萃报序例"，将《萃报》的思想主旨也传播出去。《时报》于乙巳年的"本馆特别告白"中，登载了赠送的图书书目，图书多以小说为主，吸引读者的需要，但也体现出新学与立宪改良的倾向，比如梁启超

---

① 徐载平、徐瑞芳：《清末四十年申报史料》，新华出版社 1988 年版，第 30 页。
② 汤志钧：《人物结集和近代报刊》，《清史研究》2008 年第 3 期。
③ 李伯元：《文明小史》，上海古籍出版社 1997 年版，第 146 页。
④ 《广学会年报》第十次（1897 年），《出版史料》1991 年第 2 期。

的《万里寻亲记》和《绣像小说》、《东方杂志》等，都曾为该报赠阅。
更有意思的是，知识精英的思想意识还以意想不到的方式在底层百姓的社
会文化生活中存在。李伯元笔下的梅伯出去看戏，在戏台下卖新书的地摊
儿上看到广智书局出版的《明治政党史》、《十九世纪外交史》、《社会主
义》、《十一国游记》、《戊戌政变记》① 等这些新书在廉价出售。同样是
李伯元笔下的雨香，和他的同伴接触到日俄战史的知识，则是在上海二马
路文明雅集的灯谜会上，猜灯谜获得的奖品，"竟被我们弄着了三十六册
书，除了《日俄战史》一册外，竟全是新小说呢。"② 买办之子济川在瞿
先生打开的书箱里，看到了卢梭的《民约论》、孟德斯鸠的《万法精理》、
《饮冰室自由书》③。戏台下卖新书的地摊儿、灯谜的奖品和他人家里的藏
书，这些不经意间生活中出现的报刊和书籍，提醒我们清末报刊和书籍的
传播并非报馆的发行网络所能覆盖，其流通途径多种多样。此处所列举之
几种形式，当忝列清末报刊书籍所载之各种思想纵向浸润民众的重要渠道
之列。

四 报刊媒介和立宪思潮传播的地域、覆盖的范围

考察报刊和立宪思潮传播的地域和覆盖范围，要找一个能完全反映这
一问题的切入点是很困难的，尤其若要想描绘出详细而精准的图形几乎是
不可能的。因为报刊媒介和思想传播的本身，有许多可见的路线，也有许
多不可知的途径，那些不可知因素的存在就使得要说明这个问题的每个切
入点都有缺憾。不过，如果要对此作能说明问题的大概描述还是可行的。
下面仅从清末众多的报刊中选择出对立宪思想传播和立宪思潮发展有较大
影响的《时务报》、《清议报》、《新民丛报》、《时报》以及《国风报》为
研究样本，以其代派所的分布为重点分析对象来考察上述问题。由于图中
标示符号容纳量的原因，不能同时采取更多、同样也很重要，而且也反映
立宪思想影响的报刊，这是一个遗憾。另外，以代派所为切入点，当然不
能反映报刊媒介和立宪思想传播的全部信息，比如邮寄书刊到达的地区，

① 陆士谔：《新上海》，上海古籍出版社 1997 年版，第 71—72 页。

② 同上书，第 83 页。

③ 李伯元：《文明小史》，上海古籍出版社 1997 年版，第 146 页。

个人订阅的订户分布，收藏报刊的图书馆、阅报处的分布，地方士绅宣讲报刊和推动立宪活动影响的区域等等，这些因素都说明单纯用代派所来分析传播的区域并不全面。但是，代派所反映了传播者主观希望重点影响的社会区域，传播者在某种程度上对该区域的民众寄托了能够被动员起来的希望或认为动员行为存在可能并且可行。而且，从这些代派所的分布可以看出清末报刊的集中动员区域与立宪思潮高涨的地区有相当大的交集，所以，以代派处为分析样本之意义不难窥见（见图5—1—1）。

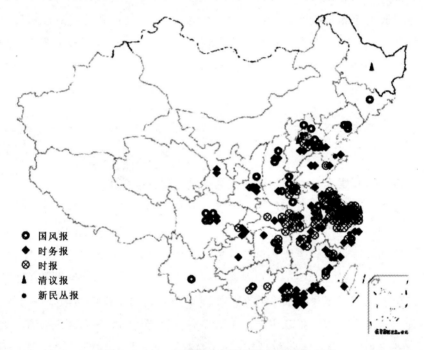

图5—1—1 各报国内代派所分布情况示意图

数据来源：《时务报》第55号；《清议报》第34期；《新民丛报》第8号；《时报》第1、第32号；《国风报》第3号。

从图5—1—1来看，清末时期报刊媒介的传播，上海和靠近上海的江、浙最为密集，京、津、广州和汉口也是报刊代派所重要的集中地。《时务报》虽然是康、梁等创办的民间报刊，但由于有各级官员的大力推广，它的国内代派所第55期时达90多处，遍及大多数行省。一些内地的省份如陕西、甘肃、四川等，都设有不止一处代派所，其传播网络之庞大，非当时各报所能比，也为后来不少民间报刊所难以企及。除了官方给予很大支持的《时务报》之外，就康、梁等所办的报刊如《清议报》、《新民丛报》和《国风报》而言，其传播的区域，主要以江浙为重点的东南沿海和京津地区，在内陆的中部地区也有零星的代派处，但其数量和密度都远不如沿海。《清议报》和《新民丛报》的代派所在河南、山西、湖南、云南以西的广大地区，则代派所为零，这反映出报刊业对在内地传播重注不够，这可能同这两份报刊在日本创办向国内发行不便有关。1904年创刊的日报《时报》，其代派所覆盖的区域明显较广，在中部省份河南、湖北、湖南，甚至重庆和西南地区的云南都设有代派处，且数量多起来。后来之《国风报》代派处的设置分布，显示出立宪人士启蒙与宣传的新的努力趋势，同以往只关注沿海的江浙闽粤和京津而忽略内地不同，该刊的代派处重心已向内陆较大幅度地转移：吉林、辽宁、河北、山西、陕西、四川、贵州等省份，此前康、梁所办的各报在此都没有设过代派处，《国风报》则在这里建起自己的发行网络。不过，蒙古、新疆、西藏、甘肃、青海等地则始终没有代派处的设置。这样一种情况反映出中国经济文化发展的极其不平衡，也体现出立宪思想发展同民族资本主义经济发展的适应性，在民族资本主义经济发展的地区，立宪思想的传播也相对比较容易，在民族资本主义经济难以发展的内地，也缺乏传播立宪思想的土壤。

当然，这并不证明没有代派所的地方，立宪思想就无以抵达。由于各省基本上都创办有官报，进入预备立宪时期以后，官报的重要内容就是宣传立宪进程中的各种政策法令和政府决议，对立宪宣传的影响无疑不能小觑。尤其是官报不像民间报刊受资金、市场和道路交通的制约，它有官方资本的支持和国家资源的利用，可以通达到清政府各级行政所辖的区域，在这方面补充了民间报刊对立宪宣传的区域缺位。另外，邮政和信局的存在，报刊可以不受代派处的制约，而得以散落在代派处之外的各个乡镇。《时报》经常公布大清邮局无法投递的信件名单，戊申年正月十二日登出了 88 个。该名单涉及的地方，有宁波、余姚、沙清、太仓、上虞、加应、潮州、百官、镇海、信阳、凤阳、木渎、奉天、通州、黄岩、塘沽、柯桥、河南、江门、萍乡、定海、慈溪、汕头、香山、□圩、龙坪、平昆、沙岗、江阴、鄱阳、丹徒、牛庄、双林、加善等 34 处①。这些无法投递的地方，都不是《时报》代派处所在地，而且，这些地方有不少是在内地的，甚至有远在东北的奉天和牛庄、中部省份河南的信阳、安徽的凤阳、江西的鄱阳和萍乡，还有不出名的平昆、沙岗、柯桥、木渎、双林、加善等小地方，这就说明，清末报刊的实际影响地区要比代派处多得多。这就不难理解清末立宪思潮风起云涌以及政府要承受来自民间要求立宪的压力何以如此巨大。

第二节　受众分析及立宪思想的传播效果

根据传播学理论，传播者的主观意图是否有良好的传播效果，除了有良好的传播文本、畅通的传播渠道之外，还要考虑受传者本身的因素。受传者本身的文化素养与思想状况，影响到他是否能与传播的思想有效对接，能否对传播的文本思想作出正确的择取、消化、吸收，以及他能否朝着传播者预期的方向转变。本节从受传者的角度，分析立宪思潮播布的可能影响。

报刊是以文字为载体的媒介，立宪思潮的播布也是以文字来传达立宪的信息，因此，阅读报刊和理解立宪的思想本质，受众需要有一定的文化素养，那么，考察清末民众的认知情况就显得非常重要。

一　影响受众阅读报刊的因素

（一）受众的认知水平

中国传统社会，教育为士绅以上的阶层垄断，普通民众受教育的机会和经济能力都有限，知识被上层的文化精英垄断。清末时期，随着维新思潮兴办学堂以开民智的呼吁，新式学堂数量渐渐增多，并且，政府开始向海外派遣大批留学生，留学生的规模也猛然增大。随着新式教育的较大发展，清末社会出现了一个庞大的接受了新式教育和新学的知识分子群体，即学堂学生。这一群体的规模已相当可观，据学部的教育统计，1905 年之前的学生人数有 258 873 人，至 1909 年跃升至 1 638 884 人（不含军

---

① 《时报》，"报告"，戊申正月十二日。

事、教会学堂学生），① 总计辛亥时期国内的学生总数在 300 万左右。接受了各等教育的学堂学生这一群体是报刊媒介宣传的主要对象，也是能够理解和接受立宪思想的潜在群体。

除了学堂学生，中国的知识分子还有另外一个庞大的群体，即通过传统教育取得功名的士绅和没有取得功名的生员，这部分人员具备阅报能力，但其传统文化熏染太重，对立宪思想的接受和抵拒的可能都会存在，不能简单地将其纳入到立宪思潮推动者的行列。但有功名的士人，是官报宣传和影响的对象，这些有功名的士人，掌握有大量的社会资源，或在政府为官，或在地方为绅，在政府宣布实行预备立宪后，这部分人担负着宣讲和推动立宪进程的任务，对立宪思潮的高涨起着推波助澜的作用。

另外一个阶层，他们虽然没有太高的文化素养，但有一定的识字能力，并能阅读浅白的报刊。这部分人在中国的数量应该较中国的知识精英为多，在对报刊内容的择取上，他们关注国家政体、民主、自由、宪法等内容的兴趣要远远低于滑稽的小说和新奇的社会新闻。他们也许会被亡国灭种的民族危机所动员起来，但他们对国家未来的设计显然没有思想准备和理论能力。

中国最广大的阶层，就是从来没有接受过任何教育的群体。以河南为例，合境能自阅报之人十不居一，其目不识丁之辈在在皆是。② 中国民众的大体情况，"大半不识字，书不足以记名姓，数不足以计米盐，目不识图册版串为何物，耳不辨权利义务为何等名词"，③ 在这阅读都存在困难的情况下，即使报刊媒介传播所及，立宪思想也不能对其有任何影响。因此，清末演说会、讲书报会和演讲会纷纷设立，便是针对这一社会群体的启蒙和思想动员。

中国受教育的民众的绝对数量和占国民总数的比例都相当有限，而且，清末时期教育的发展也呈现出东部沿海和京津地区及长江沿岸各口岸发展程度相对较高，而内地则比较落后的特点。即使教育资源分布较多的

① 《学部之教育统计》，《民立报》1911 年 2 月 28 日。

② 《河南官报》第 61 期，光绪三十二年，转引自王天奖《河南辛亥革命史事长编》，河南人民出版社 1987 年版，第 289 页。

③ 孟昭常：《广设公民学堂议》，《东方杂志》第十三卷，第二期（教育一），1907 年；张朋园：《知识分子与近代中国的现代化》，百花洲文艺出版社 2002 年版，第 209 页。

北京，普通民众的阅读能力和知识水平都不容乐观。徐铸成说，北京民众"有两个特点，一是爱听京戏，二是一般都认识字不太多。仅是勉强能对付看报的几百个字，这大概是新文化运动后，北大、师大等校学生长期开设义务补习学校的结果"①。甚至教育发展 30 年后的 1934 年，"中国现在读报的人，还限于极少数。因为中国民众大多数是文盲，是不识字的，纵然是极浅的白话，只要不是用口说，而是用笔写，他们便没有方法来领教"②。教育已有了长足发展的民国时期尚如此，清末时期情况会更差。这样的一种认知水平，实在是报刊媒介和立宪思潮传播的一个阻力。

与前者的保守看法不同，也有研究者对清末民众的认知水平持比较乐观的态度。一个以"职员阶层"为标准认定知识分子的提法，囊括了更多的群体，"职员是指在经济、文化、政治等机构中，从事非体力劳动的服务人员，一般来说，从经理、工程师到办公室的练习生等都是职员，大小商店的经理、店员、学徒、政府机关的公务员、报馆的编辑人员等，也可以说是职员，他们都带有知识分子的意味"③。如果这么说站得住脚的话，那么，有能力阅读和接受报刊媒介思想的群体基础便大大扩大，立宪思想宣传转变为社会思潮和立宪思潮的继续发展高涨也就有了更广的受众基础。

然而，也不能以清末时期的识字率来判断对报刊媒介的信息接受和立宪思想接收者的唯一指标。清末士绅、官方、学堂学生和社会贤达及新式人才，都对文化和思想的普及做了许多补助工作，比如演说会的遍设和推行，无疑使无法阅读报章的没有识字能力的民众也和报刊媒介发生了联系。

例如，"1904 年 9 月 17 日，河南巩县三个分别叫王铁肩、王晓钟、张霁若的人在大王庙开演说会，讲中国遭列强瓜分灭种的惨祸，听讲的二百多人中，有人忍不住潸然落泪。接下来，他们在宋寺湾、黄治等村也相继开讲。在闭塞的城乡，这种做法很快就引起注意。"④ 据《大公报》记

---

① 徐铸成：《报海旧闻》，上海人民出版社 1981 年版，第 63 页。
② 张友渔：《报纸何以不完全用白话？》，载《报人生涯三十年》，重庆出版社 1982 年版，第 136 页。
③ 朱邦兴：《上海产业与上海职工》，上海人民出版社 2004 年版，第 50 页。
④ 李孝悌：《清末的下层启蒙运动》，台北：中研院近代史研究所，1998 年，第 119 页。

载，一位叫王玉存的农民，听了阅报社的演说后，为当时国民捐钱的热情所感动，回去和家人商量后，变卖了一亩六分地，将卖得的钱捐了出去，以尽义务。[①] 演说对于不识字的农民来说，尤其具有特别意义，也使报刊传递的信息呈指数级传播。也可弥补报刊“其进也将由日”，[②] 加快思想的传播。虽然演讲以讲国家形势的内容居多，但预备立宪后官方的宣讲，则有可能将立宪纳入宣讲的内容，1906 年“河南官界于七月初曾创有白话报一种，分演说、历史、教育、新闻等约十数门，月出六册，发由各州县派人宣讲。兹悉各属劝学所相继成立，实行之者甚伙。如陕州、封邱等县均纷纷来省，请额外添寄十分，以资分派各乡镇绅董宣讲，而陕州之陈太守则更于每月之逢五逢十等日，亲为择要督讲，并出示广劝四民往听”。[③] 像这样官方有计划、固定时间派人督讲报刊，将没有识字能力的民众转变为报刊受众，于报刊宣传方面自然影响可见。因此，宣讲会的存在一方面可以唤起民众的读报意识，另一方面在一定程度上扩大了报刊的影响，有利于思想的传播。

（二）经济力量与报刊价格

随着洋务运动的开展，中国近代工业开始起步，到 19 世纪末 20 世纪初，中国的民族资本主义经济已经有了很大发展，但总体上，中国民众的经济水平并没有实质性的提高，因此，在经济承受能力不强的情况下，报刊媒介的精神消费对于广大普通民众来说仍然是奢侈品。

清末时期的报刊，《时报》1904 年刚创刊时的报价，“每日制钱十二文，每月洋四角半，全年洋四元五角，半年洋二元三角”。外埠的定价，因路途远近、火车通达与否而不同，另外，用车船和脚力递寄价钱也有差异。例如，《时报》逐日寄，凡火车轮船可到之口岸，全年洋六元三角，半年洋三元二角；三日寄，全年洋五元七角，半年洋二元九角。而偏远地区的山西、陕西、甘肃、四川、云南、贵州等处，逐日寄，全年洋十四元，半年洋七元；三日寄，全年洋八元一角，半年洋四元一角。[④] 可以看出，偏远内地的报价，比经济相对发达比较富庶的沿海各口岸的报价要高

---

①　《大公报》1906 年 3 月 24 日。

②　《大公报》1902 年 11 月 5、6 日。

③　《时报》丙午年十一月五日。

④　《外埠订报例》，《时报》，第 1 号，1904 年 6 月 12 日。

一倍多，这样一种反差，使得报刊在沿海的发行和销售要比内地更容易，相对来讲，经济落后的内地民众更难以承受报刊的价格。不难理解，内地风气和立宪思想影响不如东南沿海，这也是一个原因。从当时的消费水平来看，1904 年 12 文制钱可以购买三斤盐，① 而清末城市劳动者的收入，如天津的皮匠、弹花匠、织花毯工、磨刀匠等，每天约可得 300 文，即使天天有工作，一个月也不过 9000 文，按当时的市价仅可买到 1 市石多一点的大米。② 上海和其他城市底层民众情况大多也是如此，清末上海缲丝厂女工每天工作 11 小时，工资为 8 美分至 11 美分；而四川的苦力（挑夫）半天仅拿 4 美分；西安的苦力一天才挣 3 美分；汉阳铁厂有经验的机械修理工每月薪水介于 8—12 美元之间。山西一般的务农长工一年才挣 5 美元—6 美元。③ 每天 300 文或几美分的收入，养家糊口都是问题，是没有余资消费报章的。上述提及的主要是低收入群体，他们不具备读报的经济实力，也没有阅读报刊的知识能力，因此，报刊发展和新思想传播与发展对上述群体的影响，几乎难以寻见。清末民众对报刊价格的承受能力，有人拿《申报》和《新闻报》作分析，说两者在 19 世纪末的售价是 10文和 7 文，只是一两大米的价格，是一个熟练工人日工资的三、四十分之一。④ 如果以这样的经济收入看，有一部分用于文化消费还是能承受的。不过，他们不会是支撑报刊传媒业的主体，要使报刊消费成为常态，而不是偶尔为之，要家底更殷实些才行。

　　政府系统的各级文职人员、商人和从事新式职业的阶层，他们的生活不仅有保障，而且收入颇丰，经济宽裕，具有文化消费倾向和能力。张元济 1902 年入商务印书馆任编译所长时，月薪 350 元⑤，这是一个比较高的数额，清末时期 40 元左右的收入便可使一家的生活水准达到中等，350元的月薪，生活就相当优越。另外，报馆的主编和编辑的收入也很丰厚。

---

　　① 河北文安县每斤盐价，1902 年为 32 文，1905 年为 36 文，1907 年为 40 文，1909 年为 44文；见李文治《中国近代农业史资料》第一辑，生活·读书·新知三联书店 1957 年，第 358 页；余耀华：《中国价格史：先秦—清朝》，中国物价出版社 2000 年版，第 938 页。

　　② 余耀华：《中国价格史：先秦—清朝》，中国物价出版社 2000 年版，第 948 页。

　　③ ［美］罗斯：《变化中的中国人》，公茂虹、张浩译，时事出版社 1998 年版，第 118—119 页。

　　④ 刘磊：《旧时报纸售价与报人身价》，《传媒》2002 年第 2 期。

　　⑤ 王建辉：《出版与近代文明》，河南大学出版社 2006 年版，第 279 页。

在《时报》馆做主笔的包笑天的薪水为 80 元，他很满意这个收入："比青州府中学堂监督的一只元宝还多咧"。①总编辑的收入更高，"总编辑亦称总主笔，为编辑之领袖。……其月薪约在一百五十元至三百元之间。次于总编辑，为编辑长。……其月薪约在一百五十元左右。……地方新闻编辑……其月薪均约在八十元左右。……特派员……每人月薪均在百元左右，交际费在外。"②"本埠编辑亦可称城市编辑……其月薪约在 80 元左右"。③80 到 300 元之间的薪水，可以看出编辑的生活质量相当不错，一些新式职业群体的收入相当可观。由于清末稿费制度已经存在，即使在校学生，也有利用业余时间为报刊投稿赚钱的机会。1907 年周树人、周作人兄弟所译《红星佚史》，列入商务"说部丛书"出版，得到稿酬 200 元，在周氏兄弟当时看来，"这是很不小的一个数目"。④由此可见，除了传统上比较殷实和富裕的官员、士绅、商人等阶层之外，清末时期一些新的职业群体也有较厚实的经济实力，他们大多也同时掌握文化资源，对于这一部分人来讲，他们不仅是报刊的主要消费群体，而且也是新思想传播和接受的主要对象。

二 国民的阅报习惯和阅报风气

报刊在中国发展较晚，甲午之前，报纸数量较少，又是外国人办的不以华人为阅读对象的英文报刊，即使是为数不多的华文报刊，报刊内容多为无关痛痒的社会新闻，除了增加茶余饭后之谈资，实在引不起国人之重视。且地点又集中在香港、澳门，报刊在中国内地的影响较小。再加上当时中国经济水平低下，文化教育落后，买得起报纸的人很少，因此，阅报的民众自然不多，甚至对别人劝读报刊都很不以为然。一般士大夫知识分子对这些报纸和报人异常鄙夷，很多官宦人家严禁子弟阅报。像姚公鹤从英国回来的族伯，"力劝子弟辈，于诵读之暇，不可不购阅新闻纸以通知

---

① 包笑天：《钏影楼回忆录》，大华出版社 1971 年版，第 317、316 页。

② 戈公振：《中国报学史》，中国新闻出版社 1985 年版，第 198 页。

③ 同上书，第 199 页。

④ 《周作人回忆录》，湖南人民出版社 1980 年版，第 196—201 页（内部发行）；王建辉：《出版与近代文明》，河南大学出版社 2006 年版，第 284 页。

时事"① 者，实在是少数。甲午后，一部分知识分子开始对报刊予以关注，逐渐形成了阅报习惯。例如，孙宝瑄在他的《忘山庐日记》中提到，他在1897年农历3月26日、4月8日、5月12日都看到过《万国公报》，② 并看了十几册的《时务报》。③ 不过，总体来看，这时期阅报人数仍不可观。1897年登载的《〈知新报〉缘起》一文，披露了当时报纸的境况和国人阅报情况："中国人数号称四百兆，非谓不庶矣，出报之处，乃不逾十地；分报之类，多不逾四十；销报之处不逾十万，阅报之人不逾百万。顺天为首善之区，而阅报者寡其人，河洛为中原之壤，而传报者窘其步，且旬月之内，从而折阅者有焉，期年之间，从而较之，直百万倍之二，千人之一，譬犹诸天之微尘，沧海之一滴耳"。④ 这很能说明当时阅报群体绝对数量不多，尚没有形成阅报的风尚。

戊戌变法期间，康有为、梁启超等一些有功名、有地位、有学养、有声望之士绅出面办报，提高了报刊的地位，并逐渐改变了国人对报刊和报人的看法。在他们的示范和宣传下，近代报刊开始被越来越多的人所接受，终于进入了官宦、士大夫的大雅之堂。⑤ 不过，民间阅报情况仍然不太乐观。据梁启超记载，《中外纪闻》创办之初，"谣诼蜂起，送至各家门者，辄怒以目"。《时务报》创办后的1896年梁启超也曾抱怨，阅报人数不多，致使办报困难："一馆之股，非万金不办，销报非至三千不能支持。桂中风气未开，阅报者那得此数？"⑥ 然而，随着戊戌维新的展开和各种报刊的传播，社会风气大开，社会上阅报之人渐渐多了起来。外国人观察到，至少在1898年前后，阅读报刊"成为习惯，成为中国人生活中不可缺少的一个因素"⑦。尤其是梁启超鼓吹立宪的报刊在社会上的巨大

---

① 姚公鹤：《上海闲话》，上海古籍出版社1989年版，第29页。

② 王林：《西学与变法：〈万国公报〉研究》，齐鲁书社2004年版，第49页

③ 孙燕京：《晚清社会风尚研究》，中国人民大学出版社2002年版，第215页。

④ 吴恒炜：《〈知新报〉缘起》（1897），载中国人民大学新闻系编《中国近代报刊史参考资料》上册，1979年，第269页。

⑤ 谷长岭、俞家庆编：《中国新闻事业史》，中央广播电视大学出版社1987年版，第59页。

⑥ 丁文江、赵丰田：《梁启超年谱长编》，上海人民出版社1983年版，第79页。

⑦ 《字林西报周刊》，载中国史学会编《戊戌变法》（三），上海人民出版社1957年版，第497页。

影响，带动了阅报之风的盛行："在日刊行《新民丛报》（1902）及《新小说》，鼓吹立宪，宣传民权思想。以累年之声望与素养之文笔之故，国人竞读，风行全国，清廷虽严禁，绝不见效，每册一出，内地翻印辄至十数版，其影响之大，空前所未有，吾国新闻纸之发达，国人阅报趣味之养成，梁氏启其端也。"① 阅报不仅成为了解西学、沟通与外界联系的一种方式，也逐渐形成一种生活习惯。天津各处设立的信柜投递的报刊，也说明了当时民众对报纸消费的事实。②

李伯元在《文明小史》中记述的清末社会生活片段，可以窥见阅报已成社会生活的常态。文中述及的那个带着几个徒弟从江苏长洲县到了上海的姚老夫子，看到一个卖报的，喊着《新闻报》、《申报》、《沪报》叫卖，经常在家看报的他，便习惯地花了12个钱，买了张《新闻报》，并对徒弟说："这就是上海当天出的新闻纸，我们在家里看到的都是隔夜的，甚至过了三四天的还有。要看当天的，只有上海本地一处有。"③ 并租了一叠旧报纸，给贾家兄弟看。而贾家兄弟近来知识大开，很晓得看报的益处。听了卖报人说可租报看，竟是非常之喜，立时五个人鸦雀无声，都各拿着报看起来。④ 这是李伯元在《文明小史》中描写的1900年左右普通民众的阅报样态。走在街上，踱进茶楼，歇脚的工夫，买办之子济川便向卖报的"买了个全分，慢慢的看着消遣"，⑤ 这是当时中国最文明的上海的市民的一种写照，阅报之普及，社会文明进步之明显，时人赞叹道："今吾国各省之同胞，幸各能汲汲以播布文明于其乡土为己任，故亦渐觉骎骎日上，城野改观。而其进步之速者，则已见教学之校相望于郊畿，阅报之人遍于妇孺。"⑥ 说"阅报之人遍于妇孺"可能有些夸张，不

---

① 王一心：《新闻文学开山祖梁任公》，载黄天鹏编《新闻学刊全集》，光新书局1930年版，第330页。

② 1900年，天津共有9个信柜；五月份收寄情况是：第2、4信柜，书各1本；第6信柜，报纸100份；第7信柜，报纸2份，书1本；第8信柜，报纸2份；报纸共104份。见天津市档案馆河北邮政管理局全宗第20卷，载仇润喜主编《天津邮政史料》第二辑（上），北京航空学院出版社1989年版，第98页。

③ 李伯元：《文明小史》，上海古籍出版社1997年版，第92—93页。

④ 同上书，第93页。

⑤ 同上书，第152页。

⑥ 《福建之现势》，载黄藻编《黄帝魂》，台北，1968年影印本，第201页。

过，说阅报成为一种风气，于事实上还是能站得住脚的。阅报之风不单限于上海，内地的开封的读报者也很常见，原籍陕西自小侨寓中州省城的"金人"先生，留洋英国学习工艺，也游历了比、法、德等国。回来后，见河南新政虽行经年，但河南社会及官场无不照旧，没有丝毫维新景象，于是心灰意冷，一气之下搬到乡下务农去了。但是，"他虽然身在田间，却心存君国，每日新闻纸是天天要看的。这日是七月二十四日，上海十四这天所印发的新闻纸，已经递到开封。金人先生一见了这道电传预备立宪的上谕，欢喜的了不得"。①

民间阅报成为风气，民众养成阅报习惯，为报刊信息得以影响受众提供了可能。但读者阅报之旨趣，亦应略有了解。清末时期，国人阅报之目的，不少人是为了消遣。正如李伯元在《文明小史》中描写的那样："记得又一年②，正是夏天，午饭才罢，随手拿过一张新闻纸，开了北窗，躺在一张竹椅上，看那新闻纸消遣。"③读书阅报成为知识分子文化消费和消遣的一种形式，渗透到生活中去。这部分人未必有一定的政治选择，就像刘墨簃所说"读报者亦并无读报之观念，不过以此为酒馀饭后之谈助，亦不觉读报有何种利益也"。④此话是针对普通市民而言。有些人读报则是为了解时事，所阅读者，"类系指陈时务、贯通中西，为有志经世者不可不阅之报"，难怪有人说，"吾人十日不阅报，决不敢谈论时事，即勉强措词，亦多不能中节。试问终年不看报，非如坐枯井而不见不闻也？"⑤前述之金人，读报即为了解政治形势。阅报了解外部世界、沟通时事，已成为知识分子日常生活的一部分。

官场中人阅报，条件要便利得多，一是有免费的官报可读可阅，二是自己有经济能力选择自己愿读之报。而内地安徽的官场，其阅报动机居然是为察看报刊舆论中有没有不利自己的言论，"本来这安徽省城，上自巡

---

① 杭州戊公演义、谢亭亭长平论：《立宪镜》，新小说社光绪三十二年九月初四日初版，第3页。

② 约为1903年。《文明小史》1903至1905年9月连载于《绣像小说》，这段话在故事的开头，所以时间应为1903年之前。

③ 李伯元：《文明小史》，上海古籍出版社1997年版，第1页。

④ 刘墨簃：《报纸史之我闻》，载黄天鹏编《新闻学刊全集》，光新书局1930年版，第278页。《民国丛书》（2：48）上海书店1990年版。

⑤ 《如皋学堂演说》，《时报》第49号，"专件"，光绪三十年六月十八日。

抚，下至士庶，是不大晓得看报的，后来官场见报上有骂他的话头，少不得大家鼓动起来，自抚台，到府县各官，没有一个不看报，不但看芜湖的报，并且连上海的报也看了"①。虽然这是被迫养成的习惯，总之是自此有了阅报的习惯，对带动当地的阅报风气不失为一件好事。

也有因政治倾向而读报购报者。胡愈之父亲就是有意识地选择订阅了不少政论报刊。他说小时候，"家里订了《新民丛报》、《浙江潮》和谭嗣同的《仁学》等书报，我也经常阅读这些书报。"② 因此自小便可以受家庭订阅的这些报纸的影响。像胡愈之父亲这样有一定政治倾向而选择性读报的知识分子还为数不少。瞿先生的书箱，里面尽是新书，有些什么卢梭的《民约论》、孟德斯鸠的《万法精理》外，还有梁启超报刊文章结集的《饮冰室自由书》。而且，这些书籍已经引起了瞿先生思想的变化，讲话尽是一派如何叫作自由、平等，说得天花乱坠。③ 说明阅读书报已经起到了改造国民思想的作用，民主自由的思想观念通过报刊的传播被一些民众接受。

阅报之风也呈现出不平衡的特点。其一，北方民众阅报之风晚于南方。北方的重要城市天津和北京报业都不及上海发达，促成阅报习惯之养成和阅报风气形成的阅报社，在天津和北京都出现得较晚，民众之阅报风气形成自然也晚于上海。在同一时期的上海，阅报已经非常普遍，茶馆澡堂等公共场所都有报可读。其二，沿海阅报之风盛于内地。一方面这与清末时期中国经济、文化发展东西不平衡有关，另一方面它也同报刊本身发展东西布局不均衡有关，报刊的创办和发行网络就集中在东南沿海，而中西部地区较少，因此沿海阅报之风盛于内地也是自然的事。那么，以报刊为载体宣传的立宪思潮沿海盛于内地，就在此处找到了注脚。

三　从传播学角度看立宪思想传播的社会效果

（一）发行量：报刊社会效果的一种表征

报刊发行量指标并不能绝对与其社会效果大小画等号，但是，在一定

---

① 李伯元：《文明小史》，上海古籍出版社1997年版，第259页。

② 胡愈之：《我的回忆》，载宋原放主编《中国出版史料》（现代部分）补卷，山东教育出版社2006年版，第73页。

③ 李伯元：《文明小史》，上海古籍出版社1997年版，第146页。

程度上，它可以作为考察其社会效果的一个参考指标。利用报刊宣传立宪思想，大体上可以从甲午后算起。之后的每个阶段都有不少的报刊从不同的角度在鼓吹，要想弄清楚每个时期有多少种报刊、总共发行了多少报刊在鼓吹立宪，有一定的意义，但工作量繁大，不易弄清楚，又因为很多报刊资料本身就不齐备，所以弄清这个数字的可行性不大。因此，下面仅就较早传播西方民主思想的《万国公报》和立宪思想传播的主要载体——梁启超主办的报刊为重点分析对象，考察清末立宪思潮之于社会澎湃的状况。

《万国公报》销售量，在 1896 年已增至每月"几盈四千本"，[①] 1897年又增至每月"几盈五千本"。[②] 根据广学会的年报统计，1898 年全年是38 400 本，1899 年全年是 39 200 本，1900 年全年是 36 200 本。戊戌政变后至义和团运动期间，其销售量有所下降，1902 年后又有回升，以后几年"每年售出盈四五万本"。[③] 戊戌之前宣传西方政治制度和西方科学知识的《万国公报》销售量的骤增，隐约表达了该报与中国政治变革的关系。《万国公报》哺育了中国最早的维新变法思想家，并继续为戊戌时期的知识分子提供西方政治思想的营养。

《时务报》是甲午后戊戌前康、梁宣传维新思想的主要报刊，其发行量，据赖光临记载，最初约为每期 4 000 份，第一年"在八千份左右，第二年传播至万二千通，代售处计达 109 所，遍布全国 70 个县市"[④]。另外有与此数字不同的说法，徐松荣说该报半年后销 7 000 份，一年后达到 13 000 份。[⑤] 而也有说发行量最高达到 17 000 份。其实，赖光临所说"第一年的八千份左右"与徐松荣所说的"半年后销 7 000 份"数字并不矛盾，可能是并非同一时间段上统计得来的数字而已。不管发行量最高达到一万七、一万三还是一万二，这些数字本身都在最高销售量的报刊之列。在清末时期，报刊的销量好者上万，但大部分难以企及，销量几千份则比较常见。吴贯因描述清末北京报纸的销数时，这样说："前清之末，报纸之销

---

① 《万国公报》第 92 册，第 26 本，1896 年 9 月，第 16324 页。

② 《万国公报》第 97 册，第 26 本，1897 年 2 月，第 16700 页。

③ 《万国公报》第 204 册，第 38 本，1906 年 1 月，第 23934 页。

④ 赖光临：《中国近代报人与报业》（上），台北商务印书有限公司 1987 年版，第 178 页。

⑤ 徐松荣：《维新派与近代报刊》，山西古籍出版社 1998 年版，第 72 页。

数，其在上海，惟《申报》达万份以上，其余未有销至一万者。而在北京，除小报外，日报能销至二千份，即已卓卓有声于时。若万之一阶级，乃如海市蜃楼，可望而不可即。"① 而《时务报》在中国报刊发达之初便有这样的骄人成绩，自然与学堂学生喜欢和官府提倡不无关系，这也说明其宣传的求变与维新思想在官、学两界有不小的影响。难怪梁启超在1901年《在〈清议报〉一百册祝辞并论报馆之责任及本馆之经历》中自豪地说，《时务报》"数月之间，销行至万余份，为中国有报以来所未有，举国趋之，如饮狂泉"。②

《时务报》发行量在数月之间，数字飚长，发行至万份仍然满足不了社会对《时务报》的需求，读者纷纷要求补订早期的《时务报》，1897年该报将前30期，印成合订本出版。《时务报》的影响由此可见一斑。借助《时务报》的广泛传播，康、梁借以批判专制、宣传西方民主和议院的主观意图，源源不断地流向中国最有影响力的官、学两个阶层，对国民突破专制的樊篱进行了有效的思想动员，为打破中国现状之后的发展提供了可行的政治选择。在否定旧制度的同时，提出在西方已经证明了发达有效的君主立宪的政体范本，对易于接受新思想的学堂学生来说，无疑有很大的诱惑力。对于急于寻找挽救危局的官员和旧知识分子，也不失为一种可以尝试的选择。因此，以要求民权为核心的立宪思想借《时务报》的传播，影响的范围得以扩大。

明确提出立宪思想并对其积极鼓吹者，是创办于日本横滨的《清议报》。《清议报》初创刊时，销售量也在3 000 份。根据其他的历史资料佐证，这不是一个反映《清议报》总体发售量的数字。由于清政府所禁的《清议报》一运至国内，辄被翻刻，数量无法统计。再加上停刊后的《清议报》以全集的形式出版，并供不应求，这些方面的销售数字也难以搜集和统计，故其实际在社会上流通的数额，肯定比较可观，只是具体数额无法计算。但这正说明了其报馆虽在日本，却有效地影响着中国的知识阶级的事实。自戊戌政变后，国内新生的言论机关受了摧残，己庚年之间，

---

① 吴贯因：《余之办报经历谈》，载黄天鹏编《新闻学刊全集》，光新书局1930年版，第347—348页。《民国丛书》（2：48），上海书店1990年版。

② 梁启超：《在〈清议报〉一百册祝辞并论报馆之责任及本馆之经历》第100期，《清议报》1901年。

上海等国内倡新说之报，不为人欢迎，旋兴旋灭。日本留学界此时也有所谓《译书汇报》、《开智录》等的发行，颇能介绍西方政治思想，但亦不能持久。独《清议报》继续至三年有余，此已足见该报的影响。

在立宪思想逐步汇聚成立宪思潮的过程中发挥重要舆论宣传作用的《新民丛报》，也甚为受众欢迎，销售量一再增加，各期反复刊印，最高发行量达 14 000 份。该报在国内外寄售点达 97 处，远至云、贵、陕、甘，成为这个时期立宪派最著名、最有影响的一个机关报。① 即使为清廷所禁，其传播亦不为所阻，每册一出，内地翻印辄至十数版，其影响之大，空前所未有。② 正是以《清议报》、《新民丛报》为核心的各报刊对立宪思想的鼓吹，使立宪思想终于在 1903 年前后，汇聚成立宪思潮，并推动了清政府宪政进程。1905 年清政府开始选派大臣赴欧、美、日等国考察政治，拉开了清末预备立宪的序幕，并将实行君主立宪制作为中国政治改革的目标。

立宪思潮裹挟着中国朝君主立宪发展，而康、梁等立宪人士并没有随着清政府预备立宪的宣布而停止舆论动员，1907 年考虑将《新民丛报》停刊，同时着手筹备新的言论机关，《政论》和《国风报》分别于 1907 年 10 月和 1910 年创刊，继续引领中国立宪思潮的发展。《国风报》每期约八万字，最高发行达 3 000 余份，而且经常一版、再版、三版，社会影响颇广。其发行范围扩至 17 省，并远销美、澳、南洋等地，海内外代销点增至 60 多处，是这一时期立宪派最主要的舆论阵地之一。由于《国风报》重视对内地省份的宣传，对激发内地立宪思想的发展也有相当的影响。

除了康、梁立宪领袖创办报刊鼓吹立宪之外，还有一批与康、梁等人关系密切的立宪人士创办的报刊，因为受社会欢迎，有较大的发行量，对立宪思想的发展和立宪思潮的继续高涨起到了不小的推动作用。

需要说明的是，在此无意给出发行量高必然有较大的影响和良好的传播效果这样的结论。但报刊发行量的多少与其影响虽不一定成正比，却呈

---

① 谷长岭、俞家庆编：《中国新闻事业史》，中央广播电视大学出版社 1987 年版，第 66 页。

② 王一心：《新闻文学开山祖梁任公》，载黄天鹏编《新闻学刊全集》，光新书局 1930 年版，第 330 页。《民国丛书》，上海书店 1990 年版。

正相关关系。从各城市的销报数量可以证明这种说法有一定的道理。例如浙江海盐地区 1903 年的报纸销量，总共 109 份，其中《新民丛报》30 份，占三分之一弱；从总体上看，宣传君主立宪类的报纸占 90 份，宣传革命的 9 份，其他 10 份。可以看出，在当时的报刊宣传中，立宪思想宣传的密度比较大。《时报》统计的 1904 年扬州的销报情况是，《新民丛报》的销量为 30 份，《申报》700 份，《中外日报》250 份，《新闻报》100 份，①《新民丛报》远落在上海这几份较大的日报后边，这与《新民丛报》为杂志，后三者为报纸，《新民丛报》为旬刊，而后者为日报，报与刊发行的频率和报刊属性不同有关系，并不能说明《新民丛报》的影响小于后三者。况且，《申报》等报刊也都是主张君主立宪的立场，其大量传播无疑也为立宪思潮的发展提供了助力。同年，常熟的销报情况也反映出《新民丛报》受欢迎之程度，其销量居《时报》所统计的 19 种报刊第二位，首位的是《新闻报》。由于日报同杂志相比，其单份日报内容容量较杂志少很多，在价格上要比杂志有优势，并且，日报同时也注重社会新闻，尤其是《新闻报》重视商业信息的刊载，在经济较发达的沿海，关注日报的自然不少，但《新民丛报》能以在常熟的学界有 50 份的销量，超过以本省宣传为主的革命杂志《江苏》，说明该刊在学界的影响非同寻常。在常熟地区总销数 639 份的 19 种报刊中，宣传立宪的有 11 种 498 份，宣传革命的有 3 种 75 份，其他 5 种 66 份。②清末有影响力的日报，其销量非常可观，如《新闻报》每日平均销行份数，1900 年 12 000 份，1909 年 14 486 份，1912 年为 19 418 份，③足可见其在社会上的影响。虽然其商业性比较突出，但同其他报刊一样，首篇载论说，不出君主立宪的思想范畴。由此可见立宪思想宣传是当时社会舆论的主流。这些报刊持续不断的宣传，立宪思潮才有其存在、高涨并对社会产生影响的可能。

（二）与受众的思想对接：传播者主观意图的落实

清末立宪思想萌芽时期，郑观应、王韬的思想中朦胧的君主立宪思想尚没有诉诸报刊传媒来广泛宣传。王韬在《循环日报》刊载的政论性文

---

① 《时报》第 35 号，光绪三十年六月初四。

② 《常熟旬日报销售表》，《时报》第 104 号，光绪三十年八月十四日。数据为根据销售表整理所得。

③ 《报学杂志》1948 年第 1 卷第 2 期。

章，有议会、民主等的介绍，但也仅仅是提到而已，并非提倡之意，因此不易引起人的注意。况且在香港本地影响已有限，内地更毋庸置论。这一时期，立宪思想仅仅表现为对西方政治制度与政治现象的记载和描述，其民主政治思想很难被发现，距离民众接受民主、议院和君主立宪等观念，还有很远的路要走。

宣传立宪思想最有力度的是政论性立宪报刊。这部分报刊的创办目的很明确，即宣传君主立宪的政治理念。因为这部分人士有较高的学养，所著文章理论水平较高，常从宏观的制度构建和系统引介西方民主理论方面着眼，宣传君主立宪的合理性及其存在的法理和思想根源。这类报刊尤以康、梁主办的报刊最为突出。他们宣传君主立宪思想不是目的，而是通过宣传使更多的人认识到中国实行君主立宪的必要性和必然性，推动中国国体的改变。而实现这一改变的力量，立宪人士寄予希望的是握有权力的士大夫和那些可塑性强且将来会在社会上扮演重要角色的学堂知识分子。以光绪三十年常熟所销报刊的阅读者来看，《新闻报》、《申报》、《大同□□》、《科学世界》、《游学译编》、《女子世界》、《江苏》、《政法学报》、《湖北》、《温州白话》、《中外日报》、《同文报》、《浙江》、《新小说》、《新民丛报》《东方杂志》、《绣像小说》、《女学报》、《中国白话》等19种杂志，除《东方杂志》的阅读者为"不一"，《同文报》和《大同□□》为"士绅"，《新闻报》和《申报》为"士绅官商"外，其他杂志的阅者都是"学界"。说明报刊读者已由原来的以官吏为主转为以社会公众为主。传统的官、绅、商阅报群也有所改变，以往主要是达官显宦以及与官场联系密切的豪绅富商，现在则发展为一般官吏、普通商人和学界。据1903—1905年南京、武汉、杭州、镇江、扬州、常熟、泰州、衢州、泰兴、埭溪等11座城镇的调查统计，共订阅报刊62种，20 227份，除《南洋官报》由江宁各级官府分摊派订，数额高达9 000份外，其余1.1万份多为私人订阅。白话报刊有14种，订数达1 253份，不仅开明士绅、官吏、商人和学生接受传媒信息，一般市民也加入订阅行列。①

很明显，这部分人是近代中国知识分子集中的群体，理解和接受立宪、民主等西方民主理论和思想，需要较高的文化素养，而这部分人具备

---

① 来新夏：《中国近代图书事业史》，上海人民出版社2000年版，第198—199页。

这种素质和能力。所以，与立宪思想正确对接和推动立宪思潮发展的正是这一群体。

思想已经发生变化的学界中人，开始对君主立宪思想有意识地选择和推介。如前文提及 1902 年 3 月在南京江南陆师学堂任职的汪希颜写给其弟的信中，极力向其弟推荐《新民丛报》："吾谓学游六年，不如读此报一年；读书十卷，不如读此报一卷。此报一出，而一切之日报、旬报、月报，皆可废矣。①他不仅自己对《新民丛报》的宣传立宪民主的主旨颇为认同，还向他人引介。有些人则因为阅读了报刊文章，接受君主立宪思想，并以报刊传播所宣传的理论，来分析和解决现实问题。《立宪镜》的作者在文中提到："饮冰室所谓言立宪，则欲其动机发自国民，而君主为受动者。"②已经有明晰的民众是民主权利的主体、国家君主应受制约的君宪思想。"梁氏刊行之著作，以饮冰室文集最享盛名。凡谈新学者，家必藏其书。"③生于山西石县的张友渔自述，读了康有为、梁启超不少政论文章，不仅佩服他们锋利的文笔，还接受了他们改良主义的思想，开始注意时事，用改良主义思想分析政局忧国忧民。④

新式学堂学生为报纸的主要阅读者。1901—1905 年在国内外出版发行的报刊达 200 种。仅据杭州、南京、武汉、南昌、镇江、扬州、常熟、泰州、衢州、埭溪、海盐等 12 个城镇的调查统计，主要由学生订阅的报刊就有 51 种，总销售达 8 200 份。⑤被西方民主思想动员起来的学生争取民主自由，无疑是立宪思潮影响下的自觉行为。在拒俄运动高涨时，浙江、江苏、直隶、广东、安徽、江西、河南、广西、四川、贵州等省和北京的 16 所学堂学生，以权利主体的身份反对校方压迫以禁止演说阅报，要求天赋自由之权，或是维护"素具文明思想"的进步教习，反对顽固

---

① 汪原放：《回忆亚东图书馆》，上海学林出版社 1983 年版，第 1—2 页。

② 戊公演义、谢亭亭长平论：《立宪镜》，新小说社光绪三十二年九月初四日初版，第 57 页。

③ 王一心：《新闻文学开山祖梁任公》，载黄天鹏编《新闻学刊全集》，光新书局 1930 年版，第 331 页。《民国丛书》（2：48），上海书店 1990 年版。

④ 载张友渔《报人生涯三十年》，重庆出版社 1982 年版，第 2 页。

⑤ 杭州调查表见《东浙杂志》第 4 期；常熟、扬州见《国民日日报》1903 年 9 月 22 日、30 日；海盐见《浙江潮》第 7 期；其余均见《警钟日报》。

势力，争取自治权力，发动了退学风潮。①

　　李伯元的《文明小史》中的瞿先生，他早已阅读了卢梭的《民约论》、孟德斯鸠的《万法精理》以及梁启超的《饮冰室自由书》等书，受了民主思想的影响，同济川大谈如何叫作自由、平等，说得天花乱坠。而听者济川，对瞿先生的言论不仅不觉得惊骇或陌生，反而"犹如几年住在空山里面，不见人的踪迹，忽然来了一位旧友密切谈心，那一种欢喜的心，直从肚底里发出来"，② 与被瞿先生谈得天花乱坠的民主思想产生了强烈的共鸣，由此可折射出新思想对时人的影响。

　　值得注意的是，官方所受来自报界宣传的君宪理论的影响不仅大，且意义深远。赵尔巽在 1904 年任湖南巡抚时，饱读《新民丛报》，在学堂演讲民权自由时，便将西方近代思想家、民主国家的政治领袖等信手拈来，阐发自己的政见。"越宿颁手书一道，洋洋数千言，其中引用华盛顿、拿破仑、卢梭、孟德师鸠、达尔文、斯宾塞尔、赫胥黎、玛志尼、克林威尔、林肯、加富尔、西乡隆盛等人名，填塞满纸。"③ 这种以西方民主概念代替了传统功名之学的表达方式对学生宣讲，无疑具有一定的垂范作用。赵尔巽对西方民主思想人物和西方国家领袖的博闻强识，令其幕友佩服无比："这位东家真是聪明，他买了二十六本《新民丛报》，看了半个月，就记得住许多疙里疙瘩的人名，我们可真赶他不上。"④ 赵尔巽对西方民主思想家疙里疙瘩人名认识的来源，竟是梁启超宣传立宪思想的《新民丛报》。

　　在官场上受立宪思想影响的，并非赵尔巽自己。史学家李剑农就认为，袁世凯、张謇和孙宝琦在政府要员中较早主张立宪，就受到过梁启超的影响，并且这些官员又带动了其他官场人士："国内南部的老新党名士，大部分都受了梁启超的言论的影响，此倡彼和，于是二三疆吏，也相率建议立宪，中枢诸亲贵，也知道了立宪两字是无可反对的了。"⑤ 这是报刊媒介宣传的立宪思想对于政府官员的影响。由于政府要员思想上转变

---

① 桑兵：《晚清学堂学生与社会变迁》，广西师范大学出版社 2007 年版，第 81 页。
② 李伯元：《文明小史》，上海古籍出版社 1997 年版，第 146 页。
③ 李伯元：《南亭笔记》第 14 卷，上海古籍出版社 1983 年版，第 1 页。
④ 同上书，第 1 页。
⑤ 李剑农：《中国近百年政治史》，商务印书馆 1948 年版，第 233 页。

并对立宪大力推动,清末立宪进程加快。1905 年清政府开始讨论君主立宪,并选派大臣出国考察,以为实行立宪之准备。

当然,能把握立宪真正内涵的毕竟为少数,对大多数人而言,或许只是将"立宪"当作一种流行语,一种时尚。立宪对于他们如果有影响,很可能仅停留在掌握"立宪"、"民主"等名词本身。《文明小史》中姚文通儿子因独自外出不告家人被父亲责骂时,用生而自由的理论同父亲对抗说:"天地生人,既然生了两只脚给我,原是叫我自由的。各人有各人的权限,他的压力虽大,怎么能够压得住我呢?"① 我们可窥见立宪思潮中卢梭的天赋人权、人人得而自由的思想对民众的影响,但如果对民主与自由权利的理解仅仅停留在这样的层面,则暴露出立宪思想的宣传需要进一步的深入,要使国民养成正确的民主习惯和民主意识,仍需要继续民主启蒙。

时人陆士谔在《新上海》书中记述的上海几个少年的阔论则说明,民众对立宪和国会的重要性根本就无法理解,政治体制改变的深层意义被实业救国论所取代:"现在各处都闹国会、国会,你也举代表,我也举代表,像发了昏一般,也不想想中国现在的财力,能够办这件事不能。正经大家拿出几个钱来,兴办点子实业,等到实业发达了,大家钱也有了,饭也有得吃了,那时候,国会开也罢,不开也罢,中国断断不会亡了。这会子,国里头百姓穷的饭都没有吃,闹这虚花做什么!"② 少年将要求开国会看作是虚花,仍然没有足够的国民主体意识,对民主权利的漠视和无意识的放弃,正说明了民众在对民主的认识和实践的方面,都还需再对其作进一步的民主思想的培育和动员。陆士谔清醒地认识到"现在的人民,'国会'两个字,是甚么件东西,'立宪'两个字,是什么样解说,都没有明白"③ 的客观事实。在推行地方自治的过程中,甚至有人对调查户口的意图理解为,调查了名字去,要按名把魂灵拘去卖钱的;有的说要抽收人头税的。④ 上述种种乱象说明民众对立宪含义的理解与传播者主观意图之间存在强大的落差,也体现出立宪思想宣传实际效果的多层次

---

① 李伯元:《文明小史》,上海古籍出版社 1997 年版,第 102 页。
② 陆士谔:《新上海》,上海古籍出版社 1997 年版,第 241 页。
③ 同上书,第 241—242 页。
④ 同上书,第 242 页。

存在。

当然，还有部分顽固人士，其本身就站在反对西学与民主的立场上，他们出于某种主观的原因，而有意识地将报刊宣传的西方政治观念屏蔽在自己的脑外。《申报》的主笔骂康有为"立说著书，发为狂论，与其徒梁启超之类互相煽惑，愚弄良民"。① 从他对康、梁的诋毁之语就很难想象他会接受康有为提出君主立宪的政治主张。在江南省城的康太尊对维新党讲平等、讲自由引起社会风潮本已不满，又担心各报宣传的新书会带坏少年，李伯元书中记之曰："（康太尊）看见上海报上，还刻着许多的新书名目，无非是劝人家自由平等的一派话头，我想这种书，倘若是被少年瞧见了，把他们的性质引诱坏了，还了得！"② 像康太尊这样不仅自己根本不与立宪思潮发生任何正面的作用，而且还对新思想的传播横生阻挠，自然是立宪思想传播的一个障碍。

如果说沿海和城市早为立宪思潮泽被所及、民众对立宪思想较能觉悟的话，而立宪思潮之于内地的影响，类如风行草上，过而无痕，或内地民众对立宪思想根本无从了解。大约在1905年，到山东省城赶考的秀才们，在书店见到欧洲宗教改革家路德和统一德国的铁血宰相俾斯麦的名字，竟然一无所知，认为"是山西路闰生先生，说道：'原来他也在上面。'见了毕士马克，又问这是什么马？诸如此类的笑话，不一而足"。③ 所以，不能因为知识分子群体具备读报能力就认为他们已经读到或接受立宪思想。正相反，这些人只是可能会被影响的潜在群体，他们有没有接触报刊媒介了解到立宪思想，还要具体分析看待，在科举制度没有废除的1905年之前，旧学的取向是压倒西学的，因此，1905年立宪思潮已经逐渐蓬勃而起时，内地的知识分子连民主国家的著名思想家和政治家都不了解，要说他们已经具备了民主思想，赞成立宪或共和，是没有说服力的。

立宪思想通过报刊的宣传、政府的推动和立宪人士的运动，在全国可谓思潮激荡，然而在宪政推行过程中，依然困难重重，一方面这自然是理

---

① 徐载平、徐瑞芳：《清末四十年申报史料》，新华出版社1988年版，第27页。

② 李伯元：《文明小史》，上海古籍出版社1997年版，第246页。

③ 同上书，第200页。

论与实践之间有差距，具体的结合需要寻找一定的途径，另一方面，地方官和民众都对立宪的理论准备不足，以致谘议局选举时，"到了投票的时候，各省的反应大多显得极为冷淡。原因不仅是选民对选举没有认识，全国上下，除了极少数知识分子，几乎完全不知何谓选举。光绪三十四年六月二十四日诏令各省地方官切实筹备设立谘议局。但各督抚因不知从何着手，索性来个相应不理。"① "地方自治，自始即跋踬不进，难期成效"。② 这种情况说明，国人距离做合格的有独立权利和义务主体的国民，为时尚早。

---

① "宪政篇"，《东方杂志》1908 年第 9 期、11 期。
② 张朋园：《立宪派与辛亥革命》，吉林出版集团有限责任公司 2007 年版，第 17 页。

第 六 章

报刊传媒激扬的立宪思潮与社会变迁

甲午战后是报刊传媒与立宪思想同时迅速发展的阶段。清末崛起的报刊传媒为立宪动员提供了有效的载体，立宪思想也为报刊传媒生成的舆论注入了立宪民主的内涵。报刊传媒与近代立宪民主这两者本身，都是肢解专制制度的刑具，两者的结合及相互作用，加速了专制制度的结束。

第一节　立宪下的公共舆论与专制制度的结束

清末的报刊传媒，是促成和加速清末社会变迁的一个重要因素。清末报刊的发展，是知识分子在民族危机下言论救国的反映。报刊的创办目的和要发挥的功能从一开始就被赋予了强烈的政治性。清末时期创办的大量政论报刊，尤其是杂志类的报刊，其内容基本上都是严肃的政治话题。既有对国内外政事的报道，也有对国内政治问题的讨论。政治话题由原来不允许士人过问政治的统治阶级信息垄断，而到"庶政公于舆论"向社会信息公开自由讨论，这一转变，对清政府的统治增加了许多变数。立宪思潮下立宪派和报界人士格外重视言论自由，将报刊舆论看成仅次于国会的民意代表。清末由民间报刊传媒主导的社会舆论最终改变了中国的传统政治，并随立宪民主思想的发展将君主专制制度送进了坟墓。

一　报刊传媒话语的改变

随着民主思想的发展，清末报刊中的话语内容和形式都发生了变化。就话语内容来看，戊戌时期维新知识分子在报刊中讨论的政治问题基本上都是在传统儒学的框架内，逸出这一范围的问题，便与中国古代类似的东西相比附，从而寻找读者能够接受的平衡点，以减少思想传播的巨大阻力。比如梁启超对西方社会发展的三个阶段，即多君为政之世、一君为政之世和民为政之世，与中国传统政治思想中的据乱世——升平世——太平世三个阶段相对应，为宣传的政治思想披上统治者喜欢的传统外衣。尽管如此，话语已经开始改变，民权、议会等词语的频繁使用，表明传统的话语体系开始受到挑战。不过，这一时期政体问题的讨论，维新派和知识分子尚恪守为臣的伦理纲常，基本上仍在传统文化提供的话语环境中寻求问题的解决方案。

如果说戊戌之前提到的关于议院、民主等字眼还带有浓重的中国传统文化色彩的话，那么，逃亡到日本的梁启超等人，脱离了国内的政治与治学环境的影响而开始接触和阅读大批日译的西方著作，其民主思想中掺杂的中国传统文化则渐渐被剥离。随着对西学了解和理解的深入，他们开始认识到西方的"民主"与中国传统政治思想中"民本"的异质性，东西政治内容并不能简单地比附。因此，在《清议报》及其之后的宣传中，可以发现他们对民主与民本等观念认知有着前后的不同。之前是站在传统文化的本位采取拿来主义的态度借取西学，而后来，则是站在对西方民主思想的认同和肯定立场引介西学并批判中国传统政治思想。在国外不受清政府控制的政治环境下，对政治制度改革这样敏感问题的讨论，有较自由的表达空间。借取的民主理论有西方文化的讨论场域，无须以正统思想为幌子，在讨论中便自然剥离了其以往依存的传统政治文化。在《清议报》的文章中，可以清楚地看到知识分子思想变化的轨迹。其文章议题的讨论背景，不再是"家天下"的皇权下的清帝国，而是汲取了民族国家理论对清帝国重新认定的中国。基于国家理论而构建的新的政治话语，在描述和讨论中国问题时，抛却了戊戌及以前抱守的"君主"和"臣民"等儒家纲常伦理，代之以国家理论下的人与人、民与国家的关系。君主与国民，也不再是统治与臣服关系。君主统治万民在传统社会是顺从天命而天经地义的事情，在19世纪末20世纪初，按照国家主义学说的政治安排，其理论基础已经被颠覆。

随着西学的大量输入，立宪思想进一步发展，报刊舆论中的民主自由话语逐渐占了上风。话语表达途径由原来官方自上而下居高临下地单向传送，转变为同时有报馆由下而上力争的双向对流。前者使话语的接收者无论对官方的意志同意与否，都必须接受，不允许有辩白和发表异见的机会和权利。后者则相反，对由上汇集而来的话语分情况对待，用西方民主的标准来匡正官方话语的对错，并借助大众传媒造成舆论，使民间的声音由下而上回流于官方。而且，报刊中的各种政治问题，开始纳入到法律和立宪国的框架下来讨论，并以民主、自由、平等等标准来衡量政府与政务之是与非。有时甚至是以居高临下的态度对政府予以警示、命令和训诫，报刊文章标题中常常出现针对政府、政策的如"敬告"、"警告"、"驳论"、"质疑"和"疑问"等警示、驳论和规劝性词汇就是有力的体现。

报刊宣传中话语的改变——形式和内容上，无疑宣示了清政府赖以存在的传统话语其垄断地位的崩塌。新的话语体系只为产生其自身的民主政治服务，而内政不修的专制政府的权威只能从这里受到一步步的侵蚀。

二 政府成为被讨论的对象

在传统社会中，报纸这种有效传递信息的工具，只是被用来在统治者内部自上而下地传递政务信息，其社会功能尚没有发挥，与民众几乎不发生丝毫联系。然而，清末报刊与传统的报纸在创办者主体和传播内容上已完全不同，清末报刊大部分由民间资本所创，商办比例最高的 1906 年竟达 90%，这就意味着舆论已为民间报刊所掌握。民间报刊掌控了舆论即掌握了政事的发言权，自此之后，国家事务不再是统治者单方面表达，民众不仅可以参与讨论，甚至可以对政府提出质问和反驳。而随立宪思潮输入国内的西方民主思想，则是报刊传媒冲击君主专制制度的利器。

（一）对专制政府存在合理性的质疑

中国历来对统治模式的讨论，多是在中央集权的框架下争论郡县制和分封制的孰优孰劣，由于没有其他更为先进的政治形态可以选择或参照，讨论的结果无论怎样都不会跳出既存的传统政治模式。所以中国几千年来尽管政权不断更迭，政治变革亦有轰轰烈烈之时，但中国专制集权的政治制度没有受到过丝毫的威胁。但随着立宪报刊源源不断地介绍西方的政治思想理论及西方民主制度发展史，国人对西方认识不断深入，对中国问题的认识也发生了变化。戊戌之后，尤其是立宪思想蓬勃发展之后，中国处在民主进程前一阶段即封建专制社会的事实逐渐为知识分子所认同，并一致认为中国是封建专制制度而无丝毫的质疑①，专制导致亡国的结论很快也形成了共识。自此之后，时人认为中国一切社会弊端滋长的根源就在于政府的专制，以清政府为代表的专制政府开始受到舆论的猛烈抨击。既然专制不合于历史潮流，清政府存在的合理性就受到挑战。因此，清政府要想不被推翻或被时代淘汰只有废除专制实行君主立宪。这正是清末舆论中对政府无情批驳并激切要求实行君主立宪的潜在逻辑。尽管清政府在1906 年宣布预备立宪，并着手为推动立宪做了许多必要的工作，中央官制改革已经大刀阔斧地进行，地方谘议局已经设立并开始发挥作用。但是在由专制向立宪过渡的时期，专制的种种行为和弊端依然存在，并且在某些领域更变本加厉。在君主立宪制确立之前，清政府一直无法摆脱民间舆论对其专制和腐败的批评。推行改革和宪政都是长期的系统的工程，短时间并不能一蹴而就，由君主专制向君主立宪制过渡的预备立宪之时代，新旧交替且同时并存，舆论中宣传的民主价值观与政府在事实上专制的矛盾，助长了民众对清政府存在合理性的严重质疑与行为上同政府的疏离。

（二）君主权威的神秘面纱被揭开

自古以来，与民众保持着较远距离的君主与皇权被附加上诸多神秘色彩。这种神秘性权威，是统治者利用君权神授和奉天承运的天命观以及君纲统摄的纲常伦理逐步树立起来的。这种神秘权威一旦确立，便成为一种无形的权力，使民众因惧于威慑而顺从君权的统治，从而统治者因这种具有监控社会的神秘性而实现对社会的控制。清末报刊传媒的出现和立宪思想的发展，从两个方面打破了这种神秘性，将君权和君主本人从神坛上请了下来。一方面是以民主、自由、平等为前提的西方国家主义伦理观极大地冲击了中国传统的伦理观，这是促使这一权威被肢解的最有力因素。西方国家主义理论认为，国家由人民组成，人人生而平等，人与人之间是平等的关系。国家管理者，必须是由人民选举的代表，其代表人民行使国家主权，必须遵守共同订立的契约。民选君主的西方政治伦理不仅否定了君权来自于天的合法性，也否定了中国传统政治中君主与臣民服从与被服从

---

① ［日］佐藤慎一：《近代中国的知识分子与文明》，刘岳兵译，江苏人民出版社 2006 年版，第 236 页。

的关系。尤其是契约的引入对缺少监督的君权给予法律约束，使君主的权威回归到法律允许的范围。逸出这部分的君主权力不仅不再为民众服从，而且会遭到强烈的反对。在立宪民主理论下，君权不再是无所不能。社会也不再以君权为最高依归，而是以民主国政体下的宪法为标准。这样，君权不再神授，君主褪下神的外衣，令万民匍匐在地的封建伦理亦土崩瓦解。在理论上，维系君主神秘性的东西开始被打破，君主地位被要求回归到世俗自然的状态。另一方面，由于清末时期报刊言论有相当大的空间，报刊内容只要没有严重诋毁宫廷的内容，于皇室、宫廷及君主本人的报道都不受限制。因此，报纸对皇室和帝王的新闻报道和评论比比皆是，在原来"不准妄议朝政"的思想控制下对皇帝敬而远之的情况，发展成为可以对朝政和皇帝及皇室成员的任意评点。结果在政治腐败和外交屡屡丧失主权的情况下，光绪皇帝被讽刺为载湉小丑、未辨菽麦，慈禧太后也被称为专制民贼。这样，以往由儒家文化塑造出来的神圣不可侵犯的皇权及代表皇权者的形象，被报刊传媒中民众的舆论重构，并被报刊传媒向民众传播。不管报刊传媒对君主形象是客观报道还是故意嘲讽，都会使君主权威和统治力受到影响。西方立宪制度的政治伦理对传统伦理从理论上的肢解和报刊媒体在事实上对君主形象的重构，将君主及皇室的神秘面纱逐渐剥离，使得以往由神秘性赋予的皇权权威和统治力受到不小的削弱。

三　传递民众的不满情绪

在外患频仍而内政腐败的社会环境下，清末留心时局的知识分子都对社会和政府抱有变革的期望。在1906年之前，知识分子宣传的重心在于对实行君主立宪的呼吁，一方面启发民智，增长民众立宪常识，以培将来立宪之基。另一方面，造成立宪之舆论，对清政府施加压力，以求立宪政治之实行。此时属于各种政治力量阐发本组织政治主张的时期，对清政府采择自己的政治方案寄予了希望。而且此时清政府也开始实行新政，推行了一系列力度较大的改革，时人对清政府刷新政治实现富强也抱有不小的期望。但后来，政府行为与立宪要求之间的落差越来越大，民众对政府的不满亦与日俱增。清政府宣布预备立宪后，报界主张立宪者对清政府迟迟不宣布召开国会实行君主立宪的具体年限非常不满，认为政府是故意拖延宪政进程。因此在报刊中对清政府进行再三质问，指责其"市立宪之口惠，逞专制之实威"，① 并对清政府实行立宪的诚意表示强烈的怀疑，对清政府层出不穷的腐败更是不满到无以复加。这些因对立宪政治抱有的期望与现实的巨大落差造成的失望，对掌握舆论的知识分子报人来说，很容易以此表达对政府和现实的不满。因此在清末的报刊中，除了将这种不满的情绪转变为对清政府的质问、讽刺及无情揭露之外，也表现在表达个人对国家前途和政府的失望上，报纸中屡屡出现的诸如"深恐国会未成，而大乱已兆"② 的"大乱"、"亡国"等字眼，则是对这种不满情绪的极端表达。这种不满，已非一报一人的情绪，而是整个报界的普遍诉求。当报界将这种不满和失望传递到社会时，无疑会起到汇聚摧毁滋生这种不满情绪的腐败统治之力的作用。如果统治者不能及时发现、正视并及时、正确处理舆论中表达民意的不满时，该政权将会在以后的局势中为这种漠视行为埋单。1911 年，当清政府将允许民间合股集资建造的铁路宣布收归国有时，四川谘议局以立宪政治下赋予议员的言论自由和法律权限向政府抗议，在全国的报刊舆论都声援四川谘议局并对政府行为表达愤怒时，清政府仍一意孤行，终于使地方与清政府剑拔弩张。在当时的局势下，即使没有武昌起义爆发，也会有其他形式的政治事件来结束清政府这种无药可救的统治。

　　清末立宪思想既借报刊得以广泛传播，也为报刊传媒发展注入了立宪的民主内涵。近代民主与报刊传媒这两者本身，都是肢解专制制度的刑具，两者相互作用的结果只能加速专制制度的结束。如果脱身及时，寄身于专制制度的清政府或许会有新生的机会，而脚踩专制迟迟不迈向君主立宪的清政府，也只有与专制制度一同覆亡的命运了。

第二节　从动员民众的阶层及效果看清亡后民主发展

　　甲午战后民族危机严重，是资产阶级走上政治舞台的重要社会背景。

---

① 宣：《论假立宪之足以速亡》，《时报》宣统二年十一月三十日。
② 《读初三日上谕感言》，《时报》，"社论"，宣统二年十月七日。

救亡图存成为自此之后民族资产阶级知识分子奋斗的首要目的。而报刊传媒则是知识分子对民众社会动员的有效工具，西方和日本赖以强国的民主政治制度是知识分子进行社会动员的理论武器。清末时期知识分子动员的对象，也就是他们寻求的社会变革力量主要是官绅士大夫、学堂学生等精英阶层，对其他诸如农民与工人阶层则甚少关注。

一　官绅士大夫阶层

从戊戌时期《时务报》宣传变法、要求设立议院、实现民权开始，康、梁等民族资产阶级便将政治宣传的对象主要对准了官绅士大夫阶层，康有为说："变法本原，非自京师始，非自王公大臣始不可。"① 同之前的《万国公报》的宣传指导思想一样，他们希望通过影响在中国最有影响力的官绅士大夫以求实现改变中国的目的。

这一阶层人士，是中国接受过多年教育并取得功名的优秀知识分子，从知识层面上讲，他们完全具备接受与儒学异质的西方政治思想理论的能力。然而，儒学是他们赖以生存的政治与文化土壤，他们既是儒家文化的受益者，也是儒家文化的捍卫者。而以民主为核心的西方政治制度是对以君权为核心的封建专制制度的否定，这要被否定的制度就建立在儒学的基础上。因此，这一群体同时被两个相反方向的作用力施于一身，在坚守封建专制制度还是选择西方民主政治的问题上，对他们来说的确难以轻易抉择。

在戊戌之前，对倡言变法维新的言论，许多人都心惊胆战。当时，梁启超、麦孟华主编的《中外纪闻》（原名为《万国公报》）免费送予在京官员阅读，被送者竟吓得不敢接受。随着西方思想的不断输入，到 20 世纪初年，面临被瓜分的民族危机，部分官员和地方士绅思想发生很大变化，在梁启超等人立宪思想的呼吁下，转变到立宪立场上来，于 1901 年拉开了官员奏请立宪的帷幕。1902 年，翰林院侍讲学士朱福诜呈送朝廷的札记中有言："处今日而欲挽回世运，收拾人心，固非立宪不可"，② 并建议派大臣出国考察政治，制定宪法。同年，御林院编修赵炳麟呈递

---

① 康有为：《康南海自编年谱》（外二种），中华书局，1992 年，第 28 页。
② 《摘录海盐朱学使福诜壬寅夏进呈劄记（为条陈立宪事）》，《时报》1908 年 2 月 28 日。

《防乱论》，亦陈言必行宪法。① 之后，在报界的持续宣传，尤其是《新民丛报》对立宪的极力鼓吹下，请奏立宪之官员不绝如缕。在日俄战争后立宪思潮风起云涌的情况下，袁世凯、孙宝琦等人的上书，终于使清廷沿着梁启超在《立宪法议》一文中设计的进程迈向立宪之途，并于1905年选派大臣出国考察宪政，之后拉开预备立宪的序幕。颇受梁启超思想影响的地方士绅也加入到奏请的行列，共同推动清政府宣示预备立宪的政治进程。预备立宪阶段的地方士绅便以立宪国的标准，在地方谘议局和省议会的确起到监督地方政府的作用，并对政府的行为以宪政为准绳相要求。专制政体下的为所欲为，预备立宪时期资政院和谘议局开设后，这种行为便受到议员的挞伐。在政府答应商办铁路且四川民间已筹集资本开始筹建铁路时，政府宣布将铁路收归国有，举借外债将铁路的修筑权出卖外人，并不退还已投入之股份，清政府这种做法，遭到四川立宪人士的强烈反对。保路士绅在立宪的框架下同政府针锋相对，在在皆言法律，处处讲立宪、宪政。如保路运动代表被捕后，编修伍肇领等上督军司道呈文中称，保路代表"皆为国家法律认定之人，即当受国家法律之保护"。② 且"伏查钦定法院编制宪法，凡国事犯皆以大理院为第一审。……可否将此数人交法庭审讯。如果真有叛逆确据，即请布告全川"③，即以国民资格要求法律对国民之权利予以保障，对政府捏造保路人士的叛逆罪名，要求公布证据，并依据宪法规定，要求审判机关审判而不是由地方政府羁押。对立宪思想把握比较准确的地方立宪派士绅与政府的交锋中，政府处处处于被动境地。无法平息被立宪思想武装起来要求自己正当权利的立宪派，局势一步步恶化，在辛亥革命前，双方已势同水火。各省谘议局的代表联合起来请愿速开国会、速设内阁、各省督抚联名请设声援的行为，也是官员士绅立宪觉悟的又一重要表征。

　　同不少官员士绅接受了立宪思想一样，也有不少人由于多种原因对立宪横生阻梗。即使是立宪官员，其思想认识也同康、梁的认识有很大差

---

① 赵炳麟：《防乱论》，《赵柏严集》，文海出版社1969年版，第36—40页；引自伊杰《清朝官吏中主张君主立宪的第一人是谁》，《历史教学》1989年第11期。

② 秦枬：《蜀辛》，《巴蜀丛书》第1辑，巴蜀书社1988年版，第478页。

③ 同上书，第479页。

距，与西方对宪政的经典解释更有着相当的距离①，立宪思潮对官员士绅的影响，在于他们中已经有相当一部分人已经朝着民主政治的方向努力，而另外一部分官员虽然依然宁愿黏附于专制的机体上，不过，经立宪思潮洗礼过后，这种黏合力已大大减弱了。

二 学堂学生与留日学生

学堂学生和留日学生是立宪派舆论宣传的重点对象。由于康、梁逃亡日本，创办于日本的《清议报》、《新民丛报》便成为立宪舆论的中心。他们在留学生比较集中的日本创办有不少代派所，即为争取留日学生的努力。留学生中，主张立宪者比比皆是。如留学日本江户的吴贯因，经常为报刊撰稿，发表自己的议论。在革命与立宪论战之后的背景下，吴贯因同立宪派报刊联系非常密切，并担任《政论》、《宪政新志》、《国风报》等报刊的文责。另外，被动员的留日学生回国后又成为动员者，成为国内立宪运动的重要推动者。至于国内学堂学生对《新民丛报》、《清议报》的阅读更是司空见惯。这一最易接受新思想的群体在西方民主思想的影响下，思想悄悄发生了改变，表现出对民主、自由、平等的向往和追求，并在清末掀起了多次学堂风潮。据桑兵统计，清末共发生了283堂次风潮，大学高等、专门、中学、高小、初小五个级别的学堂分别是39、110、80、36、18堂次。可以看出，学潮主要集中在中学以上的学堂，这些学堂的学生已经具备了一定的知识积累，对民主理论和西方民主思想有一定的理解能力，并对不同政治制度的优劣具备一定的鉴别能力，这些学堂学生发起学堂风潮的原因固然有很多，但民主思想则是他们反抗学校专制的火种。桑兵统计的另一个数字从侧面证明了这一结论，即反对学堂内部腐败专制的学潮共220次，占总数的67%。学生还提出自治的要求，并成立了自治会，以实际行动履行预备立宪之"实行与预备二者皆在我国民"②的认识，俨然以立宪之国民自居，争取自己的权利。下面一组数字，则反映了学生斗争与立宪思潮的关系（见表6—2—1）。

---

① 迟云飞：《清季主张立宪的官员对宪政的体认》，《清史研究》2000年第1期。
② 《大公报》1906年9月24日。

表6—2—1　　　　　　　　　　**学生斗争手段表**　　　　　　　　单位：种次

年份	罢课	退学	其他	总计
1905	4	9	3	16
1906	10	5	6	21
1907	30	15	8	53
1908	39	17	19	75
1909	34	14	25	73
1910	29	11	13	53
1911	32	13	11	56
总计	178	84	85	347

资料来源：桑兵：《晚清学堂学生与社会变迁》，第169—170页。

从表6—2—1可以看到，从1905—1911年的7年中，学生的斗争总计347种次，立宪思潮初起的1905年仅为16种次，次年也才21种次，而宣布预备立宪之后的第二年即1907年，立宪思想进入高涨时期时骤增至53种次，然后又持续增长至75、73种次，即前五年都呈现出学生斗争次数增长的态势。尽管1910和1911两年有些回落，也尚在50多次以上。不过从这里还可以发现另外的信息，即学生运动和当时的国会请愿运动并不合拍，学生斗争高潮的1908年和1909年，请愿运动才刚刚开始，后者1910年和1911年才达到高潮并取得一定的成果，即迫使清廷提前召开国会，缩短了立宪的预备年限。被动员起来的士绅及上层知识分子等掀起的请愿运动高涨时，学潮已经回落。这就说明立宪思潮对不同群体的影响在内容、时间、程度以及表现方式上是有差异的。而且，对立宪思想把握相对比较正确的两个群体的独立政治行动，没有实现联合，在一定程度上分散了推动立宪的力量。

三　农民、工人

清末各种社会思潮并发，都有一定的支持群体，然而，这些社会思潮中以影响中国工人与农民阶层为目的的却很少。就影响最大的立宪思潮和革命思潮而言，在其政治理论设计中对工人和农民的关注就很有限。革命派提出有民生主义,但怎样解决民生问题则语焉不详。而立宪派领袖对农民的问题长期以来都未予以考虑,除了对二者的文化水平和民主程度较低、目前尚不具备立宪国民之资格而难以担当立宪之任等问题有足够的认识之外,没有将二者作为政治变革依靠力量来看待。因此,虽有一些白话形式的宣传内容来争取这类民众,除此之外则没有其他更切实的努力。立宪思潮中的报刊宣传内容,几乎没有任何关于农民和工人群体的议题。直到1910年7月,梁启超在《国风报》上发表署名"沧江"的文章《为国会期限问题敬告国人》一文,才认识到没有农民阶层参与的政治,并不符合宪政的精神,认识到对农民政治思想开发的重要性和紧迫性。梁启超说,"立宪政治者,国民政治也。欲宪政之成立,必须令国民中坚之一阶级,知政治之利害,且己而思想参预之,然后其精神有以维持于不敝。……我国以农为国民中坚者也,故开发农民之政治思想,实今日中国第一急务也。"① 他还从国会的实质及权利与义务对等的角度,指出中国有史以来对农民的极端不公平:"国会之滥觞,本以代议士为租税义务之代价,而中国现行租税,则其什之九皆农民所负担也,各国租税有系统按诸财政原则,务求公平,我国则漫不之省,而惟偏于一方。故往往素封之家,一纳一铢正供,而终岁勤动之小农,则诛求到骨。"② 农民要改变这种只尽义务却不享受权利的不对等状况,梁启超认为唯一的途径是"必当要求国会"。中国农民"与国会关系最切",农民"有国会则生,无国会则死也",③ 因此农民应要求开设国会。而要使农民有此认识,还需要知识分子的动员呼吁,"大陈此义以唤醒农民,则士君子之责也。"④ 应该说,梁启超了解到农民在中国政治生活中的真实处境,提出解决农民问题的思路也是正确的,俨然如农民阶层的代言人。比较可惜的是,梁启超还来不及动员农民,清政府就已经垮台了。

　　工人与农民不同,工人群体中有部分文化水平不高但有识字能力者,立宪的宣传可以波及到他们。但只以民主的目标相号召而非针对工人阶层

---

① 沧江:《为国会期限问题敬告国人》,《国风报》第19号,宣统二年七月十一日,第9页。

② 同上。

③ 同上书,第10页。

④ 同上。

的特点来宣传动员的话，是难达预期效果的。下面从清末工人罢工要求来看工人阶层与立宪动员的关系。据统计，从1902—1912年，上海工匠罢工共16次，罢工因要求增加工资而起的有13次，另外3次，分别为印刷工人1905年要求释放因散发反美传单而被捕的工友①、自来水公司工人1910年要求发放扣留工资②、裁缝工人1911年反对延长工作时间③。参加的行业有：船厂（木工）、铸造、兵工厂、纱厂、印刷、煤气、自来水、豆腐业、裁缝、油漆业、珠宝业。其中印刷工人罢工3次，铸造2次，豆腐业2次。④ 从罢工要求来看，除了1905年声援因反美而被捕的工友的罢工具有一定的政治性质外，其他则都是为改善工作环境和提高工资待遇的斗争。当时轰轰烈烈的国会请愿运动，立宪人士并没有争取工人的支持，工人群体也没有给予声援。因此，除了声援抵制美约的工友的这些运动反映了当时报刊宣传的抵制美约运动的效果和影响外，看不出立宪思潮对工人群体的实质影响。

清末时期，呼吁变革的有识之士有一种心照不宣的共识，即政治变革必须依靠精英，即社会中的政治资源、社会资源和文化资源的拥有者。就像萧公权所说的，康有为等人认为，就当时的中国而言，最初的民主化必须在精英领导下开始，这是一种历史需要，⑤ 历史证明，从19世纪晚期至1919年，民主的主要拥护者几乎都是拥有强烈儒家文化背景的知识精英。余英时认为，如果民主的观念想在中国找到一个好的生活环境，那它只能在儒家精英中寻找，因为其他社会团体，包括商人团体和农民团体，都没有积极参与国家和地方政治的意愿。⑥ 即使到了20世纪90年代，这一情况仍然没有改变。根据闵大洪、陈崇山1991年对同样是经济发展比较发达的浙江地区农民对报刊传播现代观念的研究，"比较没有自主性"

---

① 《时报》1905年12月5日。

② 《时报》1910年7月22日。

③ 《时报》1911年7月27日。

④ ［美］裴宜理：《上海罢工》，"附录"，刘平译，江苏人民出版社2001年版，第357页。

⑤ ［美］萧公权：《近代中国与新世界：康有为变法与大同思想研究》，汪荣祖译，江苏人民出版社1997年版，第199—203页。

⑥ 余英时：《民主观念和现代中国精英文化的式微》，程嫩生、罗群译，载《人文与理性的中国》，上海古籍出版社2007年版，第390页。

和"比较没有参与意识"者占 56.5%,"一点没有自主意识"者居然占27.8%,① 即"比较没有"以及"完全没有"自主性和参与意识的人占到了 84.3%。到了 20 世纪末时农民参与意识尚如此薄弱,20 世纪初农民的政治兴趣和政治意识则更为欠缺。黎友安和史天健根据他们所做的社会调查判断,受过教育的知识分子精英和其他人这两个群体的差别表明,如果政府和知识分子的矛盾再导致一次政治危机,大部分人仍然不会对民主变革的要求提供支持。② 这是近现代中国社会的一个客观现实。康、梁等立宪派人士基于这样的认识,将动员的努力放到官绅士大夫和知识分子身上,这的确是实现其政治理想最可行和效果可最快体现的一种途径。的确,经过几年的呼吁,官方、地方士绅和学堂学生在实现民主政治方面都有可见的行动,为立宪思潮的影响作了明显注脚。

精英是民主的主导者,缺席精英的民主不是流于形式便是扭曲变形,正如余英时所说,"失去了强有力的知识精英的支持,民主观念很快就经历了几次意识形态的扭曲,直至被彻底歪曲,不复原形了。"③ 精英之于中国民主的作用至关重要。然而,没有民众参与的民主建设,也是脆弱的。

清末时期的立宪动员,尽管有向下层社会传播知识和立宪思想的努力,比如白话报的创办,演说会的演讲,宣报活动,以及立宪预备后清政府要求地方政府宣讲晓喻立宪,还有不少地方士绅定期宣讲等,这都是官、学两界对社会底层民众最常用的动员方式,但这些行为多发生在城镇,距离农民或工人等最基层的民众还很远。当时的立宪动员对中国最大的两个阶层存在忽视或动员不力的情况,正是立宪思想宣传的严重不足,也预示着立宪派的政治理念无法在中国民众中扎下牢固的根基。一个国家最多数人缺席的民主是脆弱的,很难建立真正的民主。继起之后的各政权也未对这两大阶层民众进行足够且有效的民主启蒙,没有独立意识和民主精神的民众,拖带着专制社会下沿袭的驯服和顺从,沦为改朝换代或政治家争权夺利的工具。

---

① 闵大洪、陈崇山:《浙江省城乡受众接触新闻媒介行为与现代观念的相关性研究》,《新闻研究资料》1991 年第 3 期。

② 余英时:《民主观念和现代中国精英文化的式微》,程嫩生、罗群译,载《人文与理性的中国》,上海古籍出版社 2007 年版,第 391 页。

③ 同上书,第 392 页。

结　语

　　报刊作为区别于书籍的一种新式媒介，它是一个新式传播平台，它在中国的出现及发展对中国社会产生了深远的影响。有新式媒介参与和推动的中国社会转向，清末时期是第一次。媒介的发展和技术突破，往往可以成为社会发展和变革的加速器和推进剂。就清末时期的报刊来讲，它对加速社会变革的作用主要体现在，报刊媒介加快了信息和知识的传播速度，增大了信息和知识的传播容量，使社会动员的能力增强。但媒介作用的发挥，它对受众的影响、对社会变革的推动，还依赖于它承载和传播的社会信息和文化知识。也就是说，媒介是平台，而信息和知识本身是启发民智和动员社会的武器。随西学东渐而来的西方立宪思想较早为知识分子关注，且逐渐成为晚清知识分子以报刊为载体进行民主启蒙和社会动员的政治理论。在清末最后十几年的时间，由于知识分子苦心孤诣地传播和扩散以及清政府为立宪预备之推动，报刊媒介宣传的立宪思想渗透到晚清社会的多个层面。被立宪动员和启蒙的民众成为推动清末社会转型的重要力量。

　　就报刊与社会思潮而言，两者是本书并行不悖的两条主线。笔者既关注报刊媒介的发展状况和阶段性特征，以及立宪思想的萌芽、发展及高涨，也重视二者之间的关联，以及立宪思想传播机制及其如何影响受众和立宪与晚清社会互动问题。余英时先生认为，思想史研究"不能把眼光完全局限在纯思想的领域之内；他必须密切观察其它领域——政治、经济、社会等——的种种动向。"① 因此，本书专辟章节探讨媒介与思想传播的自由空间和政治环境，考察政治环境这一重要因素对报刊媒介及立宪思想发展的影响。

在书中，有不少笔墨施之于介绍被学界忽略的立宪思想与国人所办报刊媒介发展的同步性问题。二者发展的同步隐秘地解释了两者之间的关联。其发展过程基本吻合，这一历史现象所包含的信息，正是本书能以二者的互动为研究对象、探讨清末社会变迁的重要基础。立宪思想萌芽及近代国人所办报刊传媒的出现，都始自 19 世纪七八十年代。西方民主政治制度随外人在华报刊输入中国，滋育出中国最早的维新思想家。有着朦胧立宪意识的知识分子开始创办近代报刊，但国人报刊中宣传的西方民主政治内容相当有限，萌芽时期的立宪思想亦没有为报刊发展提供助力，此时二者的互动关系并不密切。甲午战后至戊戌时期，报刊传媒有了迅速的发展，立宪思想以"君民共主"的形式被提出。报刊开始成为知识分子要求实行君主立宪制度的工具，为其政治主张的宣传服务。君主立宪思想为报刊传媒提供了新的内容，并因报刊的流通而开始在社会上广泛传播。二者的结合对当时社会产生了很大影响，有力地推动了戊戌维新变法运动的开展。清末新政时期，由于清政府取消报禁并对民间报业予以鼓励，报业由此迅速发展。梁启超于 1901 年在《清议报》上发文明确提出了"君主立宪"的概念，并对此作了系统的阐述。之后君主立宪思想借国内新兴的报刊迅速传播并成为当时各类报刊宣传的主流思想。日俄战争时期，由于国人民族危机意识的加深，有识之士纷纷开报馆呼吁救亡，警醒国人，因此，新增报馆数量较前又有所增长。日俄战争的结果，证实了康有为、梁启超等立宪人士所宣称的"君主立宪"优于"君主专制"的主张。国内报界遂以立宪为诉求，吁请清廷实行立宪。报界的鼓吹使数年来报刊对立宪的呼吁逐步汇聚成声势浩大的立宪思潮。预备立宪时期是报刊发展最快的时期，从预备立宪宣布的 1906 年起，每年都有大量的报刊创立。立宪思潮在报刊传媒的鼓吹和清政府对立宪的实质推动下而持续高涨，直至清廷覆亡。报刊推动了立宪思潮的高涨，另一方面立宪思潮也为报刊注入

---

① 余英时：《中国思想史研究综述——中国思想史上的四次突破》，载《人文·民主·思想》，海豚出版社 2011 年版，第 61 页。

新的活力，并为报刊传媒的发展提供了有利的环境。立宪人士对报刊在民主政治中作用的宣传，使得报刊不仅成为真正代表民意的机关，还切实行使起监督政府的功能。

　　清末立宪思想源自西方，它在近代中国经历了萌生、发展到高潮的过程。这一过程，是知识分子对西方政治制度认知不断深化的过程，是民众被君主立宪思想动员的过程，是中国社会逐渐脱离传统、君主专制制度走向覆亡的过程，是清政府以巨大的政治勇气、以开放的心态与世界接轨的过程，也是中国开始迈向近代政治文明的过程。

　　从 19 世纪七八十年代立宪思想萌发到"君主立宪"的正式提出，这一时期由于知识分子对西方政治学说接触有限，对西方政治制度及政治思想的了解也比较肤浅，仅停留在对西方民主政治的某些方面表示羡慕的层面，对西方民主制度的实质基本上没有准确的认识。由于知识分子的传统知识体系尚没有改变，在讨论立宪政治中的一系列问题时，往往与中国以往的传统相比附，从传统思想文化中寻找立宪政治的依据。这个阶段是立宪思想与中国传统思想紧密纠缠的时期，无论是王韬、郑观应，还是康有为、梁启超，他们在羡慕西方政治制度某些方面的同时，都试图从中国传统思想文化中寻找根据和力量。其实质在于，尽管他们倡导变革政治制度，但他们依然未能完全突破"中体西用"的思想樊篱。不过，虽然这一时期立宪思想发展还不充分，但它的出现已经开始为中国思想界的裂变发挥作用。1901 年至清末，是"君主立宪"概念正式提出、立宪思想迅速发展并汇聚成社会思潮的时期。报刊传媒对涉及立宪问题的讨论已开始不再将之与传统相比附，而是在传播西方民主政治和民主理论的背景下展开。对君主立宪思想的介绍已经比较系统化、理论化，君主立宪制度的历史渊源以及西方民主思想、民主理论等都介绍到了国内。有关君主立宪的所有议题，诸如宪法、议会、内阁、政党、三权分立、地方自治、选举、代议制、二院制等等，都在报刊传媒中反复讨论。立宪人士由此设计了中国宪政的进程和时间表，并在报刊宣传中对清政府的预备立宪和民间立宪人士发起的立宪运动提供理论支持和现实指导。立宪思潮的高涨切实地推动了清末的立宪进程。在报刊传媒的推动下，立宪思潮的高涨，加快了中国社会由传统向近代转型的速度。当报刊传媒的传播语言逐渐被立宪思潮所提供的话语取代时，在相当程度上反映了立宪思潮对中国社会的深刻影响。正如美国学者列文森所言："一旦外来的冲击及其对于原有社会的颠覆达到相当的程度，外来思想就开始排除本土思想，那么发生改变的就不只是'词汇'，而是'语言'本身。"列文森的话语说明了语言变化与社会变化之间的微妙联系，而"语言"的变化，正是社会剧烈变化的最有力反映。

需要注意的是，立宪思想如果不借助近代报刊传媒的传播，它对清末社会的影响就要大打折扣。报刊传媒是清末社会最有效的传播工具。清末报刊发展迅速，数量急剧增长，报刊不再是零星的个体而是成为一个重要的报刊群。报刊规模的扩大为社会舆论和社会思潮的形成提供了条件，因为报刊传媒是立宪思潮发展的主要鼓吹者和支撑力量。19世纪末20世纪初，报刊传媒已经建立起良性的传播机制，为立宪思想的传播和立宪思潮的发展提供了一定的物质条件。报刊传媒庞大的发行网络和传播渠道扩大了立宪思潮的影响区域。报刊传媒向民间渗透的种种努力也成为立宪思潮争取更多受众的重要途径。报刊传媒利用铁路运输，缩短了立宪思想的传播时间和传播周期，日报逐日邮递极大地提高了立宪思想传播的频率，这样就为立宪思潮通过报刊传媒对民众共时动员和民众共时反应创造了条件。报刊与立宪思想的结合，加速了立宪思想的传播并扩大了立宪思潮影响的范围，使否定中国传统政治文化、否定建立在这种政治文化之上的专制制度的立宪思潮得以影响更多的受众。国民个人思想渐与传统疏离，专制制度亦因基础日渐侵削而动摇。报刊传媒和立宪思想的互动对清末社会的影响和对专制制度的瓦解作用实难以估量，无怪乎严复曾慨叹："亡清者，康梁也！"这句话将康、梁借报刊传媒否定中国传统政治所造成的深远影响无意中透露了出来。与康、梁一起发起维新变法的王照，清政府灭亡后也发出同样的感叹："骆宾王之笔，胜于徐敬业之戈矣。"这也是清末报刊传媒进行立宪思想的文字鼓吹之功对清末社会变革产生巨大影响的形象表达。

参考文献

一 报刊类

《时务报》、《清议报》、《新民丛报》、《政论》、《国风报》、《时报》、《东方杂志》、《大公报》、《湘报》、《国闻报》、《知新报》、《宪政新志》、《中国新报》、《申报》、《万国公报》、《循环日报》、《二十世纪之支那》、《北洋官报》、《政治官报》、《南洋官报》、《国民日日报》、《苏报》《汇报》、《婴报》、《中外日报》、《浙江潮》、《京话日报》、《民立报》、《河南》、《江苏》、《安徽俗话报》、《演义白话报》、《新闻报》、《开智录》、《民报》、《刍言报》、《河南官报》、《报学杂志》、《警钟日报》、《直报》、《黄帝魂》、《河南白话演说报》、《山西白话报》

二 民国前文献

（清）赵炳麟：《赵柏严集》，台北文海出版社 1969 年版。

（清）载泽：《考察政治日记》，岳麓书社 1986 年版。

（清）魏源：《海国图志》卷 53，平庆经固道署刻印本。

（清）王韬：《弢园文录外编》，上海书店出版社 2002 年版。

（清）薛福成：《出使日记》卷四。

（清）马建忠：《适可斋记言》，中华书局 1960 年版。

（清）郑观应：《盛世危言》，上海书局石印版 1898 年版。

（清）郑观应：《郑观应集》，人民出版社 1983 年版。

（清）谭嗣同：《谭嗣同全集》，中华书局 1981 年版。

《光绪朝东华录（四）》，光绪廿四年元月。

张静庐辑注：《中国近代出版史料》初编，群联出版社 1953 年版。

倪延年：《中国报刊法制发展史》（史料卷），南京师范大学出版社 2006 年版。

刘望龄：《黑血·金鼓——辛亥前后湖北报刊史事长编》，湖北教育出版社 1991 年版。

丁文江、赵丰田编：《梁启超年谱长编》，上海人民出版社 1983 年版。

徐载平、徐瑞芳：《清末四十年申报史料》，新华出版社 1988 年版。

中国史学会编：《戊戌变法》，上海书店、上海人民出版社 1957 年版。

王栻：《严复集》，中华书局 1986 年版。

上海图书馆编：《汪康年师友书札》，上海古籍出版社 1986 年版。

鲁迅：《鲁迅全集》，人民文学出版社 1981 年版。

岑春煊：《乐斋漫笔》，中华书局 2007 年版。

陈旭麓等主编：《辛亥革命前后》（盛宣怀档案资料选辑之一），上海人民出版社 1979 年版。

陈旭麓主编：《宋教仁集》，中华书局 1981 年版。

仇润喜主编：《天津邮政史料》第二辑（下），北京航空学院出版社 1989 年版。

李希泌、张椒华编：《中国古代藏书与近代图书馆史料》，中华书局 1982 年版。

梁启超：《饮冰室文集》，中华书局 1989 年版。

夏东元编：《郑观应集》，上海人民出版社 1982 年版。

杜迈之、刘泱泱、李龙如辑：《自立会史料集》，岳麓书社 1983 年版。

秦枬：《蜀辛》，巴蜀书社 1988 年版。

扪虱谈虎客辑：《近世中国秘史》，山西古籍出版社、山西教育出版社 1999 年版。

李伯元：《文明小史》，上海古籍出版社 1997 年版。

戈公振：《中国报学史》，上海古籍出版社 2003 年版。

姚公鹤：《上海闲话》，上海古籍出版社 1989 年版。

陈无我：《老上海三十年见闻录》，上海大东书局 1928 年版。

黄天鹏编：《新闻学刊全集》，光新书局 1930 年版。

汪诒年：《汪穰卿先生传记》，中华书局 2007 年版。

黄天鹏：《新闻学论文集》，光华书局印行 1930 年版。

徐复观：《中国思想史论集》，上海书店出版社 2004 年版。

孟森：《清代兴亡史》，《清代野史》，巴蜀出版社 1987 年版。

王国维：《王国维遗书》，上海古籍书店 1983 年版。

李剑农：《中国近百年政治史》，商务印书馆 1948 年版。

王照口述、王树枏笔录：《德宗遗事》，《陶庐老人随年录·南屋述闻·外一种》，中华书局 1930 年左右铅印本。

杨幼炯：《中国政治思想史》，商务印书馆 1937 年版。

冯自由：《革命逸史》，中华书局 1981 年版。

何幹之：《近代中国启蒙运动史》，生活书店，民国二十七年第三版。

吴经熊、黄公觉：《中国制宪史》，上海书店 1937 年版。

陈怀猛冲：《清史要略》，中华书局 1931 年版。

陆士谔：《新上海》，上海古籍出版社 1997 年版。

张一麐：《心太平室集》，上海书店 1947 年线装本影印。

包笑天：《钏影楼回忆录》，大华出版社 1971 年版。

杭州戊公演义、谢亭亭长平论：《立宪镜》，新小说社出版，光绪三十二年九月初四日初版。

李伯元：《南亭笔记》，上海古籍出版社 1919 年石印本。

张孝若：《南通张季直先生传记》，台湾学生书局 1974 年版。

金梁：《光宣小记》，章伯锋、顾亚主编：《近代稗海》，四川人民出版社 1988 年版。

孙家振：《退醒庐笔记》，上海书店出版社 1997 年版。

孙静庵、胡思敬：《栖霞阁野乘·国闻备乘》，重庆出版社 1998 年版。

孙宝瑄：《忘山庐日记》，上海古籍出版社 1983 年版。

胡适：《四十自述》，安徽出版社 2006 年版。

郭湛波：《近三十年中国思想史》，北平大北书局发行，民国二十二年。

吴其昌：《梁启超》，胜利出版社 1944 年版。

康有为：《康南海自编年谱》，中华书局 1992 年版。

康有为：《康有为政论集》，中华书局 1981 年版。

王延熙、王树敏：《皇朝道咸同光奏议》，久敬斋石印 1902 年版。

张之洞：《张文襄公全集》，中国书店 1990 年版。

梁启超：《清代学术概论》，天津古籍出版社 2003 年版。

三　近人论著

方汉奇：《中国新闻传播史》，中国人民大学出版社 2002 年版。

方汉奇：《中国近代报刊史》，山西人民出版社 1981 年版。

方汉奇：《中国新闻事业通史》，中国人民大学出版社 1992 年版。

方汉奇：《中国新闻事业编年史》第一卷，中国人民大学出版社 1996
年版。

［日］小野秀雄：《中外报业史》，正中书局 1984 年版。

谷长岭、俞家庆：《中国新闻事业史》，中央广播电视大学出版社
1987 年版。

赖光临：《中国近代报人与报业》，台湾商务印书馆 1980 年版。

赖光临：《中国新闻传播史》，三民书局印行 1978 年版。

陈昌凤：《中国新闻传播史——媒介社会学视角》，北京大学出版社
2007 年版。

陈玉申：《晚清报业史》，山东画报出版社 2003 年版。

桑咸之、林翘翘：《中国近代政治思想史》，中国人民大学出版社
1986 年版。

王尔敏：《晚清政治思想史论》，广西师范大学出版社 2005 年版。

侯外庐：《中国思想史纲》，上海书店出版社 2008 年版。

吴雁南、苏中立主编：《清末社会思潮》，福建人民出版社 1990
年版。

吴雁南：《中国近代社会思潮》，湖北教育出版社 1998 年版。

李泽厚：《中国思想史论》，安徽文艺出版社 1999 年版。

张玉法：《中国现代政治史论》，东华书局 1988 年版。

吴剑杰：《中国近代思潮及其演进》，武汉大学出版社 1989 年版。

戚其章：《中国近代社会思潮史》，山东教育出版社 1994 年版。

胡维革：《中国近代社会思潮研究》，东北师范大学出版社 1994 年版。

黎仁凯：《近代中国社会思潮》，河北人民出版社 1996 年版。

高瑞泉：《中国近代社会思潮》，华东师范大学出版社 1996 年版。

郭汉民：《晚清社会思潮研究》，中国社会科学出版社 2003 年版。

郭汉民：《中国近代思想与思潮》，岳麓书社 2004 年版。

黄顺力：《中国近代思想文化史探论》，岳麓书社 2004 年版。

丁守和：《中国近代思潮论》，广东人民出版社 2003 年版。

方学尧译注：《清末立宪运动文选译》，巴蜀书社 1997 年版。

［美］戴维·波普诺：《社会学》，辽宁人民出版社 1986 年版。

黄旦：《新闻传播学》，浙江大学出版社 1997 年版。

徐培汀、裘正义：《中国新闻传播学说史》，重庆出版社 1994 年版。

刘哲民编：《近现代出版新闻法规汇编》，学林出版社 1992 年版。

张之华主编：《中国新闻事业史文选：（公元 724—1995）》，中国人民大学出版社 1999 年版。

史和、姚福申、叶翠娣编：《中国近代报刊名录》，福建人民出版社 1991 年版。

陈方雄：《五四新文化的源流》，生活·读书·新知三联书店 1997 年版。

黄瑚：《中国近代新闻法制史论》，复旦大学出版社 1999 年版。

徐松荣：《维新派与近代报刊》，山西古籍出版社 1998 年版。

章开沅、罗福惠主编：《比较中的审视：中国早期现代化研究》，浙江人民出版社 1993 年版。

张朋园：《立宪派与辛亥革命》，吉林出版集团有限责任公司 2007 年版。

侯杰：《〈大公报〉与近代中国社会》，南开大学出版社 2006 年版。

丁文江、赵丰田编：《梁启超年谱长编》，上海人民出版社 1983 年版。

［日］狭间直树编：《梁启超·明治日本·西方》，社会科学文献出版社 2001 年版。

张仲礼：《近代上海城市研究》，上海人民出版社 1990 年版。

［日］佐藤慎一：《近代中国的知识分子与文明》，江苏人民出版社

2006 年版。

余英时：《人文与理性的中国》，程嫩生、罗群译，上海古籍出版社 2007 年版。

来新夏等：《中国近代图书事业史》，上海人民出版社 2000 年版。

郑大华、邹小站主编：《西方思想在近代中国》，社会科学文献出版社 2005 年版。

王凤超编：《中国的报刊》，人民出版社 1988 年版。

唐海江：《清末政论报刊与民众动员》，清华大学出版社 2007 年版。

孙燕京：《晚清社会风尚研究》，中国人民大学出版社 2002 年版。

尹铁：《晚清铁路与晚清社会变迁研究》，经济科学出版社 2005 年版。

孙君毅：《清代邮戳志》，中国集邮出版社 1984 年版。

邮电史编辑室编：《中国近代邮电史》，人民邮电出版社 1984 年版。

郑曦原编：《帝国的回忆：〈纽约时报〉晚清观察记（1854—1911）》，当代中国出版社 2007 年版。

洪煜：《近代上海小报与市民文化研究》，上海书店出版社 2007 年版。

谢灼华主编：《中国图书和图书馆史》，武汉大学出版社 2005 年版。

程焕文：《晚晴图书馆学术思想史》，北京图书馆出版社 2004 年版。

刘志琴，闵杰主编：《近代中国社会文化变迁录》，浙江人民出版社 1998 年版。

徐铸成：《报海旧闻》，上海人民出版社 1981 年版。

徐泳平：《革命报人别记》，正中书局 1973 年版。

徐载平、徐瑞芳：《清末四十年申报史料》，新华出版社 1988 年版。

王天奖：《河南辛亥革命史事长编》，河南人民出版社 1987 年版。

张朋园：《知识分子与近代中国的现代化》，百花洲文艺出版社 2002 年版。

朱邦兴：《上海产业与上海职工》，上海人民出版社 2004 年版。

李孝悌：《清末的下层启蒙运动》，中研院近代史研究所 1998 年版。

余耀华：《中国价格史：先秦—清朝》，中国物价出版社 2000 年版。

［美］罗斯：《变化中的中国人》，时事出版社 1998 年版。

王建辉：《出版与近代文明》，河南大学出版社 2006 年版。

王林：《西学与变法：〈万国公报〉研究》，齐鲁书社 2004 年版。

宋原放主编：《中国出版史料》（现代部分）补卷，山东教育出版社2006年版。

汪原放：《回忆亚东图书馆》，上海学林出版社1983年版。

张友渔：《报人生涯三十年》，重庆出版社1982年版。

桑兵著：《晚清学堂学生与社会变迁》，广西师范大学出版社2007年版。

薛化元编：《中国近代史》，三民书局2005年版。

郑逸梅：《梅庵谈荟》，黑龙江人民出版社1985年版。

廖一中等整理：《袁世凯奏议》下册，天津古籍出版社1987年版。

杨扬：《商务印书馆：民间出版业的兴衰》，上海教育出版社2000年版。

赵清、郑城编：《吴虞集》，四川人民出版社1985年版。

章伯锋、顾亚主编：《近代稗海》，四川人民出版社1988年版。

［美］萧公权：《近代中国与新世界：康有为变法与大同思想研究》，汪荣祖译，江苏人民出版社1997年版。

丁守和主编：《辛亥革命时期期刊介绍》，人民出版社1982年版。

吴玉章：《吴玉章回忆录》，中国青年出版社1978年版。

［美］裴宜理：《上海罢工》，刘平译，江苏人民出版社2001年版。

［美］列文森：《儒教中国及其现代命运》，郑大华、任菁译，中国社会科学出版社2000年版。

华中师范大学中国近代史研究所编：《辛亥革命与20世纪中国》，湖北人民出版社2001年版。

四　期刊文章

黄顺力：《报刊传媒与晚清革命论略》，《厦门大学学报》2007年第6期。

黄顺力、李卫华：《清末留日学生后期革命报刊的思想宣传及影响》，《厦门大学学报》2008年第6期。

卞修全：《清末立宪思潮的发展轨迹》，《天津师大学报》1999年第2期。

卞修全：《清末国会请愿运动平息以后立宪思潮的继续高涨》，《天津社会科学》2001 年第 6 期。

史春风：《商务印书馆与近代立宪思潮》，《北京电子科技学院学报》2003 年第 2 期。

何炳然：《清末〈政论〉〈国风报〉的立宪宣传——兼谈梁启超这个时期的思想变化》，《新闻与传播研究》1992 年第 3 期。

春杨：《清末报律与言论、出版自由》，《法学》2003 年第 3 期。

王学珍：《清末报律的制定》，《中山大学学报论丛》1994 年第 1 期。

王学珍：《清末报律的实施》，《近代史研究》1995 年第 3 期。

李斯颐：《清末报律再探——兼评几种观点》，《新闻与传播研究》1995 年第 1 期。

李斯颐：《清末 10 年官报活动概貌》，《新闻资料研究》，中国社会科学出版社 1991 年，第 3 页。

李斯颐：《清末的官报》，《百科知识》1995 年第 6 期。

周兴樑：《中国报刊资料与近现代史研究》，《中山大学学报》2005 年第 1 期。

席永杰：《内蒙古最早的小报——〈婴报〉》，《新闻研究资料》1984 年第 7 期。

潘光哲：《〈时务报〉和它的读者·之二》，《历史研究》2005 年第 5 期。

姚敬恒：《立宪君主制还是君主立宪制》，《世界历史》1990 年第 2 期。

刘兰肖、刘宇新：《广告中彰显的世变——1902 年〈新民丛报〉图书广告分析》，《出版发行研究》2008 年第 6 期。

何炳然：《清末〈政论〉〈国风报〉的立宪宣传：兼谈梁启超这个时期的思想变化》，《新闻与传播研究》1992 年第 3 期。

耿云志：《从革命党与立宪派的论战看双方民主思想的准备》，《近代史研究》2001 年第 6 期。

侯宜杰：《论清末立宪运动的进步作用》，《近代史研究》1991 年第 3 期。

伊杰：《清朝官吏中主张君主立宪的第一人是谁》，《历史教学》1989 年第 11 期。

王开玺：《清统治集团君主立宪论析评》，《清史研究》1995 年第 4 期。

蒋元卿：《辛亥革命前的安徽藏书楼》，《图书馆工作》1987 年第 3—4 期。

李斯颐：《清季末叶的阅报讲报活动》，《文史知识》2002 年第 7 期。

汤志钧：《人物结集和近代报刊》，《清史研究》2008 年第 3 期。

刘磊：《旧时报纸售价与报人身价》，《传媒》2002 年第 2 期。

杨庆芳、刘兰肖：《〈新民丛报〉与西方近代学术的译介和传播》，《出版发行研究》2006 年第 6 期。

高海燕：《近代中国民权思想演进轨迹探因》，《南京大学学报》1998 年第 2 期。

白润生：《我国最早的藏文报纸——〈西藏白话报〉》，《新闻研究资料》1989 年，总第 46 辑。

白拉都格其：《辛亥革命与贡桑诺尔布》，《清史研究》2002 年第 3 期。

迟云飞：《清季主张立宪的官员对宪政的体认》，《清史研究》2000 年第 1 期。

闵大洪、陈崇山：《浙江省城乡受众接触新闻媒介行为与现代观念的相关性研究》，《新闻研究资料》1991 年第 3 期。

郑逸梅：《〈时报〉的后期主持者黄伯惠》，《瞭望》1985 年第 10 期。

五　报纸文章及其他

许纪霖：《中国早期现代化中的公共领域》，《光明日报》2003 年 1 月 21 日。

中国铁路建设历史（http：//www.zzhcz.com/showcontent2.asp？id = 593274.2009—2—11）.

后记

　　本书关于近代报刊媒介与社会思潮的研究，是我一直以来关注大众传媒与近代中国社会变迁问题的继续。

　　报刊是不同于书籍媒介的新式传媒，自 19 世纪末在中国崛起之后，便参与和影响了中国社会变革的进程，它的出现在下述几个方面于晚清中国有明显的意义：其一，它是西方文化和社会信息向中国传播的主要载体，搭载而来的信息为国人提供了一个观察中国在世界位置的参照坐标，正是对中国落后世界进程的认识和反思成为知识分子改造中国的动力和起点。其二，周期发行的报刊媒介以高频率发布社会信息，成为中国社会的搅拌器。相对于传统社会中书籍这种传播媒介，报刊的传播和动员力量远非书籍可堪比，传统社会封闭和稳定的状态为信息加速流动带来的社会裂变所代替。其三，报刊媒介的出现和发展，为知识分子提供了新的话语平台，中国历史上首次打破了官方对话语权的垄断。在关于中国发展前途问题上，民间舆论开始有强烈的表达，并对政局产生重要影响。上述影响可见诸清末社会变革的事实，亦可因此印证媒介革命和媒介技术变革对社会变迁的深远影响。那么，在新的媒介环境下、如何应对由媒介带来的社会动员力量的加剧、如何应对参政群体的扩大及其参政要求，如何应对社会信息流动加速带来的剧烈变化等，对清政府而言，这都是刻不容缓亟需解决的问题。可惜清政府行动滞后，变革的力度和速度都赶不上报刊媒介的动员，以致最后退求君主宪政而不得，大清国运至此终结。以史为鉴，关照现实，一个世纪后网络传媒崛起，同样处在社会转型中的中国社会，如何因应新媒体的影响而及时变革，这个刻不容缓的问题又摆在了国人面前。

当然，承认媒介变革对社会的牵引作用并不会得出唯科技论下媒介技术变革为社会变迁的唯一因素的结论。媒介乃工具，促使思想发生变化的并非工具本身，而是它承载的知识和信息。晚清时期由报刊媒介输入并广泛传播的立宪思想，为国人提供了新的政治伦理和政治方案，改变了封建专制制度的思想基础——儒家伦理垄断意识形态的局面，为国人提供了新的政治选择，成为中国追求民主政治的肇始。回顾百年来的历史，会发现梁启超等人关于中国民主政治问题的诸多思考和宪政设计方案，像光芒仍在的珍珠，穿越百年的时光，依然可以为困难重重的中国指一条光明的出路。

撰写此书，初为博士论文。而实际上到最后，这篇论文之于我的意义远远超出了学位论文本身。我始料未及的是，通过对梁启超主持的《时务报》、《清议报》、《新民丛报》和《国风报》的阅读，不仅加深了我对近代以来中国社会的理解，而且借由它输入的西学开始了我对近代民主的真正理解。正是由于对清末社会转型的观察，滋生出对中国现实问题的焦虑。知当下之所由来，观未来之将往，唯求中国前途归正，一路平顺。

手中此书正是在上述提及的博士论文基础上修改而成的。由于2009年博士毕业后，我到中国人民大学新闻学院博士后流动站随方汉奇先生做研究，转做另外的选题，便将博士论文暂时搁置了起来。待年前确定出版此书，在工作之余，开始着手对书稿的修改。原本要将博士论文撰写时未及进一步阐述的问题以及计划中要补充的内容添列其中，由于时间及其他原因，未了所愿。另外，尽管书稿校阅数遍，文中仍难免存有纰漏。因此，祈请翻阅此书之方家，予以批评指正。

借本书的出版，感谢我的导师黄顺力教授和师母叶赛梅女士。黄顺力教授是我的硕士和博士阶段的导师，我自2003年起投于师门做近现代思想文化史研究，至今已近十年。多年来，导师授业解惑，使我受益颇多。导师先后指导了多位学生做有关近代报刊的硕士和博士论文，我也正是由此才对近代报刊有所关注，以后竟将近代传媒与中国社会转型作为自己研究的一个重要领域。除了学术上受益于导师的指导外，在生活上，也得到导师和师母叶赛梅女士的多方照顾。因此，借由此书的出版，向导师和师母表达我至诚的谢意！对此书的写作提供过帮助并提出建议的诸多师友、负责此书编校的责任编辑张林和特约编辑金沛，在此也一并致谢！

从来没对父母和家人当面说过感谢，正如父母从来没有用"爱"的字眼表达过他们对孩子的感情。没有语言华丽的外衣，平凡的生活中流淌着大爱无声。但就在这一时刻，在距离他们千里之外的地方，在这张他们看不见的小小页面上，写上"谢谢"两个字，以安放我多年来对父母和家人的至深感激。

最后，将此书献给那些通宵达旦的日子，以此铭记人生中努力的岁月。

李卫华

2012 年 11 月 20 日于厦大海滨